選曲の社会史

The Social History of Musical Selection

「洋楽かぶれ」の系譜

KIMIZUKA Yoichi 君塚洋一

日本評論社

プロローグ

極東の国のありふれたスーパーマーケットに、亡命先ロンドンでのやるかたなき思いを謳ったアーティスト、カエターノ・ヴェローゾのカヴァー曲が流れている。「A Little More Blue」。こよなく愛した静かな浜辺や椰子の葉陰を後に収監され、祖国ブラジルを追われた。でもなぜ、今の自分があの時より少しばかりブルーなのか、ぼくにはわからない……。*1

一九六〇年代、地方の伝統的なブラジル音楽を再評価し、ロックやR&B*2などを大胆に取り入れた革新的芸術運動「トロピカリズモ」を主導したカエターノらは、反体制運動を首謀したかどで軍事政権から国外追放処分を受けた。*3 もちろん、地球の裏側のこの国に、半世紀近く前の彼の憂鬱を気にとめる買い物客などいようはずもない。

陳列棚にひしめくブランド・パッケージの列に壮大な蛍光灯の光が瞬き、夕餉の菜を思う客たちの気分に充ちた都市空間にカエターノの物憂い調べが織り合わされるとき、そこには特別の時間が流れる。ヒット曲のインストゥルメンタル、スムース・ジャズ、バロック音楽、どんな居心地の流れを作るかは、有線放送のチャンネルひとつで意のままだ。

店舗だけではない。オフィス、エレヴェーター、コミュニティ、発車間際のプラットフォーム、居間のテレビ番組のエンディング、楽隊とローカル放送の整った軍駐屯地、オーケストラ・ピットを使った舞台の上演。音楽が生のさまざまな時間と空間を横断する現在、そのような場に充たされる音は、二一世紀の現実を生きる私たちの人生を固有の瞬間にする。

作曲家やミュージシャンは音楽のクリエイティヴィティを制御する。だが、音楽そのものと、それが流れる時間や空間は織り合わされ、そこを通り過ぎる人々の生の流れを充たす「場の空気」の一部となる。人々が立ち現れふるまう折々の場に充たされる音楽、そして、そんな場の空気の制御にかかわる楽曲群をデザインする人々。そう、そこには「選曲家」たちがいる。

*

ドイツのジャズ・ピアニスト、ホルスト・ヤンコフスキーが一九六五年に放ったヒット曲に、「森を歩こう A Walk In The Black Forest」という忘れがたい曲がある。リバーブの効いたギターのカッティングが軽快にリズムを刻み、何かを待ち受けるように少しずつ高まりゆくストリングス、抑えめに、しかしキラキラと輝く音色で軽やかに飛び跳ねつつメロディを弾き出すピアノ。

番組のオープニングに頭から出し、イントロが終わったあたりで少しフェイドすれば、パーソナリティの声を乗せるのにうってつけだ。この国では一九六〇年代後半から七〇年代にかけて、ラジオの番組テーマに使われた。ヤンコフスキーや「森を歩こう」の名は知らなくても、ある年代より上の人なら、耳にすれば誰もが思いあたる、そういう音楽の典型である。

これを聴くと脳裏に浮かび上がるのは、家族が出かける支度に忙しくすごす平日の朝の光景、そんな個人的な記憶である。父親は洗面台に向かって髭を剃っている。とんとんと素足で階段を上り下りする誰かの足音。ガス・レンジの薬罐は蒸気を噴いている。狭いダイニングの食器戸棚の上に置かれたトランジスタ・ラジオから、いつものようにこのテーマ曲が流れ出し、番組パーソナリティが品のある日本語でその朝の話題を語り始める。

多くの人がそうであるように、この曲の名前と奏者を知ったのはずいぶんあとになってからである。そして今となってはそれは、とりたてて楽しかったとも言えない少年時代を思い起こす数少ないよすがとなっている。いくつもあるはずのあの時代の記憶のなかで、この曲を聴くとその朝の光景ばかりが思い浮かぶのはなぜだろう。

ＣＭソングや放送局のジングル、番組テーマ曲など、繰り返し流され、頭に焼きついて離れない音楽を人は不快に思う、と言われる。だが、定説とは反対に、脳裏を離れなくなった歌を好きだと言う人は比較的多くを占める、というデータもある。そして、楽しい思い出と関係のある歌は何度聞いても飽きないという。[*4]

記憶の底を探ってみれば、曲を聴くと思い出すそんな朝の光景は、たとえば道端の草花に宿った陽光にきらめく朝露のみずみずしさや、その日最初に玄関を開けたときに包まれる夏の朝の空気の匂い、少年がとらえたそんな世界の輝きとどこかで結びついているのかもしれない。あるいは、ノスタルジーの専門家が言うとおり、それはとりたてて楽しいとはいえない子ども時代を「楽しかった」と思いたい現在の自分がいるからこそかもしれない。

忘れがたくすり込まれ、人生や生活のある場面とわかちがたく結びつけられる、そんな音楽が身のまわりにはいくつもある。そしてそれは、必ず「誰か」によって選ばれている。

ミッドセンチュリーのジャズやポップス、ムード・ミュージックを原体験とするというアーティスト、細野晴臣の場合、幼少期の彼の心にすり込まれたのは、テレビ番組やコマーシャルの音楽、ピアノの調律師だった祖父や母方の叔父のレコード・コレクションで聴いたビッグ・バンド・ジャズやハリウッド映画の主題歌である。

ディアナ・ダービン主演のユニヴァーサル映画『オーケストラの少女』の主題歌「太陽の雨が降る」、ジーン・クルーパ・オーケストラのブギウギ、ボブ・ホープが歌う西部劇映画『腰抜け二丁拳銃』の挿入歌「ホーム・クッキン」、三木のり平の出る洗濯機のテレビ・コマーシャルに使われたクライド・マッコイのミュートされたトランペット、黒猫がピアノの上を歩く「ヤシマのボンボン」のコマーシャルに流れるレス・ポールの「キャラバン」、日本テレビのテスト・パターンでかかっていたコール・ポーターの「ユー・ドゥ・サムシング・トゥ・ミー」、人気の探偵ドラマ『日真名氏飛び出す』で出演者が行う生コマーシャルのグレン・ミラー。[*5]

細野にとってそれは、誰もが夢を信じることができた一九五〇-六〇年代アメリカならではの「この世のものとは思えない陽気で喜びにあふれた」天上の音楽であり、かたや、快適に過ごされるべき日常生活の合間に流されるからこそ、人の心に抵抗なく受け入れられ、誰もが軽く聞き流せる都会的で洒脱なイージー・リスニングの数々である。

たとえば、富田勲の手になるあの「今日の料理」(ＮＨＫ)のテーマ曲のように、昼どきのテレビ番組や映画館の幕間に流され、作者や曲名は覚えていないのに、耳あたりがよく誰もが一番よく知っている音楽、細野はそれを「ランチタイム・ミュージック」と呼んだ。

生活に溶け込み、知らぬ間に人生に刻印されているのは、そう、「森を歩こう」や「今日の料理」だけではない。日曜日の終わりを告げる「洋画劇場」のモートン・グールドによるピアノ協奏曲風「ソー・イン・ラヴ」(コール・ポーター)、ニニ・ロッソのような哀愁のトランペットが一世を風靡した時代に、クールなリフレインのトランペットが耳に心地よく焼きつくベルト・ケンプフェルトの「アフリカン・ビート」、料理番組のテーマ曲なら、マヨネーズ・メーカーに半世紀以上使い続けられる「おもちゃの兵隊のマーチ」だってある。

それらのおおもとには二〇世紀中葉のアメリカのジャズやポップス、ムード音楽がある、と細野晴臣はいう。近年の細野は、こうした音楽が「絶滅危惧種」になるとの危機感のもとに、カヴァーや商業施設のBGMの仕事を通じて、私たちをその源流へと誘おうとしている。[*6]

そして、この国でも、一九八〇年代からクラブDJやBGM選曲家らが担ってきた「選曲文化」の広まりによって、過去の思わぬ「良質な音楽」の発掘と共有がすすみつつある。

*

音楽を手にする人は誰もが「選曲」をしている。

音楽を手にする人は、曲を選び、発掘し、聴き、響かせ、並べ替え、語って、どこかで誰かに必ず影響を与えている。アーティストであれ、DJであれ、選曲家であれ、音響技師であれ、叔父や同級生や隣のお姉さんであれ、あるいは一人のリスナーであるあなた自身であれ、誰かが音楽を手にする行為は、そんなふうに大なり小なり「選曲をすること」にほかならない。

では、いったいどんな音楽が選ばれるのか。この「極東」の国の場合、それは海を渡ってやってきたのがどのような音楽だったのか、そしてそれを私たちがどんなふうに受け止めてきたのか、その顛末に大きく左右されている。

誰かが選んだ音楽にどこかでさらされることで、私たちは、不都合なことを忘れ、日常生活のかりそめのバランスを保ち、音楽に包まれた商品や空間に価値を感じ、モノやサーヴィスを滞りなく買い求め、言葉で語れない人生を記憶する手がかりを得、さらに、人に聴かせたいと強く願う自分自身の音楽のかけらを手に入れることになる。

もしそう思えるなら、キース・リチャーズのこんな言葉に耳を傾けてみよう。「音楽はレーザー光線のように、壁をつきぬける。歌はぼくたちのまわりにある。それを受けとるかどうかだけの問題だ。自分がこの音楽をつくりだしたなどという考えは、傲慢でまちがっていると思う。音楽はいたるところにある。ぼくたちがそれを受信すればいいだけなんだ」[*7]。

これは、国境さえなにかの行きがかりで、あるいはいともたやすくつきぬけてきた、そんな音楽に身をやつす「洋楽かぶれ」の物語でもある。

*1 Caetano Veloso, "Caetano Veloso"、一九七一年。文中のスーパーマーケットで流れていたのは、ブラジルの女性シンガー、Alexia Bomtempoのアルバム『I Just Happen To Be Here』二〇一二年所収のカヴァー曲。

*2 （リズム・アンド・ブルーズ）：一九四〇年代アメリカで、ブルース、ゴスペル、ジャズなどが融合して成立した黒人のポピュラー音楽の総称。一九九〇年代以降、メロデュアスなソウル・ミュージックにテクノやヒップホップが融合し、今日知られるスタイルが確立した。

*3 カルロス・カラード（前田和子訳）『トロピカリア』、プチグラパブリッシング、二〇〇六年、七一一五頁、本書、終章を参照。

*4 Beaman, C.P., Williams, T.I.:Earworms（'Stuck Song Syndrome'）: Towards a natural history of intrusive thoughts. British Journal of Psychology, 101:637-653, 2010. ジョエル・ベッカーマン（福山良広訳）『なぜ、あの「音」を聞くと買いたくなるのか―サウンド・マーケティング戦略』東洋経済新報社、八四頁、二〇一六年

*5 細野晴臣著、中矢俊一郎編『HOSONO百景―いつか夢に見た音の旅』、河出書房新社、二〇頁、二〇一四年

*6 細野晴臣、北中正和編『細野晴臣インタビュー THE ENDLRESS TALKING』、平凡社、一三六―一三八頁、二〇〇五年、細野晴臣『Heavenly Music』（CD）、Labels UNITED/daisyworld/SPEEDSTAR RECORDS、二〇一三年、細野晴臣『Vu Jà Dé』（CD）、SPEEDSTAR RECORDS、二〇一七年

*7 ジェニー・ボイド、ホリー・ジョージ＝ウォーレン（菅野彰子訳）『素顔のミュージシャン』早川書房、一三二頁、一九九三年

第一部

選曲の社会史

第1章 ターンテーブリスト
——ラジオ・プログラム「FM transmission／barricade」の軌跡

サウンド・システムと「ブレイク」

キューバの向こうにフロリダ半島を控えたカリブ海の国ジャマイカには、一九三〇年代から船員や出稼ぎ労働者を通じて、ビッグバンド・ジャズなどアメリカ本土の音楽が流れ込んだ。一九四〇年代末には、アメリカ南部の農園で働き、黒人たちのダンス・パーティを経験したジャマイカ人が巨大なスピーカーと高出力アンプで組んだ可動式の「サウンド・システム」を野外や街の随所に持ち込み、クラブでライヴを聴けない貧しい人々がレコードのR&Bでダンスをするために集まった。

一九五〇年代の首都キングストンには、バンドやダンスホールのいらない、現地でいうこうした「サウンド」が点在し、客を奪い合った。サウンドの「ディージェイ」は世間の折々の話題やダンスのうまい人を肴に気の利いた喋りで客を引きつけた。彼らはアメリカから入った客受けのよいレコードのレーベルをはがしてライヴァルのサウンドに奏者や曲名を隠し、よい選曲をしたサウンドが地区を支配した。*1

一九七三年八月一一日、ニューヨーク市ブロンクス、セジウィック・アヴェニュー一五二〇番地。「プロジェクト」と呼ばれる低所得者向け公営集合住宅の娯楽室で開いたハウス・パーティ「Back to School Jam」で、クライヴ・キャンベルという少年がＤＪのプレイを披露し、一〇〇人からの客を集めた。クライヴの妹シンディが新学期に着ていく服の資金集めのため、夜九時から朝四時まで続いたこのパーティの「入場料」は女性二五セント、同伴者五〇セント、今も残る本人手書きの案内状にはそう記されている。ジャマイカはキングストンからの移民であったクライヴは、二つのターンテーブルを使い、「ブレイク」を織り交ぜ客を煽るのが上手で、のちにヒップホップの創始者、クール・ハークとして世に名を馳せることになる。*2

遭遇——生活空間に侵入するＤＪの音楽

ラジオの番組欄で二人のアーティストの曲目を目にとめ、チューナーとカセットデッキを立ち上げた。一九八五年四月初旬の東京郊外、深夜の週末はほの寒く、夜更かしもそろそろという刻である。お目当てはピエール・バルーにマット・ビアンコ、一九六〇年代にボサノヴァ創生期のブラジルを遍歴したフランスのシンガー・ソングライターと、ポーランドの歌姫バーシアが巣立つマーク・ライリーたちのユニットである。バルーは映画『男と女』に出演し、旅先のブラジルで文字通りボサノヴァに浸りきってフランスに戻る今は亡きスタントマンとして妻役アヌーク・エイメとの回想シーンを演じた。ライリーはジャズやラテンをポップなダンス・チューンに取り込み、一九八〇年代ロンドンでニューウェイヴ・

ミュージックのうねりを押し上げていた。[*3]

ヘッドフォンに土曜深夜三時の時報が響き、断りもなく、立花ハジメの過激で切れのよいテクノサウンドのテーマソング「レプリカントＪＢ」がほとばしる。曲に乗り、ほどなく「ＦＭ transmission/barricade」と番組タイトル、そして送出局であるＦＭ東京（現東京ＦＭ）のステーションネームと周波数をコールする妖しい女性の英語ナレーションが、予断を与えるいっさいの情報を排するように冷ややかに「presented by JUN MEN」と言い添える。一瞬の間を置いて、前後半三〇分ずつ、R&Bやヒップホップ、ニューウェイヴ、テクノ・ミュージック、ジャズ、ラテン、サウンドトラック、環境音楽、のちにはアンビエントやハウス・ミュージックなど、予測もつかない音楽の連なりを、途切れなき選曲でつなぎ通すＤＪたちのミックスが幕を開ける。

バルーに続き、ジョージ・ウィンストン、ドゥルッティ・コラム、イエロー、初めてのリスナーにはいささか無愛想な空気を醸しながら、この日はリリカルでミステリアスなミックスが淡々と続く。折り返しに二〇秒ほどのジングル、ふたたびタイトルとスポンサー・コール。全国ネットのない大手ＦＭ局のこの一時間番組は一都六県にオンエアされるが、ＣＭは単独スポンサーであるはずのＪＵＮのものすらひとつも入らない。

あり合わせのテープに収まらなかったマリ・ウィルソン「アイ・スティル・ビリーヴ」とケーン・ギャング「クリース・イン・ヒズ・ハット」が終わると、ヒップにして軽妙、人を食ったような4ビート・ジャズのエンディング・テーマが流れる。「今日お送りした曲は……」担当ＤＪがひそやかに奏者と曲目を読み上げ、三時五八分、女性の声が三度目のタイトルとスポンサー・コールを告げて番組が終わる。[*4]

春の東京南郊は薄明までわずか、都心では、夜遊びの疲れを最後のカクテルでやり過ごすアフター・アワーズ、たとえばマリ・ウィルソンの静かなヴォーカル曲がしみ入るそんな瞬間、郊外のここでは寝静まっていた街が週末の残る一日を穏やかに迎える。

番組でかかった曲の12インチシングルを、宇田川町のCISCOで見つけた。この番組を録音した一二〇分テープは数年で三〇本を超え、ダンス・チューンの多い回は知り合いたちのハウス・パーティで重宝された。お気に入りの曲を選りすぐり、この番組だけのミックステープを作っては人に贈った。ヒップホップ、クラシックなビッグバンド、若手がリヴァイヴァルさせたジャンプ・バンドのジャズ、サルサ、レゲエ、ボサノヴァ、ブラジリアン・ハウス、アイランド・ミュージック……一〇代もとうに終わったというのに、DJたちがこの番組に持ち込む曲の広がりときたら、ありきたりの洋楽しか聴かなかったひとりの音楽生活を二〇代半ばにして根底から覆すかのようだった。

この時代の東京に学び、働き、遊び、そこをうろついて過ごした若者にとって、そんな鮮烈な音の奔流は、輸入盤店で漁るレコード・ジャケットのジャズメンが着こなすズート・スーツの洒落っ気、街のそこかしこにできては閉じられていくカフェやバーの熱気やはかなさとともに、個人史を彩る一九八〇年代の心象風景に色濃く記されていく。

なりたち——倉庫=解放区のラジオ番組

一九八四年四月七日、アパレルメーカーJUNグループの音楽制作会社J.U.エージェンシー（現ジェー・プラネット）社長を務める浮田周男《かねお》と、ファッションショーの企画制作会社サル・インターナショナル代表の四方義朗《よも》、ＪＵＮのショーや店舗開発に携わっていた岩立マーシャの三人の共同プロデュースにより、放送界の常識を超えたラジオ番組「FM transmission/barricade」は始まった。それから九〇年代初頭まで続き、惜しまれつつ終了したこの伝説的な番組には、今も当時を語り継ぐＤＪやリスナーが後を絶たない。

「この番組の名称は、ＪＵＮが当時、東京湾岸・芝浦にオープンさせた鈴江倉庫四階の多目的イベントスペース『barricade』から採りました。倉庫の空間を使ったクラブやラウンジのはしりだったんです」。プロデューサーの浮田周男は語る。

一九八〇年代には、港湾地区の廃れた工場や倉庫街を水族館や商業店舗などの集客施設で用途転換し再生することに成功していた欧米にならい、各地でウォーターフロント再開発が注目されはじめていた。ロンドンで、ウェアハウス・パーティと呼ばれる倉庫を使ったプライヴェートなダンス・イベントが盛んになるのも同じ頃である。

浮田はラジオ関東（現ラジオ日本）ディレクターとして一九六〇年代後半に森山良子をはじめフォーク・ムーヴメントを牽引する番組を手がけ、エレック・レコードを経て、一九七九年にはＪＵＮの出資によりJ.U.エージェンシーを立ち上げる。J.U.エージェンシーでは、親会社ＪＵＮの店舗向けオリジナルＢＧＭやＪＵＮをスポンサーとするラジオ番組制作など、ブランドの世界観を演出する空間の音響デザインや番組フォーマットの開発、そして数多くのＦＭ局の開局に携わってきた。浮田は言う。

「当時、ディスコやジャズ喫茶、ライヴハウスはありましたが、今日のクラブのように、ライヴではなく、単なるBGMでもなく、遊びで過ごすスペースのそのときどきの雰囲気を音楽で演出する場所はありありませんでした。番組はそのような『空間の音楽』をイメージして作られたのです」。

芝浦の空間「barricade」をプロデュースしたのは岩立マーシャである。岩立は一九七六年に東京・芝浦ロフトでJUNのファッションショー「ソープ・バブル・オペラ」をプロデュースしたのを皮切りに、同社のショーや広告の制作と店舗開発をリードしてきた。「barricade」は、マンハッタンのソーホー地区でアートや音楽などさまざまなカルチャーの発信に使われ始めていた「ロフト」空間、すなわち倉庫を改装した吹き抜けのあるアトリエやスタジオをモチーフに造られた。このスペースは、世間から隔絶した（ハイテクではなく）デッドテックな空間、既成概念を超えた実験的な活動を許容する都市の解放区さながらの場となった。

当時稀少だったこの多目的イベント施設は注目を集め、JUNのイメージを発信するライヴやファッションショーだけでなく、他ブランドのショー、海外を含むアーティストのレコーディングや映像収録、映画試写会、番組録画などにも貸し出された。

JUNは一九七〇年代から、タッド・ワカマツやリチャード・アヴェドン、ヘルムート・ニュートンなど、国際的な写真家やクリエイターを起用したヨーロッパ・テイストのCM制作や、表参道の「カフェ・ド・ロペ」、クリエイターの事務所が集まる原宿セントラル・アパートの中庭を利用した商業施設「原宿セントラル・パーク」などのプロデュースを行ってきた。アメリカのソウル・ミュージックの名TV番組「ソウル・トレイン」を日本でスポンサーしたのもこの企業である。[*5]

「FM transmission/barricade」は、そんなJUNの空間「barricade」における発信活動を一個

のラジオ番組に集約したもの、つまり「FMラジオが伝える（＝transmission）、空間barricadeの番組」という役割を担っていた。「この施設の空間と活動のイメージを番組に落とし込むのはじつに難しい作業でした」と浮田は言う。土曜深夜二七時という実験が許される時間帯に、一時間を三〇分ずつ二パートに分け、ひとりのDJが音楽ジャンルにとらわれず大胆でマニアックな選曲をひたすらつなぐ。トークやナレーション、CMは一切入れず、「JUN MEN」のスポンサー・コールが三回入るだけ。それは、放送局側が発信したい番組を自主的にオンエアする「サス・プログラム」とも異なり、正規のスポンサーがつき枠取りを行って流す番組として斬新をきわめたそのスタイルは、放送界では驚愕の的となった。

一九八四年四月にオンエアされた番組初回のライトモチーフとなったのは、イタリア未来派を標榜するアート・オブ・ノイズの「モーメンツ・イン・ラヴ」という曲である。アート・オブ・ノイズは、八〇年代ロンドンのニューウェイヴ・ミュージックの旗手、ZTTレーベルを主宰するトレヴァー・ホーンが自ら結成・プロデュースした実験的音楽ユニットである。それは、シンセサイザーの音色がゆっくりとリズムを刻み、聴いていると廃墟や都市空間の薄暗がりのなかにひたすら身体や想念が溶け込んでいくような、翳りある小宇宙の響きを醸す曲であった。

番組ディレクターはJ.U.エージェンシーの吉岡滋、そして初回の選曲とミックスは二人のDJが三〇分ずつ担当した。今日のクラブ・カルチャーの発祥地といわれる原宿のバー、ピテカントロプス・エレクトスで企画を担当していた富久慧と、四方義朗のサル・インターナショナルでファッションショーの選曲を手がけた古賀明暢の二人である。彼らは番組の専属DJとしてその先鋭的なプログラムを紡

左 | JUN、ROPEの広告。Serge Lutens撮影（JUN提供）
右上 | 岩立マーシャがプロデュースしたJUNのショー「ソープ・バブル・オペラ」（東京・芝浦ロフト／1976年）。空間barricadeは1984年、芝浦の別の場所（鈴江倉庫4階）にオープンした（JUN提供）
右下 | The Art of Noise, “MOMENTS IN LOVE,” 1985, 12 inch version, ZTT

ぎ出していくことになる。
番組のオープニング・イベントは芝浦の「barricade」で開かれた。テクノ寄りの先鋭的な音づくりで知られ、テーマ曲をはじめ番組の監修をつとめたアーティスト、立花ハジメのライヴが行われ、多くのファッション関係者が集まった。*6

クラブとショー——空気を織り上げる「アナログDJ」たち

富久慧は日本のクラブ・シーンの草分けのひとりである。一九七九年、西麻布の霞町にバー、「Tommy's House」を開き、一九九〇年には新宿・花園にクラブ、オ三倉庫を開店させた。DJ大貫憲章の代名詞となり、今も続く名物イベント「ロンドン・ナイト」はTommy's Houseで始まり、オ三倉庫ではその大貫や小林径、U.F.O.の矢部直、ラファエル・セバーグといった今日の第一線のDJたちが仕事をしている。

富久がこうした空間で行っていたのは、淀みないトークで番組を盛り上げるラジオDJや、ソウル・ミュージックのヒット曲で客を同じステップで踊らせ、間奏や曲間をしゃべりでつなぐディスコDJとは一線を画すことであった。彼はトークを交えず、来店者の嗜好や気分を巧みに読む選曲とミックスだけでナイト・ピープルの「その晩」の空気を演出する今日のクラブDJのプレイの原型を作り上げていた。

一九八二年、桑原茂一(現クラブキング代表)が原宿にいち早く開店させたこの国のクラブ最大の草分け、ピテカントロプス・エレクトスで企画を担当していた富久に、四方と岩立から「FM transmission/barricade」の専属ＤＪの話が持ちかけられた。もう一人のＤＪとなる古賀明暢は、ピテカントロプスに近い千駄ヶ谷のライズバーで働いていたが、店を訪れた浮田がその天才的な選曲センスを見抜き、番組に抜擢したという。

古賀は一九七〇年代末に福岡から上京後、誘いを受けライズバーに移った。ライズバーは、ダブ・バンドの先駆けとなったMUTE BEATなどさまざまな先鋭的ミュージシャンを呼んだ音楽イベントの発信地であり、芸術映画や輸入もののミュージック・ヴィデオも上映され、クリエイターやファッション関係者の集まる拠点として知られていた。

そんなクリエイティブな客層に惹かれこの店のスタッフとなった古賀は、当時を振り返る。「狭い店にお客が鈴なりで、入りきらない人たちが店の外の階段で飲みながら並んでいました。ＤＪしながらお酒も作り、忙しいので長めの曲をかけてから、階段までビールびんを下げに行く。毎日がハウス・パーティみたいなものでした（笑）」。このバーで一日八時間ＤＪとして鍛えられたことがその後のキャリアの基礎を作ったと古賀は語る。

「FM transmission/barricade」の選曲を担ったのは、こうした東京のクラブ・シーンの誕生に立ち会った二人のＤＪであり、時代の空気を取り入れ、喋りではなく、客層を読んだ巧みな曲のミックスによって遊びの空間のムードを創り出すことに長けた達人たちであった。

一九八四年、クラブ・シーン発祥の伝説を作ったピテカントロプスが閉店し、跡地にできたクラブＤで富久と古賀は一緒に仕事をするようになる。二人はＤＪのかたわらファッションショーの選曲を行っていた。ライズバー時代からショーの依頼を受けていた古賀は、四方の誘いでサル・インターナショナルに移籍する。

「FM transmission/barricade」を担った二人のＤＪに共通するのは、クラブＤＪでありながら、いずれもそのように東京のコレクションの選曲に携わっていたことである。ショーの選曲は、ブランドのデザイナーからシーズンのコンセプトや要望を聞き出し、先方が求める音を構成して提案し、会場での響きを確認しつつ調整を加えていく作業であり、膨大な楽曲のボキャブラリーを要求される。古賀はサル・インターナショナル側のスタッフとして自ら選曲に携わりつつ、大きなショーでは外部ＤＪにも選曲を依頼し、ディレクションを行った。依頼先のＤＪには藤原ヒロシや高木完らもいたという。

古賀は言う。「デザイナーの求める音が制作会社になければ、当時は足を運んで探すしかないわけです。ただ、ひとりでレコードを買いに行くと一枚を選びに選ぶから、そうたくさんは買えませんね。それでは到底追いつかないとわかって、ジャケットで選んだり、レコード店のスタッフに薦めてもらったり。でも、会場で照明と演出とモデルと音楽とがぴたっと合う瞬間には鳥肌が立ちます。えーっ、あの曲がこんなになっちゃうんだって」。

服のデザインはそれ自体、あるイメージや質感を発するが、何もない空間で現物だけを見せてもそれが伝わるとはかぎらない。洋服の価値を伝えるにはそれがどんな世界を構成する要素となりうるのか、世界観の広がりを見せることが必要であり、その意味づけには音楽が重要な役割を果たす。古賀は語る。「でも、アロハシャツで出てきたらハワイアン、っていう月並みさではダメなんです」。その点で、選曲者が構成した音を監修する四方義朗の独創性は群を抜いていたという。

四方は自ら手がけたショーの音楽について語っている。「ファッションショーの音楽というと、モデルが歩きやすい曲や客を飽きさせない音楽だったりしかなかったのね。でも僕はそうじゃないと思ってたから……サウンド・エフェクトと音楽を組み合わせたり、環境音楽とかを使ったんだよ。それはショーの空気をつくる音楽みたいなものにトライしたかったからなんだ。……僕が見せたいのは、服と、服の匂いみたいなものだから、よけいな先入観や匂いを持たない、何かしらピンとくるものがある音楽を選ぶんだ。それがない場合はまったく音がないショーにしてしまえばいい」[*7]。

この異質で多様な音楽を折衷してある空気を織り上げる構成の手法が、クラブとショーの双方を経験した古賀と富久によって余すところなく「FM transmission/barricade」に注ぎ込まれる。そこでは、欧米圏のポピュラー・ミュージックだけでなく、カンツォーネなど地中海の音楽、イスラム圏の音楽、ミニマル・ミュージック、環境音楽、芸術映画のサウンドトラックといった多領域の音が組み合わされ、深夜とはいえ公共放送としては異様ともいえる空気が創り出されていった。番組の初期には「怖くなるような雰囲気だが、聴いているうちにだんだんはまってきた」という投書も寄せられたという。

プロ・トゥールスに代表されるデジタル・オーディオ・ワークステーションを使ってレコーディングを済ませる現在からみると、特筆しておくべき点がある。この番組を担ったのは、いうまでもなくアナログ・レコードのDJたちだった。古賀は一晩のクラブ・プレイでおおむね二〇〇-三〇〇枚のレコードを段ボール箱に用意した。多いDJではそれは五〇〇-六〇〇枚に及び、彼らの仕事には膨大なアナログ・レコードの持ち運びがついて回った。

毎回の番組収録は六本木にあったJ.U.エージェンシーのスタジオで行われた。番組ジングルの録音などに当時西新宿KDDビルにあったFM東京のスタジオも使われた。古賀たちはオープンリール・デッキを使い、時にはサル・インターナショナルや自宅でもミックスを作って、ディレクターの吉岡が番組を「完パケ」にした。ターンテーブル二台によるアナログ・レコードのミックスは基本的に一発録りであり、間違えると最初からやり直しだった。番組にはトークがいっさいないため、Ｑシート（放送台本）もなかった。

そのようにして番組は、独自の境地を創り上げていく。ＤＪたちは苦労して買い付けた輸入盤を多く使ったから、リスナーからはレコードやアーティストの問合せも入った。浮田たちは「番組をテープに録音してそのまま聴いてください」と伝えていた。

この番組は銀座などＪＵＮ ＭＥＮの店舗でＢＧＭとして使われた。アパレル店舗のＢＧＭは、通常そのシーズンのコレクションを演出し、来店者層の嗜好に合わせた選曲がなされるが、東京都心など限られた店舗では、オンエア後の番組をそのまま流すことが行われた。スポンサーの特権で、局側に二次使用を認めてもらっていたという。

ニューヨーク・ロンドン・東京――カルチャーの伝播・シーンの交歓

一九七〇年代、六本木のディスコでキャリアを始めたＤＪに、高橋透がいる。高橋はニューヨークに渡り本場のクラブで活躍するが、オーナーの岡田大弐に誘われ、一時期クラブＤで富久や古賀とも一緒に仕事をした。

高橋によれば、七〇年代末からすでに六本木ではトークを交えたＤＪではなく、曲のミックスを主体とするスタイルが主流になりつつあった。ディスコが集中する六本木ではＤＪ同士の交流が盛んで、限

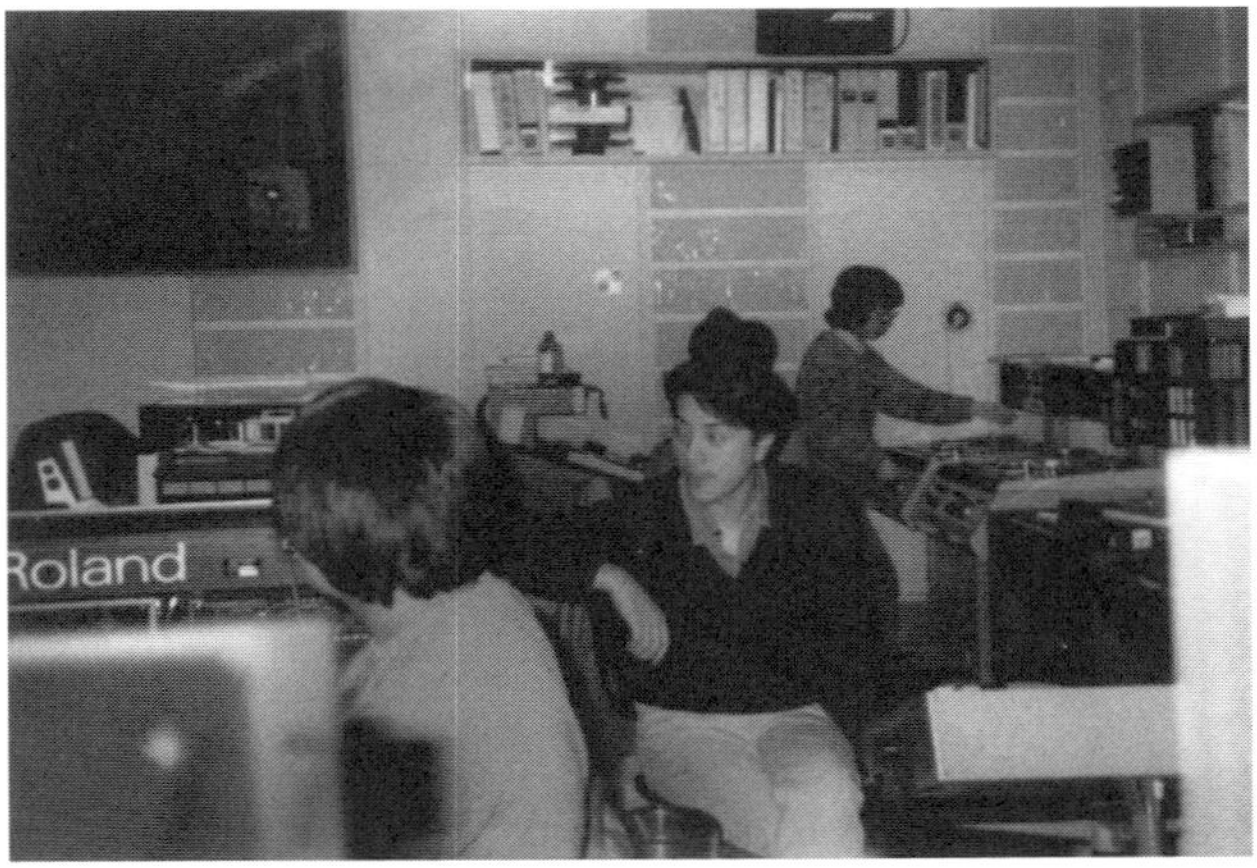

FM東京のスタジオで立花ハジメの楽曲を使い、番組のジングルを制作中のDJ古賀明暢(古賀明暢提供)

られたエリアのレコード店で盤を仕入れるため、ビルボード・ヒットチャートや「ブラック・コンテンポラリー」と呼ばれたソウル・ミュージックなど、どの店でも類似の曲がかかり「六本木ヒット」とも呼ばれていた。DJたちは他店との差別化をはかるため、曲のつなぎ方を工夫するようになっていったという。[*8]

一九七九年、シュガーヒル・ギャングが「ラッパーズ・ディライト」をヒットさせ、七〇年代前半にはストリートの胎動にすぎなかったヒップホップをメジャー・シーンに押し上げる。ディスコでの画一的なヒット曲のオンパレードを嫌う一部のDJは、ヒップホップの先駆けとなった曲を紹介し始め、高橋透は店でラップのパフォーマンスをすることもあったという。一九八〇年代初頭、ロンドンのニューウェイヴ・ミュージックが日本の音楽シーンを席巻すると、東京のダンスフロアでもソウル・ミュージックやヒットチャート一辺倒の選曲を脱し、今日のように細分化したそれぞれのジャンルを専門とするＤＪたちが現れつつあった。[9]

クラブＤＪのミックスに革命的な影響を与えたのは、一九七〇年代前半からヒップホップのＤＪたちがハウス・パーティや集会でのＤＪバトルで行っていた「ブレイクビーツ」（当事者は「ブレイク」と呼ぶ）という手法である。それは、たとえばジェイムズ・ブラウンの「Funky Drummer」といったファンク曲の間奏のドラムソロに代表されるグルーヴの強いパートを二台のターンテーブルを使って延々とリピートし、聴衆を煽っていくテクニックである。機材が発達すると、ある曲のブレイク・パートをサンプリング・マシンに読み込ませてリピートし、これにテンポ（ＢＰＭ）を合わせた別の曲をミックスして、オリジナル曲の任意の箇所を引き延ばしつつ他の曲を融合し、独自のグルーヴをもった複合的なサウンドを作り出す手法がＤＪのミックスの基本技術となっていった。[10] レコードを回したまま盤を前後に動かし、針との摩擦音を作り出す「スクラッチ」の手法もあっという間に世に広まった。

古賀がブレイクの洗礼を受けたのは、ヒップホップのオールドスクール（初期アーティスト群）のひとり、グランドマスター・フラッシュに出会ったときだという。グランドマスター・フラッシュは、ブロンクスのストリートでいち早くブレイクを確立させたクール・ハークからＤＪのテクニックを学んだ。ブレイクやスクラッチを取り入れたハービー・ハンコックの「Rock It」（一九八三年）はヒップホップ初期の大ヒットとなり、この曲でＤＪを務めたＤＳＴはピテカントロプスにも来たという。その頃、古賀はブートレッグ（海賊版）でレア・グルーヴのブレイクばかりがサンプリングされたヒップホップＤＪ用素材集のＬＰ「ウルティメイト・ブレイクス＆ビーツ」を入手し、そのブレイクのオリジナル曲を収録したレコードを探し回っていた。

ヒップホップの基本ユニットはＤＪと、リリックをラップするＭＣ（ラッパー）のふたりであり、ＤＪとラップの普及は全世界に無数のヒップホップ・アーティストを生み出した。単独でプレイするクラブＤＪはもちろんヒップホップ奏者ではない。しかし、ブレイクやスクラッチを使ったミックスはヒップホップＤＪの手法を取り入れたものであり、この国で古賀や富久の番組によってこのテクニックを知ったＤＪたちは少なくない。

オールドスクールの総帥として知られるアフリカ・バンバータは、ブロンクスのストリートでは当初ＤＪとＭＣが共存していたが、ライヴやレコードの前面に立てるＭＣにはダウンタウンのクラブやメジャー・デビューへの道が開け、彼らはシーンを去ってＤＪのみが取り残された、と語っている。*11 しかし、ヒップホップＤＪは「ラップの音楽」をバックトラックで支えるだけの存在ではなかった。

いとうせいこう『ULTIMATE DJ HANDBOOK』日之出出版、1988年。アナログDJテクニックの先駆的な教則本であり、当時36人のDJと、東京では50軒のクラブ、ディスコを掲載

バンバータは言う。「ヒップホップにはあらゆる様式が詰まっている。音楽そのものは中立のものなんだ。世の中にはあらゆるスタイルの音楽があるっていうのに、その半分も聴かないうちから、オレはR&Bが好きじゃない、オレはヘヴィ・メタルは好きじゃないなんて言うのは、おかしいじゃないか。……ヒップホップはR&Bがどうの、ジャズがどうの、この音楽がどうのではなく、ビートとグルーヴとベースラインを取り込むためにあらゆる音楽を吸収しただけだよ」[*12]。

つまりヒップホップとは本来、現在のように「ラップとブレイクとスクラッチの音楽」としてジャンル化してしまったものではない。それはもともと、ジャンルを問わない多様な音楽のヴォキャブラリーから独自のセンスで選び出した曲で流れをくみたて、新たなグルーヴを作り出すサウンドのことなのであった。音楽体験の幅広さをベースに、ビートを保ちつつ既存の楽曲を自由自在に使ってこうした新たな音楽のくみたてをコントロールするＤＪは、アナログ時代のメタファーを使うなら「ターンテーブリスト」と呼ぶ方が適切かもしれない。そして、ファッションショーの選曲とクラブＤＪの双方に携わった富久と古賀は、ヒップホップの影響も受けつつ、ジャンルを超えたターンテーブリストとして番組を通じ、その思想とスタイルの種を東京のクラブ・シーンの黎明期に蒔いていた。

「FM transmission/barricade」は海外のＤＪの起用も行い、東京と各地との番組を介した同時代の交流が、国境を越えたクラブ・ミュージックの広がりと共有に大きな役割を果たした。番組では伝説的なクラブ、パラダイス・ガラージのラリー・レヴァンらニューヨークやロンドンのＤＪにミックスを依頼し、オンエアを行った。ニューヨークのＤＪを仲介したのは、現地でミュージシャンのマネジメントに携わっていた石岡ヒサである。石岡は現在、ニューヨークでnite groovesなどのレーベルを擁するキング・ストリート・サウンズのCEOを務める。

ロンドンからは、ジャズとサルサをポップに融合させたファンカ・ラティーノの大所帯バンド、ブルー・ロンド・ア・ラ・タークのクリス・サリヴァンら二人がメンズビギのコレクションに出演するため、東京にやってきた。サリヴァンは、ロンドンでWagなどのクラブを主宰して七〇年代のファンク・ミュージックに光をあて、レア・グルーヴの流れを作ったDJでもあり、ファッション・デザイナーやショーのモデル、レコード・ジャケットのアート・ディレクターなど多彩な活躍で知られた。古賀は彼らが出演するショーの選曲を担当し、サリヴァンは持参したレコードをショーに使わせてくれたという。

サリヴァンらが活動したロンドンにはカリブ海からの移民を通じてサルサやレゲエが流れ込んでいた。古賀はブルー・ロンド時代のサリヴァンたちがホーン・セクションやパーカッションを従え、純白のズート・スーツを着て歌い踊る「Me & Mrs. Sanchez」のヴィデオをピテカントロプスで見ていた。「彼

クリス・サリヴァンがプロデュースしたブルー・ロンド・ア・ラ・ターク唯一のアルバム『Chewing The Fat』1982年

らは子どもの頃からジャズやサルサの本物を聴いているんですね。流行っているからではなく、本当に好きだからそれが地になって歌やダンスが出てくる」。

古賀はロンドンに出かけ、当地のアフリカン・センターで毎週行われていたソウルⅡソウルの伝説的なパーティでパイナップル・ヘアをしたジャジーBのステージも目撃した。ソウルⅡソウルはレゲエにヒップホップやレア・グルーヴを取り込み、ロンドンのウェアハウス・パーティ発のブラック・ミュージックとして世界の注目を集めていた。ブルー・ロンドやそこから分派したマット・ビアンコ、そしてソウルⅡソウルらがこの番組でさりげなく流されていたことは言うまでもない。

DJとは何か

一九九一年一二月、「FM transmission/barricade」は七年あまりの放送に終止符を打った。一九八〇年に日本に上陸したタワーレコード、西武資本のWAVEなどが各地に店舗を増やし、輸入盤はかぎられた人がかぎられた場所で探しあてるものではなくなっていた。一九八八年、輸入レコード会社として創業したエイベックス・トラックスは「SUPER EUROBEAT」シリーズなど、ダンス・ミュージックのコンピレーション・アルバムを数多くヒットさせる。日商岩井がイギリスのウェンブリー社と合弁でジュリアナ東京をオープンするのは一九九一年である。音楽のつくる空気に感応するDJとカルチャー・ピープルのひそやかな分かち合いは随所に広まり、かたや企業資本が一定の規模で演出する場に集まって、音楽そのものよりはダンスの恍惚を求める人々に時代は席巻されつつもあった。プロデューサーの浮田は「番組はもはや使命を終えた」と語る。

一〇年後の二〇〇一年一〇月。「transmission/barricade」は短い復活を遂げた。一九八〇年代に番組に心酔したひとり、ジェー・プラネットの小松康弘はその復活を企て、ライヴでやるなら意味があると浮田がプロデューサーとして再び腰を上げた。小松が声をかけ、かつてこの番組を聴いて音楽を志したアーティストが渋谷セルリアンタワーのライヴスポットJZ Bratに集まり、おなじみの毎週土曜深夜にパフォーマンスを行って東京FMで生中継された。DJを務めたのは富久ら往時のメンバーのほか、テイ・トウワ、U.F.O.の松浦俊夫、福富幸宏、沖野修也率いるKYOTO JAZZ MASSIVEらの「バリケード・チルドレン」、今もクラブ・ミュージックの第一線で国際的に活躍するアーティストたちである。DJの技術はデジタル化し、原曲を解体して異なる要素を組み入れ、まったく別の曲として再構築する高度な「リミックス」へと飛躍的に進化を遂げていた。このライヴ版「transmission/barricade」は二〇〇二年九月まで続いた。

＊

この取材のためジェー・プラネットを訪れた二〇一三年一一月の夜、浮田は白金に移った富久慧のバーに連れて行ってくれた。するとあろうことか、その翌日と三日後、三軒茶屋のクラブと富久の店で二日かぎりの「Transmission barricade Tour 2013」が行われ、古賀明暢もDJとして参加するという。三〇年前の番組の仕掛け人、浮田にようやく巡り会えた矢先のこと、あまりの偶然に驚く。

富久慧の店で、浮田は先客の音楽関係者らに迎え入れられる。照明を落とし新旧の東京タワーの夜景を望むバーで、富久は客への心配りをかかさない。テーブルをまわり「何か問題はないですか」と声をかけ、タブレット端末を叩いて馴染み客に話題を振る。

取材の趣旨を話すと、富久は自ら選曲したこの番組の一九八八年八月一三日のミックスを流してくれる。[*13] アル・スチュアートの「イヤー・オブ・ザ・キャット」、そして波の音に混じってフィービー・スノウの「オー・L.A.」が流れ出す。懐かしさがこみ上げてくる。テーブルの浮田が言う。「トミーは来る人のことを一瞬で察知し、その人にぴったり合った曲をかけられる数少ないＤＪですよ」。波の音を加えたこの曲は、デジタル・ラジオ放送セント・ギガのコンセプトを作った曲のひとつだという。富久と古賀は一九九〇年代、潮の満ち干と月の運行に合わせ音楽に自然音と詩のナレーションをミックスして流すこの放送にかかわった。

三日後、夜九時に再び富久の店に行くと、マッキントッシュのラップトップ・コンピュータとコントローラーを前に古賀明暢のプレイが始まっている。店には「Transmission barricade」の二夜限りの復活を懐かしむファッション関係者も来ている。富久からツアーを主催する古賀の古い友人、福井徹人を紹介される。

ＤＪの歴史を綴った『Last Night a DJ Saved My Life』のなかで、ビル・ブリュースターらは言う。「ＤＪは呪術師であり、テクニシャンであり、コレクターであり、選曲家であり、音楽の伝道師でもある」。彼らによれば、ＤＪの行為は単に曲をミックスし、トリックを披露し、新しい曲を紹介し、その瞬間にぴったりの即興演奏をしたりする以上の何ものかである。その神髄はいかに繊細に聴衆と相互に交流しうるかにある。「ＤＪという行為は、エモーショナルで即興的なアートの一形態で

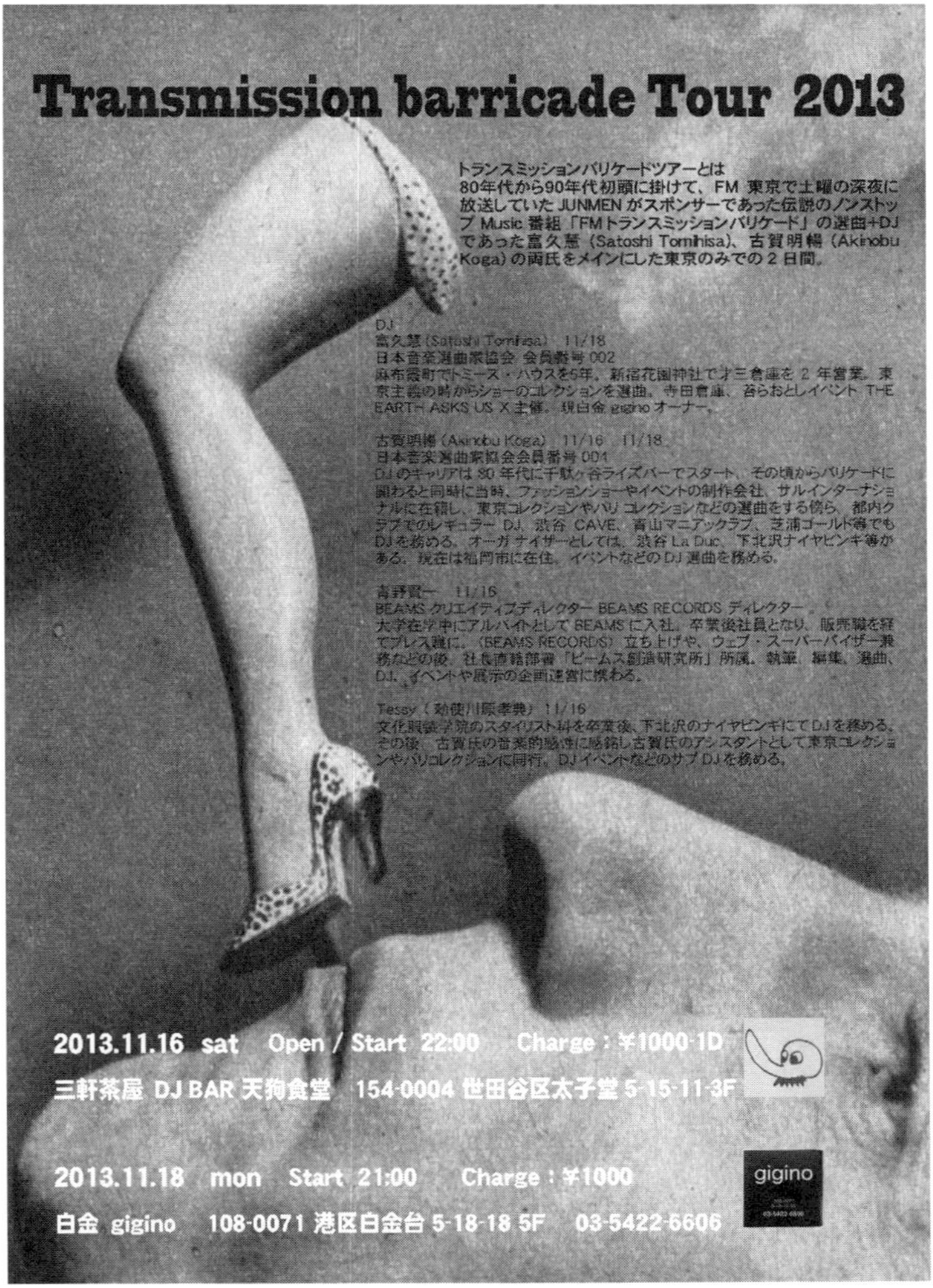

「Transmission barricade Tour 2013」のフライヤー（福井徹人提供）

ある。……すぐれたDJは音楽と聴衆との関係をコントロールする。だからこそDJは聴衆のことをよく見ている必要がある」[14]。

ニューヨークの音楽シーンを経験し、GOLDや青山・Le Baron de Parisなど東京のクラブづくりの第一人者となった塩井るりも、ピテカントロプスの仕掛け人、桑原茂一に語っている。「DJは、何か魔術師っぽい。ホールで人が集まって社交して、人と人が関わりたいっていうスペースの中の音作りをする役割だから。人がどう交差するかに音はすごく影響して……それを操る人。……ライヴだと視覚もあるし、もちろん体験で影響はするけども、DJの場合……台の上にのっかってやればライヴ的だけども……ラジオ(も)、バーみたいなスペースも、すごく大きなダンスホールも、色んな場面で人と人が交わることに音だけで影響を与える」[15]。

DJには事前に決めた曲目をその通りに流すだけの人もいる。古賀明暢は手持ちの音源からその場に合わせて即興的に選んでいく。「曲をかけている最中に、自然と次の曲が浮かんできます。すると前の曲とキーも合っていたりする。そういう波長がお客さんとぴったり合ったときに盛り上がるんです。ファッションショーも同じです。結局、音楽で場面や雰囲気を編集しているんですね」。

古賀の選曲が流れる富久の店で、主催者の福井徹人がにこやかに語る。「アーティストならファンの方から盛り上がってくれます。でも、DJはふりの客も多いクラブで、人数や空気もその都度異なるなか、ゼロから雰囲気を作っていく。ものすごい才能とカリスマ性が求められますよ」。福井は僧侶である。京都から来たと挨拶すると、京都にはクラブでDJをやる僧たちのネットワークがあると言い、「僧侶もDJと似たものかもしれません」と笑った[16]。

FM transmission / barricade関連年譜

	1940年代末	●ジャマイカで「サウンドシステム」誕生、アメリカのR&Bが人気に
1950		
1960		
1970	1973年	●ニューヨーク·ブロンクス、「Back to School Jam」でクール·ハークがDJを披露
	1979年	●シュガーヒルギャング「ラッパーズ·ディライト」ヒット ●富久慧、西麻布にバー Tommy's House開店
1980	1980年	●千駄ヶ谷、ライズバー開店。古賀明暢、DJを務める
	1982年	●原宿、ピテカントロプス·エレクトス開店
	1983年	●四方義朗、ファッションショー企画運営会社サル·インターナショナル設立
	1984年	●4月 ラジオ番組「FM transmission/barricade」スタート ●ピテカントロプス閉店、跡地にクラブD開店。富久慧、古賀明暢、高橋透らDJが参加 ●古賀明暢、サル·インターナショナル移籍
	1986年	●RUN DMC「Walk This Way」ヒット、ヒップホップが世界的に流行
	1988年	●エイベックス·トラックス創業
1990	1990年	●富久慧、新宿·花園に氵三倉庫オープン
	1991年	●ジュリアナ東京オープン ●12月「FM transmission/barricade」終了
2000	2001年	●10月 渋谷JZBratにてライヴ「transmission/barricade」復活、東京FMで生放送
2010	2013年	●11月 三軒茶屋·DJ BAR天狗食堂と白金gigìnoにて「Transmission barricade tour 2013」

＊1　デイヴィッド・カッツ(森本幸代訳)『ソリッド・ファンデーション—語り継がれるジャマイカ音楽の歴史』DU BOOKS、二〇-二四頁、二〇一二年

＊2　『The Official DJ Kool Herc Website』http://djkoolherc.com/。ちなみに、同時期にヒップホップを始めたアフリカ・バンバータ率いるズールー・ネイションズのひとりは、クール・ハークがヒップホップを始めたというのは誤解であり、一九七三年に彼が開いた「Back to School Jam」ではMC(ラップ)もヒップホップも行われなかったと主張しているhttp://allhiphop.com/2013/08/20/zulu-nation-says-dj-kool-herc-did-not-start-hip-hop-and-is-misrepresenting-the-culture/。

＊3　ニューウェイヴ・ミュージック　一九七〇年代後半から八〇年代前半にかけて、パンクロック・ムーブメント後のイギリスに出現した多様なロックの一分野。U2やドルッティ・コラムなどのオルタナティブ・ロック、ユーリズミックス、ヒューマン・リーグ、XTC、ニュー・オーダー、トーマス・ドルビー、フランキー・ゴーズ・トゥ・ハリウッド、カルチャー・クラブなどのエレクトロ・ロック、ロキシー・ミュージック、ジャパン、デュラン・デュランなどのニュー・ロマンティック、スタイル・カウンシル、アリソン・モイエなどのブルー・アイド・ソウル、ブルー・ロンド・アラ・ターク、ア・サーテン・レイシオなどのファンカ・ラティーノなど多彩な広がりを持つ。

＊4　「FM transmission/barricade」一九八五年四月六日放送曲目、①サン・ポール・ドゥ・バンス(ピエール・バルー)、②サンデイ(ジョージ・ウィンストン)、③ウィズアウト・マーシー(ドゥルッティ・コラム)、④ミート・イズ・マーダー(スミス)、⑤ハウ・マッチ・ロンガー(ケーン・ギャング)、⑥ジーンズ・ノット・ハプニング(ペイル・ファウンテンズ)、⑦コラディィ・オラ(イエロー)、⑧トミー・ボーイ・メガミックス(スリー・D)、⑨オール・アイ・アム(ブルーベルズ)、⑩モア・ザン・アイ・キャン・ベア(マット・ビアンコ)、⑪アイ・スティル・ビリーヴ(マリ・ウィルソン)、⑫クリース・イン・ヒズ・ハット(ケーン・ギャング)

＊5　JUN社は一九五八年創業。現在、JUN Red、Rope picnic、FALKLANDなどの人気ブランドのほか、代官山のセレクトショップbonjour recordsなど文化志向の強いさまざまな事業を展開する。

＊6　「FM transmission/barricade」のテーマ曲には立花ハジメの楽曲が全面的にフィーチャーされた。初期のオープニングにはアルバム『Mr. Techie & Miss Kipple』(一九八四年)より、「THEME FROM BARRICADE」、「REPLICANT

J.B.（Remix Edit Version）」、エンディングには「LUNCHTIME DAPANPIS」などの曲が使われた。番組の専属ＤＪは、富久、古賀に加え、ディレクターの吉岡滋、椎名謙介など数名が担当するようになり、ゲストＤＪに藤原ヒロシらも参加した。

*7 「日本のファッション・プロデュースの第一人者が語る音楽とファッションの関係　四方義朗」『ROLAND Music Communication Club』http://www.mc-club.ne.jp/interview/yomo/body_1.html

*8 高橋透『ＤＪバカ一代―ディスコとクラブの黄金時代を紐解くＤＪ先駆者の自伝的ストーリー一九七五―一九九五』リットーミュージック、一四五―一四八頁、二〇〇七年

*9 前掲高橋『ＤＪバカ一代』一四五―一四八頁

*10 Katz, M., Groove Music: The Art and Culture of the Hip Hop DJ. Oxford University Press, Inc.,14-16, 2012.

*11 『SCRATCH』（映画）ダグ・プレイ監督、二〇〇一年（ＤＶＤ、ニューズベース、二〇〇三年）

*12 S・H・フェルナンドＪr．（石山淳訳）『ヒップホップ・ビーツ』ブルース・インターアクションズ、二四頁、一九九六年

*13 「FM transmission/barricade」一九八八年八月一三日、放送曲目①イヤー・オブ・ザ・キャット（アル・スチュアート）、②オー・L.A.（フィービー・スノウ）、③センチメンタル・レディ（ボブ・ウェルチ）、④ユー・ガット・ミー・ハイ（エルボウ・ボーンズ＆ラケッティアーズ）、⑤ハード・タイムズ（オリジナル・サヴァンナ・バンド）、⑥アンダー・ザ・ジャマイカ・ムーン（ニック・デカロ）、⑦ビフォー・ザ・レイン（リー・オスカー）、⑧イーヴル（ＥＷ＆Ｆ）、⑨ドント・ルック・エニー・ファーザー（デニス・エドワーズ）、⑩アイル・プレイ・ザ・フール（オリジナル・サヴァンナ・バンド）、⑪ウォーク・ビトウィーン・レインドロップス（ドナルド・フェイゲン）

*14 Brewster, B. Broughton F.: Last Night a DJ Saved My Life: The History of the disc jockey. Grove Press books, 101-111, 1999.

*15 「ＤＪカルチャーのゆくえ＃5　富久慧×塩井るり×DJ NORI」『media CLUB KING』http://clubking.com/archives/3269。二〇一四年五月閲覧。現在は削除。

*16 なお、ラジオ番組「FM transmission/barricade」については、非公式だが、往年のリスナーが録りためたテープ音源を掲載する以下のウェブサイトがある。Tokyo FMトランスミッションバリケード http://33trancemissionbarricade.blogspot.jp

第2章 店舗BGMの「地殻変動」

――ジャンルを突き抜ける「選曲文化」の運動《ムーヴメント》

スーパーマーケットの音楽

シンセサイザーの音色がお馴染みのJ-POPのメロディを妙にさわやかに奏でる明るい店内、時折前触れもなくその調べが途切れ、今日の特売を告げる店内放送のアナウンスが響く。「さかなさかなさかなー、さかなを食べると～」、鮮魚コーナーにおかれた簡素なCDプレーヤーからは、全国漁業協同組合連合会が一九九〇年代に水産庁の肝いりで制作し、日本中の魚屋に配られたあのキャンペーン・ソングが鳴り渡る。

私たちの知るスーパーマーケットの店頭は、いつもそんなまばゆい喧騒のさなかにあった。野菜売り場では「おさかな天国」が「きのこの歌」に、食肉コーナーでは「ヨーデル食べ放題」に代わり、系列によっては、創業五〇周年を期してつくられた「サミットファンの歌」のような定番ソングが、チェーン店名や店舗空間の反射的な想起をうながすほど頻繁に流される。多少の変奏はあっても、今もそのような眺めがスーパーの正道の音の風景であることに変わりないかもしれない。

巷では、耳あたりよく、無個性で安っぽいインストゥルメンタルの音楽は、皮肉を込めて「スーパーマーケットのBGMのような」と形容される。しかし、安売りを最大のアピール・ポイントにするスーパーのような店舗ではふだん、J-POPのヒット曲のヴォーカルのないカヴァーかイージー・リスニングなどのインストゥルメンタル曲が流されるのがお決まりだ。歌声や演奏が自己主張する存在感のある楽曲の響きは、むしろ客の注意を音楽に惹きつけて、目の前に広がる蠱惑的な商品の輝きに心奪われるせっかくの恍惚を削いでしまうと考えられているからだ。

たしかに、たとえばアメリカ広告界の古典的立役者のひとり、クロード・ホプキンズは言っていた。「広告の世界には素晴らしいスタイルというものは必要がない。ユニークなスタイルは肝心の主題から人の眼をそらしてしまう。……ともかく自然で単純でなくてはならないのだ。表現が目立つようではだめだ」[*1]。広告はあくまで主題である商品のさりげない演出役に徹して、はじめて効果的な販売促進が可能になるというのである。客の「意識」はあくまで陳列棚の商品に向いていてほしいスーパーマーケットの音楽も同じように考えられているのだろう。

「コミュニケーション・アート・グループ」を標榜するふたりのアーティスト、小田島等と細野しんいちは、CDアルバム『MUSIC FOR SUPERMARKET』(二〇〇七年)で、作曲家や演奏家が楽曲に注ぎ込む作品性を極限まで排したそんなスーパーマーケットの音楽を「模造」しようと試みている。ちょうどアンディ・ウォーホールがキャンベル・スープ缶をポップ・アートの題材にして既成の芸術に反旗を翻したように、このふたりが組むユニット、ＢＥＳＴ ＭＵＳＩＣは消費社会の都市空間をあまねく塗り込めていくような、明るく、安全で衛生的な商業空間の均質性をつくりだす音の組成を子細に解剖し、再構築することをめざしたのである。

イラストレーター、スージー甘金を師と仰ぐ小田島はある時期、スーパーのインストゥルメンタル・ミュージックの虜になり、店頭でその「業務用音楽」を録音して持ち帰るほどのめり込むようになったという。どうすればそれをもっとたくさん聞けるかと彼は考え、自分たちで「オリジナル音源」を制作することを思い立った。*2 彼を惹きつけたのはＪ-ＰＯＰやイージー・リスニングはもちろん、ジャズやハード・ロックまで、あらゆる楽曲を同じテイストの「無害」な音楽世界に封じ込めるこうしたＢＧＭの「のっぺらぼう」な不可思議さ（ストレンジネス）だ。*3

東京・三軒茶屋のスーパーで、小田島はあのビースティ・ボーイズのハード・コア・パンクの古典的名曲「Fight for Your Right」のインストゥルメンタル版を耳にし、驚愕したという。彼は「ハッキリ言って絶句しましたね。ラップの主旋律をキーボードにプリセットされているチープなサックス音でつくってた……『Fight for Your Right』だって途中でわかった瞬間、……価値観が崩れ去りました」と語っている。*4

小田島と細野は首都圏の大手スーパーマーケット・チェーン「サミット」や持ち帰り総菜店「オリジン弁当」に通いつめ、何が典型的なスーパーのＢＧＭたらしめているかを徹底して分析し、そのエッセンスを換骨奪胎して一枚のアルバムをつくりあげた。そのＣＤジャケットには、ピンクや水色の淡い中間色のシャツや上着をまとったモデルが曖昧な笑顔を浮かべてポーズをとり、店内のＪ-ＰＯＰさながら「婦人・紳士カジュアル・ウェア レジにて半額」のキャッチコピーが踊る。そして、開店から閉店まで、じっさいにスーパーの一日のさまざまな時間帯を演出できるよう考え抜かれた「オリジナル」の楽曲が収められている。

メジャー・キーの楽しげだがサビが胸を少しだけキュンとさせる明るく洗練されたフュージョン・ミュージックの冒頭曲「サマー・クリアランス・セール」。日々をもてあます専業主婦に、ほんのひとときの優雅でアンニュイな午後を約束するボサノヴァ・タッチの「Afternoon Hills」。サックスとカリンバを模したシンセサイザー音が南の楽園の底抜けの明るさを醸し出す「TROPICAL ISLAND」。アイドル歌手のよくあるヒット曲のインストゥルメンタル版としか思えない「モーニング・ハイウェイ」。アルバムの最後を飾る「CLOSE TO YOU」では、閉店時間を告げる女声のアナウンスが繰り返され、終わりゆく一日を名残惜しげに見送るスロー・テンポのバラードがレジへと急ぐ客をやさしく見守るように鳴り響く。「本日もご来店いただき、まことに、ありがとうございました。当店は、ただいまの時間をもちまして、閉店とさせていただきます。またのご来店、心よりお待ちしております。ありがとうございました……」。

彼らの音楽は「業務用」に作られたのではない。スーパーマーケットの無個性な環境音楽を、無数の原曲をもつカヴァーとしてではなく、一個のオリジナル音源としてつくるという行為は、かなり逆説的で、かつ難易度の高い試みといえる。パートナー細野とのこの共同作業を、小田島はこう語っている。「制作時の作業が異常で、ぼくも相棒ももちろんテクノやニューウェーブとか大好きなので、作り込んでいくとそういう音楽に似てきちゃうんですよね。……『あー、またお洒落になってしまった』って、トライ&エラーの繰り返し。ナウい、オシャレを延々回避しなくちゃならない。……で、わからなくなるとスーパーへ行って、二人で三〇分ぐらい聴いてインプットして、また部屋戻って、作り直して」[*5]。

BEST MUSICのフェイクな「オリジナル」の「店舗向け音楽」は、見慣れすぎているがゆえにわれわれの無意識にしまい込まれがちな都市空間の日常を奇妙な明るみのなかに切り出すことで、消費社会のある側面を音楽の「形態模写」によって標本として示し、思わず苦笑を浮かべさせるほどの遊び心あふれる問いを投げかけている。煌々とした蛍光灯に照らし出された店舗空間を、心おきなくそぞろ歩く日々のショッピングの快楽は、そんなキッチュな音楽たちに演出されているのだ、と。

プラスティックのバスケットを下げ、スーパーマーケットの明るい陳列棚の間を通り抜けるわれわれは、鳴り響くBGMの音色の心地よい世界に誘われて意識と無意識の挟間をたゆたいつつ、野菜や食肉、鮮魚や総菜、レトルト食品に手を伸ばしていく。そしてあるとき、日々の時間の緩慢な流れをさっくりと切り裂くかのように、その音楽によって、日常の続きでありながらそこからしばし抜け出せるような瞬間が訪れる。そこでわれわれは、日常生活のルーティンからほんの少しの間解き放たれるような、あるかなきかの意識のスリップを起こす。BEST MUSICのこの作品は、彼らがめざすアートのキー・コンセプト、「near motif & far feeling」(手近な題材で遠くの感覚を)のとおり、私たちが入り込むそんな日常の半覚醒の生の一瞬を追体験させてくれる。[*6]

店舗BGMの「地殻変動」

それにしても、スーパーの店頭にはさまざまな音が入り乱れている。床を滑るカートの音、「いらっしゃいませ」という店員の挨拶、店内の魚屋の威勢のいい掛け声、レジでの接客の応対。客はおしなべて買い物にまつわるそんな活気ある生音のざわめきを好むという。二一世紀の今も、市場の喧騒に分け入ることに人はえもいわれぬ心地よさを感ずるのだろうか。だが、粗悪なマイク音で鳴り響く、怒鳴り立てるような店内放送やCDプレーヤーで延々と繰り返される販促音源、フロアに響く荷下ろしのようなむき出しの作業音は明らかに敬遠される。

店内に発生しうる雑多なノイズを覆い隠し、ものを買うという行為を前向きの明るさで寿いでくれるから、多くの買い物客は店内にBGMがあるのはよいことだと考える。スーパーには何より、静かな音楽やインストゥルメンタルの曲が適度な音量で流れていることが好ましい。アップテンポの騒がしい曲や、チェーン店のテーマソングのように同じ曲が繰り返し流れるのはもちろんのこと願い下げだ。*7

ただ、公共のスペースに音楽が流れることにわりあい寛容な日本の買い物客も、曲に対する好みは多岐に分かれるようになっている。こと音楽については、人は好きな曲、知っている作品を好む。邦楽全盛のこのかた、スーパーの店内にもJ-POPのインストゥルメンタルが流れることに何の不思議も感じないという人が多いのは明らかだった。ところが、二〇〇〇年代に入る頃には、店内BGMに洋楽を望む消費者も少なからず目立ち、それどころか売り場の雰囲気や店舗のイメージを考えて店の独自音源をつくり、流せばよいと考える向きでさえ無視できない数に及ぶことが報告されている。*8

二〇世紀末の空間BGMの選曲技術の進化とそんな生活者意識の底流の変化は、随所で店舗や公共の場に流れるBGMを根底から変え、都市の環境音楽に「地殻変動」をもたらすことになる。

二〇〇二年にアメリカの世界最大手の小売業ウォルマート傘下に入り、徹底した低価格戦略を推し進めてきた西友が店舗ＢＧＭの改革に着手したのは二〇一〇年代に入ってからのことである。二〇一三年、ＢＧＭの見直しを進めていた同社のマーケティング担当者は、当時InterFM取締役を務めていたＤＪで音楽評論家のピーター・バラカンに出会い、選曲を依頼したところ、バラカンの紹介した番組ディレクター土屋光裕らが、洋楽を中心に月替りで一味違った「オリジナルの選曲」によりＢＧＭの制作を行うようになったという。

たとえば二〇一七年のある晩秋（一一月）にはこんな曲が流されている。シアトルのシンガー・ソングライター、ア・ファイン・フレンジーの「Come on, come out」、イギリスのニュー・ウェイヴを作ったネオ・アコースティック・デュオ、エヴリシング・バット・ザ・ガールの「These Early Days」、ベック「Heart Is A Drum」、スコットランドのシンガー・ソングライター、ＫＴタンストールの「Other Side of the World」、ジョン・レノン「#9 Dream（夢の夢）」。一九七〇年代から二〇一〇年代まで新旧とりまぜた選曲で、いずれもアコースティックで透明感のある曲調に、どちらかといえば内省的なヴォーカルが温かみを醸し出すソフトなロックやポップスの楽曲が選ばれている。[*9]

西友・マーケティング本部の木村真琴はこのＢＧＭの改革について語る。「スーパーマーケットのような業態では、お客さまが店舗に来てから商品購入を決めるケースがほとんど。長く滞在したくなる、心地よい環境づくりはビジネス上重要であるということ。さらに店舗スタッフは一日中、ＢＧＭを聞くことになるので従業員の働く環境をよくすることの二つが目的で……始めた[*10]」。

最初に店内ＢＧＭの変化に気づいたのは音楽ファンである。ツィッターにはハッシュ・タグ「西友ＢＧＭ」が立てられ、「西友のＢＧＭがオシャレすぎる」といったブログを開き、わざわざ身近な店頭に赴いて流れていた楽曲を報告したり、西友自ら公開するその月のＢＧＭリストの曲をYouTubeの楽曲動画にリンクを貼って紹介する人が相次いだ。西友のこのＢＧＭ改革は音楽好きという「新たな客層」を生み、新聞記者までが取材に訪れた。*11

かつて折り込みチラシによって各世帯に届いていたスーパーの商品情報は、新聞離れが進む昨今、商圏の消費者を店舗へと駆り立てる十分な手立てとはいえない。スーパーマーケットのような商圏の限られたビジネスには、スマートフォンやＳＮＳなど、商圏内の消費者に到達できる新たなコミュニケーション手段の導入が不可欠となっている。インターネット通販が成長を続ける近年、業態の中核をなす「実店舗」を、店内演出のアメニティを高めることにより、ネットにはない有効な資源として活用し、そこでの店舗や商品の「体験」をＳＮＳによって「拡散」させていこうとする流通・小売ビジネスのマーケティング戦略が顔をのぞかせる。

店舗側の意識の変化は、店内ＢＧＭの選択の変化に確実に現れている。一部の飲食店やアパレル・ブランドの店舗をのぞけば、店のＢＧＭをコストと手間のかかるオリジナル音源として自主制作しようとする事業主はそれほど多くない。ＢＧＭを流す店舗の大半は、ＵＳＥＮ、ミュージックバード、スターデジオといった音楽配信事業者の有料チャンネルに加入する。こうした事業者にとって、スーパーマーケットをはじめとする小売店は、飲食店、オフィス、理美容店、医療機関などと並んで「業務用ＢＧＭ」の重要な顧客である。そして、イージー・リスニングとＪ‐ＰＯＰのインストゥルメンタル・カヴァーは従来、スーパーマーケットの定番のBGMであった。

しかし、二〇一〇年代後半には、こうした配信事業者のサーヴィスのなかでも、スーパーマーケットによるJ-POPインストゥルメンタルのチャンネル利用が思わしくないという状況も訪れている。最大手のUSENは、スーパーマーケット向けに一〇以上のチャンネルを提供している。たとえば、「穏やかなアコースティック・サウンドに小鳥の声をミックス」した「モーニングBGM」、「透明感溢れるクラシック・ピアノに小鳥のさえずりをミックス」した「モーニング・クラシック」。「親しみあるJ-POPヒット曲」をボサノヴァ調にアレンジしたり、イージー・リスニングでカヴァーした「J-POPボサノヴァBGM」、「イージーリスニングJ-POP」。そして、スタンダードなイージー・リスニング曲を集めた「くつろぎのイージーリスニング」、「軽快で明るいポップス・オーケストラのカジュアルな楽曲」を集めた「イージーリスニング・カジュアル」。「アコースティック楽器を中心としたライトで爽やかな」「ライト・フュージョン」、「スティール・パンやギターが奏でる心地よい南国リゾートの雰囲気」の「リゾートBGM」、「西脇睦宏による『Angelic Orgel』の素敵な音色を」聞かせる「ファンシー・オルゴール」といった手厚いラインアップを用意する。*12

このうち、「イージーリスニングJ-POP」は、同社がすべてオリジナル・アレンジを行い、大阪本社のスタジオで生オーケストラが独自に録音したカヴァー曲を数百曲流している。原曲は、AKB48、EXILE、安室奈美恵、サザンオールスターズ、松任谷由実、星野源、夏川りみ、クリス・ハートといった誰もが知るアイドルやアーティストが歌ったヒット曲ばかりである。ただ、スーパーマーケットについては、このチャンネルの利用は想定を下回っているという。

提供する音楽コンテンツにかかわるその原因として、同社関係者は、凝ったアレンジを行っているため「原曲が何か思い出せない」場合もあり、そのためこれを聞く買い物客には「知っている曲」という「親しみをつくる要因」として効果的にはたらかないのではないかとか、「わかりそうでわからないモヤモヤ感」は客にはフラストレーションになる場合もあるのではないか、といった分析も行っている。同社の制作者は「アレンジに関しては、主旋律は大事にしているが、コードやキーは変えたりするし、四拍子の曲を三拍子にするといったこともある」ため、原曲の想起が困難となる場合もある。しかし、制作側としては「親しみのあるJ-POPをイージーリスニング調にアレンジすると、BGMとして使いやすいだろうという考えで番組を作っていたが……J-POPを題材にして作っているわけだから……わかってもらわないとJ-POPを起用した意味があまりない」とコメントする。[*13]

ただ、二〇〇〇年代に入ってからのBGMに対する買い物客の嗜好の多様化や、BGMによって店舗の魅力を積極的に高め、独自のブランド価値のひとつとして提供していこうとする西友のようなスーパーマーケットの変革の動きとこれへの消費者の反応は、作品として自己主張しない、なじみ深いがあたりさわりのないインストゥルメンタルの楽曲こそがスーパーマーケットの正道の音楽であるとするこれまでの常識が近年、大きく揺れ動いていることを示している。

そんな都市空間のBGMの地殻変動は、たとえばスタイリッシュな居酒屋や、一九九〇年代から増え始めた「無国籍」料理店、二〇〇〇年頃に開店ブームを迎えたカフェなど、嗜好性の強い飲食業の新たな業態の普及が契機となり少しずつ進んでいた。コーヒーや紅茶の専門店でありながらチキンのトマトソース・ソテーのかかったサフラン・ライスにサラダを添えたワン・プレート・ランチを出したり、和食店でありながらアボカドとミディトマト、ミックスビーンズを混ぜた南米原産の穀物キヌアのサラダを出すような新業態の店では、店舗のブランドづくりや客の消費単価にかかわる不可欠な演出要素としてBGMを重視し、ターゲットとする客層の嗜好に合わせて店舗空間の雰囲気を作り上げる戦略的な選曲が行われるようになっていた。

とりわけ変化の大きな兆しとして注目されるのは、二〇〇〇年前後からジャズがさまざまな店舗のBGMとして多用されるようになったことである。USENのコンテンツプロデュース統括部編成部部長・松本茂雄は語る。「私たちは当初、店舗BGMについては、J-POPや洋楽、ヒットチャート、ジャズ、クラシック、ワールド・ミュージック、ヒーリング・ミュージックといった音楽の軸で編成を考えていました。しかし、二〇〇〇年頃からBGMに対する店舗側のニーズが変わり、音楽ジャンルではなく、雰囲気の軸、つまりその空間の雰囲気に合った楽曲を、ジャンルを超えて選曲するチャンネルへのニーズが高まってきました。そうしたとき、そんなコンピレーションにおけるジャズの汎用性が評価され、極端な話、ラーメン屋でもジャズ、焼き肉屋でもジャズ、ともてはやされるようになったのです」[*14]。

大阪本社に三九〇万曲に及ぶCDとレコードのライブラリーを持つUSENでは、ふたつの異なったアプローチでチャンネルの編成を行っている。あるタイプの業態の出店が多いからそんな店にはこんな音楽ジャンルや志向を持つプレイリストが有効ではないかと、店舗側のニーズに対してマーケティングの視点から選曲を行うアプローチと、逆に、特定の志向を持つ楽曲の組み合わせから店における利用シーンを想定し、そうしたプレイリストはどんなタイプの店舗にふさわしいかを探っていくアプローチである。[15]いずれのアプローチにおいても、二〇〇〇年代を境に、リスナーの鑑賞活動において人気のあるジャンルや楽曲に焦点をあてるより、ある空間の演出に最適な楽曲の組み合わせを、ジャンルを超えて見繕う選曲の仕方が主流となっていく。

「渋谷系」とジャンルを超えた洋楽コミュニティ・メディア

エポック・メイキングとなる動きは二〇〇一年に起きた。

この年、USENのプロデューサー・野村拓史は、クラブ・シーンで一世を風靡したコンピレーションCD「FREE SOUL」シリーズをリリースしてきたDJ橋本徹に、カフェなどの店舗空間を想定した新たな音楽チャンネル「usen for Cafe Apres-midi」の監修を依頼することになる。[16]

橋本徹は、もともと講談社で『Hot Dog Press』の編集に携わるかたわら、一九九〇年にフリーペーパー『Suburbia Suite』(サバービア・スイート)を自主創刊した編集者である。ジャズやブラジル音楽、ムード・ミュージック、ソフト・ロック、AOR(アダルト・オリエンテッド・ロック)、シンガー・ソングライターもの、映画のサウンドトラックなど、ジャンルにこだわらず、都会的で洗練された独自のテイストで埋もれている新旧の名盤を掘り起こし推薦するこのディスク・ガイドは、洋楽および一部の邦楽ファンに「ユーザー・フレンドリーな新たな音楽の聴き方」を提案し、大きな反響を呼んだ。

『Suburbia Suite』という誌名には、「自分を含め、山手線の外側の郊外(サバービア)の街で八〇年代から九〇年代にかけて青春時代を過ごした人なら必ずわかるだろう〝ある種〟の気分や感覚を表現した」という橋本の思いが込められている。「Suburbia」という言葉は、一九七〇年代にロックというフィールドでジャズやR&Bの再解釈・再構築を行ったグループ、スティーリー・ダンを率いたドナルド・フェイゲンが一九八二年のソロ・アルバム『Night Fly』のジャケットに謳った「このアルバムは五〇年代から六〇年代にかけてアメリカ郊外の街に育った少年なら誰もが抱いただろうある種のファンタジーを扱ったもの」というエピグラフからとられた。[*17]

「批評するんじゃなくて、女の子がお気に入りを紹介するような感覚を大切にした」『Suburbia Suite』は、特定のジャンルやアーティストだけでなく、自分のテイストに合った音楽を分野にとらわれず心の赴くままに聴いていくリスナーの感覚をとらえ、こうした姿勢はその後の橋本の音楽とのかかわりの基本となるスタンスとして続いていく。[*18]

『Suburbia Suite』は、一九九〇年代に始まるアーティストとCD・レコード店、DJ、リスナーが一体となった「渋谷系」と呼ばれるある音楽的感性のムーヴメントを主導することになった。九〇年代初頭の渋谷では、HMV渋谷店、タワーレコード渋谷店、渋谷WAVEなど、輸入盤を扱う大型CD店のバイヤーたちが独自の企画棚を作ってさまざまな切り口で海外のCDを紹介しはじめていた。また、「CISCO」、「マンハッタン・レコード」など小規模の輸入中古盤店も点在し、DJや熱心なリスナーはこれらの店に通って輸入レコードを買い漁った。

音楽プロデューサー・牧村憲一によれば、「渋谷系」とは「九三年頃、HMV渋谷店の名物バイヤーだった太田浩がリコメンドしていた邦楽アーティストや、宇田川町の小さなレコードショップに足繁く通う音楽マニアが愛好していた日本のインディー・レーベル所属のアーティストを総称するカテゴリーとして……様々なメディアで取り沙汰されるように」なった「都市型ポップス」である。こうしたインディー・レーベルの代表が、牧村が後押しした「トラットリア・レーベル」であり、小山田圭吾、小沢健二らフリッパーズ・ギター（のち、小山田圭吾のソロ・ユニット、コーネリアス）、カヒミ・カリィ、カジヒデキらが所属していた。またレーベルを異にするが、同じ流れのなかに小西康陽・野宮真貴らピチカート・ファイヴや田島貴男率いるオリジナル・ラヴらのアーティストもいた。[*19]

牧村によれば、のちに「渋谷系」と呼ばれるアーティストの源流には、たとえば一九七〇年代のブレッド&バター、山下達郎のシュガー・ベイブらがいる。こうしたグループの楽曲の特徴としてよく指摘される点に、「メジャー・セヴンス」コード（ハ長調ではド・ミ・ソの和音に長七度のシを追加したいわゆる「テンション・コード」のひとつ）の使用がある。この和音の響きには「異国感、土着的ではない格好よさ」があり、それを使うと曲調には独特の「浮遊感」がもたらされる。また、山下らの曲には「メロディーが小節を」またぐ「シンコペーション」が多用され、「リズムが跳ねる効果をもたらす」「疾走感」を生むのも特徴だという。[*20]

そうした「源流」に連なり、一九九〇年代に「渋谷系」と呼ばれたアーティストたちは、音楽的には特定のテイストをもった洋楽や、洋楽を志向した邦楽の影響を受け、それは渋谷の街でレコードを買い、この街のクラブを行き交ったＤＪやリスナーにも共有された。それは、一九七〇年代のソウル・ミュージック、八〇年代イギリス発のニュー・ウェイヴやギター・ポップ、ブラン・ニュー・ヘヴィーズらロンドンのクラブ発の「アシッド・ジャズ」と呼ばれる流れ、バート・バカラック、あるいはフランシス・レイ、ミッシェル・ルグランらの映画音楽やラウンジ・ミュージック、大瀧詠一や山下達郎らのナイアガラ・レーベルなど、一定の幅をもった、だが特定のテイストを強く志向するラインアップに及ぶ。そして、そうした音楽の紹介媒体として大きな役割を果たした『Suburbia Suite』の重要なスタンスは、特定のジャンルやアーティストを超え、「聴く側のそのようなテイストにいかに寄り添うか」ということであった。

「フリー・ソウル」の運動《ムーヴメント》

『Suburbia Suite』という活字媒体によるレコードの紹介だけではリスナーと音楽そのものを共有することが困難だと感じた橋本は、一九九一年八月、ラジオ・ディレクター、二見裕志のアドヴァイスを受け、渋谷のライヴハウス「DJバー・インクスティック」でこのフリーペーパーが薦めるレコードを流し、それにまつわるトーク・ショーを行うイベント「サバービア・クール・サマー・パーティ」を開く。イベントには小山田圭吾、小沢健二、小西康陽、サエキけんぞう、のちに「渋谷系」と呼ばれるアーティストたちも集まった。[*21]

このイベントは不定期で続き、その縁で橋本は小西とラジオの仕事をすることになる。九二年四月、東京FMで二見がディレクターとなり始まったその番組「サバービアズ・パーティ」では小西がパーソナリティを務め、構成と選曲を橋本が行った。この年から『Suburbia Suite』はフリーペーパーではなく『Suburbia suite especial sweet reprise』という単行本として刊行され、そこに小西がこのような趣旨の文章を寄せた。「この本に載せられているレコードは、何十年か前に作られたものばかりだけれど、それは九〇年代の東京であらかじめ聴かれることが決まっていた『未来の音楽』なんだ」。[*22]

橋本徹は高校生だった一九八〇年代、かつてシュガー・ベイブやティン・パン・アレーのマネージメントに携わった長門芳郎が南青山に開いた伝説的な輸入レコード・ショップ「PIED PIPER HOUSE」（パイド・パイパー・ハウス）に通い詰め、主流のロックやポップスと距離を取るこの店が独自に陳列していたロジャー・ニコルスなどのソフト・ロックに出合った。一九八〇年代に一世を風靡したイギリス発の「ニュー・ウェイヴ」を聴いていた橋本には、そうしたソフト・ロックの軽やかさが衝撃的だった。[*23]

日本ではロジャー・ニコルスは、ポール・ウィリアムズと共作した「愛のプレリュード」、「雨の日と月曜日は」などカーペンターズのヒット曲の作者として知られる。ニコルスは、その独特なメロウで甘酸っぱく「浮遊感」のある作風が「アメリカのバート・バカラック」とも称される、才気溢れるメロディ・メーカーでありマルチ・プレイヤーである。ただ、本人の作品は、アメリカ本国ではロジャー・ニコルス＆スモール・サークル・オブ・フレンズ名義で一九六八年にリリースされていたものの、日本盤は

Suburbia suite; especial sweet reprise 19921121（カフェ・アプレミディ提供）

なく音楽誌も取り上げなかったから、ニコルスはこの国ではごく一部の洋楽ファンのみが知る特異なソングライターであった。

PIEDPIER HOUSEが一九八〇年代に提示したロジャー・ニコルスの旧譜に代表される「ソフト・ロック」の斬新さについて、橋本は語る。「とにかくソフト・ロックっていう概念が本当に新鮮でしたね。『ロックなのにソフトなの?』っていう。しかも日本での造語じゃないですか、フリー・ソウルやネオアコもそうですけど。目の前がパッと明るくなったというか、その陽射しが射し込んできたような感じが忘れられない体験だったんで、何かを提案するときにすぐそういう発想をするようになりましたね。ブラック・ミュージック……でも、クラブ・ミュージックでも、そういうパースペクティヴで新鮮に見せていくっていうのは、あのときの経験が大きい[*24]」。

そして、『Suburbia Suite』というレコード・ガイドの原点は「僕がロジャー・ニコルスとかソフト・ロックから受け取ったものを、ムード・ミュージックやサントラとかジャズやブラジル音楽で表現した」ことであると橋本は言う。『Suburbia Suite』はボブ・トンプソンやマーティ・ペイチ、ジョン・アンドリュース・タータグリアンなど、これまで知られていなかったソフト・ロックの「旧譜」をひとつの入口に、洋楽ファンの関心をラウンジ・ミュージックやモンド・ミュージックへと広げる媒体として影響力を高めていく。その源流となったのは「辿っていくと八七年……に、パイドパイパーハウスや(ピチカート・ファイヴの)『カップルズ』の時代に、いろいろな古い音楽に興味を抱いて手探りながらも買って聴いてたのが、ルーツ・オブ・サバービア」である、と橋本は振り返る[*25]。

一九九四年、橋本は選曲家としての活動を本格的に開始し、「Free Soul(フリー・ソウル)」という独自の呼称のもと、七〇年代のソウル・ミュージックを中心としたコンピレーションCDのリリースと同タイトルによるクラブでのDJイベントの開催を始める。

九二年に刊行したディスク・ガイド『Suburbia suite especial sweet reprise』がひとつのムーヴメントを巻き起こしたことで、九三年、橋本にはレコード会社から、ガイドに取り上げられた旧譜やコンピレーションのCDを監修してほしいとのオファーが寄せられていた。橋本は、当時イギリスのクラブ・シーンで、クラブDJらが過去のR&Bやファンク、ソウル・ミュージックの価値の再発見を行ったり、それらの影響を受けたアーティストらがその再解釈による新譜をリリースするレア・グルーヴやアシッド・ジャズなどの動きが活発になっていたことを受け、七〇年代のソウル・ミュージックをテーマにしたコンピレーションCDをレコード会社に逆提案する。[*26]

「フリー・ソウル」は、R&Bのサブジャンルとしてゴスペル色が強く土臭い感もあったこれまでのソウル・ミュージックに対して、イギリスのクラブ・シーンのそうした動きと「同時代感」を出しつつ、「ニュー・ソウル」と呼ばれた「七〇年代ソウル周辺の音楽の中からグルーヴィーな楽曲」や「メロウな楽曲」をはじめとする「自分たちの好きな曲に光を当てていく運動」として、橋本らが九〇年代の東京で提唱したものである。[*27]

橋本は、九四年三月、渋谷のDJバー・インクスティックで「Free Soul Underground」というイベントを立ち上げ、その四月にはユニバーサル・ミュージックから、自身が監修する「Free Soul」のコンピレーションCDシリーズのリリースを始める。加えて、『Suburbia Suite; welcome to free soul generation』というレコード・ガイドを刊行し、DJイベント、コンピレーションCD、ディスク・ガイドの「三位一体」で時代の動きを作り出していくことを企図する。これを機に、橋本は選盤を行ってレコード・ガイドを刊行する編集者の役割に加え、実際に楽曲を選曲してCDを発表する選曲家、そしてライヴの空間でオーディエンスのテイストをつかみ、フロアにグルーヴを作り出すDJとしての活動を本格的に展開していくことになる。今日までに橋本が手がけた「Free Soul」のコンピレーションCDは一〇〇タイトルを超えている。

渋谷「カフェ・アプレミディ」の音楽へ

一九九六年から三年間、タワーレコードのフリー・マガジン『バウンス』の編集長を務めた橋本は、九九年にその職を辞し、雑貨ショップ・グループ「アフタヌーンティー」のフリーペーパーの編集の仕事でパリのカフェの取材に出かけた。パリにはあちこちにカフェがあり、人々が思い思いに語らい、くつろいでいた。それを目の当たりにして橋本は、渋谷には自分が行きたいと思えるカフェがないことに思い至る。その夏の終わり、彼は代々木公園を散歩しながら、堀内隆志が鎌倉に経営する「カフェ・ヴィヴモン・ディモンシュ」のフリーペーパーに載っていた「カフェで聴いた音楽」についてのコラムを読んで、突然、そんな音楽を聴くことのできるカフェを自ら開店したいと思い立った。*28

橋本のイメージにあったのは、「グリニッジ・ヴィレッジのコーヒーハウスや、サンジェルマン・デ・プレや映画『ロシュフォールの恋人たち』の港の広場のカフェ、ボサノヴァを生んだとされる一九五〇年代リオ・デ・ジャネイロのナラ・レオンのサロンのようなアパートである。彼は「人が集まって、新しいなにかが生まれていく」「同じような価値観をもった大人」が音楽を聴きながらくつろげるサロン

渋谷Café Apres-midi店舗。現在は同じ渋谷区神南のいわゆる「ファイヤー通り」沿いに移転
Photo by Toru Takigawa(カフェ・アプレミディ提供)

のようなカフェを自分なりにつくろうとしていた。*29

九九年一一月、折しも盛り上がっていたカフェ・ブームにはむしろ背を向けるように、ポスターなど「記号性」のあるものを極力排し、白壁に木目の低いテーブルや椅子を置く、シンプルで抑えめのインテリアに行き着いた橋本の「カフェ・アプレミディ」は、渋谷区神南の公園通り沿いに開店する。そこで橋本は、これまでクラブでのダンスを想定した「Free Soul」シリーズのテイストに沿って行ってきたＤＪの基準とは別の視点で、自分自身のカフェのための選曲を手がけるようになる。彼は語っている。「あるころからそこ(フリー・ソウル)からこぼれてしまう音楽というものをすごく意識するようになって。大音量やビートによる束縛みたいなものから解放される……そういった音楽をかける場をつくりたかったんだ。……今までＤＪ的に曲単位で聴いていたレコードを片面通しでかけてて、この曲こんなに良かったっけ、ていう新しい発見があったり」[30]。

翌二〇〇〇年、橋本は店での自身の選曲をもとに雑誌『relax』の特集に復活した「Suburbia Suite」に「カフェ・アプレミディ」というテーマで「カフェで聴きたい音楽」をとりあげ、このコーナーだけで一〇二枚のアルバムを簡潔なガイドの文章とともに紹介した。同年、この特集に採録された盤も含めた新たなコンピレーションCD『カフェ・アプレミディ』シリーズのリリースが始まる。

『relax』の「Suburbia Suite」での選曲・選盤の目安となったのは「カフェでの時間の移ろい」という「一日の時間軸」である。誌面では、橋本自身の店になぞらえ、正午、ブラジルのサンバ・シンガーで作曲家であるカルトーラの、コーヒーを飲むジャケットで知られた『愛しのマンゲイラ(Verde Que Te Quero Rosa)』とともに「店」がオープンする。そして、午後から深夜まで一〇分刻みで、ボサノヴァ、ブラジル、ピエール・バルーやフランソワーズ・アルディなどフランスのシャンソンやシンガー・ソングライター、チェット・ベイカーやデューク・ピアソンらのリリカルなジャズ、ハワイのアコースティックなAOR、エンニオ・モリコーネのイタリア映画のサウンドトラック、カル・ジェイダーのヴィブラフォンによるバート・バカラック・カヴァー、カクテル・アワー向けのラウンジ・ミュージック、と誌面での選曲は続く。午前四時にはサクソフォン奏者、ファラオ・サンダースのワールド・ミュージック色強いスピリチュアルなフリー・ジャズによって「店」は一日の幕を閉じる。[31]

コンピレーションしたCD「カフェ・アプレミディ」シリーズでは「二〇世紀を俯瞰しつつ、ベーシックな作品と誰も知らないような作品をフラットに並べて魅力を伝えたかった」と橋本は語っている。「ジョアン・ジルベルト(ボサノヴァの始祖)とキャロル・キング(フォーク・リヴァイヴァルの先駆者)とファラオ・サンダースが並ぶことを新鮮」に受け止めたのが、この世紀の変わり目の音楽ファンを包み込んでいる「空気」だと橋本は感じていた。そしてこのコンピレーション・シリーズのヒットが、時期をほぼ同じくして店舗など都市施設のBGMのあり方にも大きく影響を与えることになる。*32

店舗BGMを変革したUSEN「アプレミディ・チャンネル」

レコード・ガイドの編者とクラブDJの経験を「カフェの選曲家」に発展させたこのコンピレーションCDのヒットを機に、USENのプロデューサー、野村拓史が橋本に店舗向けの新たな音楽チャンネル「usen for Cafe Apres-midi」（アプレミディ・チャンネル）の監修を依頼するのは、それからほどなくのことである。

「usen for Cafe Apres-midi」は二〇〇一年、橋本徹の監修のもと「午後のコーヒー的なシアワセを体現する」雰囲気を演出しようとする店舗向け音楽チャンネルとして、当初橋本を含め一一人の選曲家によってスタートした。主にカフェ、レストランでの利用を想定し「新曲からレア・トラックまで世界中の良質な音楽を一日のタイムラインに合わせてセレクト」すると謳っている。*33

店舗向けチャンネルとしての「usen for Cafe Apres-midi」の新しさは、『relax』の「Suburbia Suite」の「カフェ・アプレミディ」特集で示されたように、橋本の渋谷のカフェでの一日の時間の流れ方をプロトタイプとして、朝の開店から深夜の閉店の時間まで刻々と移り変わる明るさや雰囲気、ランチ・タイムやティ・タイム、ディナー・タイムなど、時間帯によって変わる客のサーヴィス利用の変化に合わせ、一一人の選曲家がそれぞれの時間帯を分担して行うことであった。

特定のテイストに焦点をあてた楽曲の選別をひとつの音楽チャンネルで行う一一人体制のプロジェクトをUSEN側に立って、自らも選曲を行いつつ統括したのは野村拓史である。野村は「Free Soul」や「Cafe Apres-midi」のコンピレーションを聴いて、ひとつのシーンの中で全体を通して聴かせることのできる稀有な選曲家だと感じ、橋本のもとを訪ねた。そして、橋本が選曲のもっとも根底においているものが職業選曲家としての自らの基準とまったく異なるものだと知って驚く。

「USENでずっと職業選曲家としてやってきた中で……ジャズやボサノヴァといった本当に好きな音楽のチャンネルもプロデュースしてるけど、それこそタンゴやフラメンコやイージー・リスニングまで手がけてるから、それまではただ聴き手が求めてる音楽をひたすらセレクトしてきた」から、「初めて会ったときに橋本さんが、『自分のためにただ好きな曲をかけてるだけ』って言われたのには驚いて」と橋本との対談で野村は語っている。「選曲は人のためにやる……、その音楽が流れる場所を勝手に想像して、これが喜ばれるんじゃないかって、もともと考えていたんですよ」。

そして、野村とこうしたスタンスをもつ橋本との出会いは、これまでのUSENの音楽チャンネルにおける選曲のあり方を大きく変える契機ともなった。橋本のこの言葉は「まずジャンルレスっていうことよりも衝撃的で。それ以来……我々USENも、まず自分たちが納得するものを選曲しているかを常に自問自答してきたんです」。「それまではUSENにはジャンルで区切ったチャンネルしかなくて、職業選曲家の間でもBGMに統一感を出すにはジャンルかテンポしかないというのが定説だった」が「その既成概念から、ちょっと自由になってみようって」と野村は語る。*34

かたや橋本も、USENのこのチャンネルの仕事をすることにより、当初の一一二年は、これまでのディスク・ガイドやクラブDJとして行ってきた選曲の基準を、施設空間のBGMにより適したものに調整していく作業を求められたという。橋本は語る。当初の「試行錯誤は、DJの選曲っていうこととBGMとの違いが大きかったんじゃないかな。DJってやっぱり、聴き手を強力にグリップするような選曲を心がけるものだけど、（このチャンネルを）……始めた当初はBGMでもそれをやってしまって。それでテンションが高くなりすぎたりして、自然に、ドラマティックな物語は作らなくてもいいんだなって思ったり、断片的に耳に入ってくることを踏まえて、三曲くらいずつの単位で小さなストーリーをいくつも用意したりするようになって」[*35]。

これまで主に「職業選曲家」がまかなってきたBGMづくりの仕事にDJらが合流し、音楽の専用施設ではなく別の用途をもった空間を演出する一個の放送として統一感を確保する作業は、当初「職業選曲家とクラブDJのせめぎあい」から始まったという。橋本らがめざしたのは、彼の言葉を借りれば「従来のBGMって言葉のニュアンスがはらみがちだった、ただ耳あたりが良くて無色無害な」ものではなく「聴き手に対してより積極的に響いてくる」が「決して選曲者のエゴに終わっていないようなもの」、「あくまでもリスナー・フレンドリーな態度のもとで」「BGMというものの枠を何センチかでも広げることができたら」という方向であった。

この選曲者らの活動は、これまでUSENなどの職業選曲家たちには見られなかった、たとえば「ボサノヴァやジャズの間に、エレクトロニカやメロウなヒップホップ、印象派のクラシック・ピアノ」をはさむといった試みを追究することになり、結果として職業選曲家とクラブDJという似て非なる世界がお互いに「アンチテーゼ」を示し合う模索と修正を繰り返しつつ、一〇年目を迎えた二〇一〇年代にようやく一個のチャンネルとして完成していった。[*36] この作業は、USENの他のチャンネル制作にも影響を与え、音量の振れ幅を小さくする音量調整機材をリニューアルしたり、あらゆる時間帯に応じた二四時間体制でプログラムを管理するようにする変革にもつながったという。

「usen for Cafe Apres-midi」は今ではカフェだけでなく、一般の飲食店、美容院、インテリア・ショップ、銀行や百貨店、大型商業施設にも導入され、店舗BGMの新たなスタンダードとなった。そこに至る変化の大きな兆しは、二〇〇〇年代前半に現れていた。橋本、そして彼と対談したCDショップHMVの山本勇樹は、「カフェ・アプレミディ」シリーズが発表されて以来、CDショップの品揃えが変わり、店のジャズ・コーナーでも「渋いモダン・ジャズから軽やかなヨーロピアン・ジャズとかブラジリアン・ジャズ、ソフィスティケイトされたソフト・ロック系とか、ジャケットも洗練されたものが目立」つようになったと語る。同じ対談で橋本も、「usen for Cafe Apres-midi」の開局によって「ふらっとお店に入ったときに流れているBGM」が変わり、それは「二〇〇〇年代前半の五年くらいで劇的に」起こったと述べ、橋本らの活動が時代と響き合う大きな成果をもたらしたことを実感している。[*37]

橋本らが行ったのは、あくまで「自分自身が好きな音楽を人に薦める」姿勢を貫きながら、これまでCDやDJイベントを通じて音楽ファンや夜遊び好きなユーザーに提供してきた「ジャンルレスでよい曲を掘り起こす」「ユーザー・フレンドリーな聴かせ方」という方法を、音楽以外の主用途をもつ施設空間のBGMの選曲に応用したことであった。BGMの選曲へと移行するなかで彼は、ユーザーがその空間の用途や雰囲気に合うと意識的・無意識的に認知し、さらにそれを超え、その空間を積極的に「心地よい」と感ずるようになる音楽の連なりをジャンルや洋の東西を問わず掘り起こして、それらを一定のテイストを共有するユーザーを集めることをめざす、クラブよりもさらに日常的な都市施設の随所に適合させるべく、その空間の用途と聴く者の側に立って編集（＝編曲）して提供するように自らを進化させたのだといえるだろう。

橋本の選曲活動は、これまでのターゲットであった音楽ファンやクラブ・オーディエンスという、より嗜好性の強いユーザーを超えて大きな広がりをみせることになった。彼の営みは、音楽を店やファッションの好みと同等にとらえ、空間の心地よさに半ば無意識に反応し、奏者や曲名までを知ることはほとんどない、あるライフスタイルの共有者たちへと、彼の推奨する音楽の「リスナー」のすそ野を圧倒的な規模で拡張したのである。

「usen for Cafe Apres-midi」の一〇周年を機に二〇一一年にリリースされたコンピレーションCD『Haven't We Met?』は、この音楽チャンネルにかかわった一四人の選曲家により、初期一〇年間に放送された楽曲からこのチャンネルの「クラシックス」と呼べる二〇曲を選りすぐっている。CDのタイトル・ソングを飾るのはロス・アンジェルスのシンガー・ソングライター、ケニー・ランキンの「Haven't We Met?」である。「僕たち、会ったことないかい？」と語りかける、カフェという心温まる交流の場にふさわしいジャズ的でフォーキーなスタンダードである。

カフェの時間の流れに寄り添うように選曲は続く。西海岸のバリトン・サクソフォン奏者、ジェリー・マリガンの「North Atlantic Run」、ポーランドの歌姫、ドロタ・ミシュキェヴィッチの朝にふさわしい口笛とピアノが印象的な「Nucę, Gwizdżę Sobie」、「スウェーデンのデオダード」と呼ばれるロマン・アンドレンの心優しいピアノと六〇年代風の女声コーラスが心に染みわたる「Bumblebee」、ハワイアン・バンド、ルイのラヴ・バラード「My Lover」、ジョニ・ミッチェルやビョーク、ニルヴァーナのカヴァーも手がけるオルタナティヴ・ジャズ・ピアニスト、レイチェル・Zの「Kiss of Life」、DJたちの間でサロン・ジャズ・クラシックスと定評のあるブラジルのジャズ・シンガー、ナンド・ローリアのリリカルなヴォーカルのビートルズ・カヴァー「If I Fell」(恋に落ちたら)。そして、オランダのシンガー、レイチェル・グールドが「諦念と優しさが入り交じったような無常感とメランコリーをたたえた」晩年のチェット・ベイカーを迎えて録音したコール・ポーターの「絶品」のボッサ・ジャズ・ヴァージョン「I've Got You Under My Skin」は、午後一一時代の定番として、初期一〇年の最高傑作とされている。カフェの空間に繊細にマッチする穏やかで洗練されたそんな選曲が絶妙な流れで続く。[*38]

こうしたラインアップは、何よりもDJや選曲家たちの絶え間ない音源掘り起こしの努力のたまものである。他方で、一九九〇年代のクラブDJカルチャーの確立によって、東京が世界でも類を見ないほどレアなレコードやCDの出回る都市になったこともそんな選曲を可能にした欠かせない要因となっている。このコンピレーションCDでも選曲家たちはそんな稀少な音源を余すところなく活用している。たとえば、ブラジル音楽に大きな影響を受けたスウェーデンのシンガー、キーボーディスト、ロマン・アンドレンの「Bumblebee」は、二〇〇八年にスタジオ盤とは別にリリースされたスタジオ・ライヴ盤『Juanita And Beyond: Live Studio Sessions』に収録されたライヴ・ヴァージョンであり、ライヴ盤の方の出来のよさを絶賛した東京のレーベル、Pヴァインがアンドレン側に熱烈なオファーを行って日本発売が実現した。

レコード会社から監修の仕事が相次ぐようになった九三年、橋本は、渋谷のクラブ・ミュージック専門レコード店「マンハッタン・レコード」を経営するレキシントンの依頼で、A&Mレコード所属で「渋谷系」愛好家のマスト・アイテムとなったセルジオ・メンデス、ロジャー・ニコルス、クロディーヌ、クリス・モンテスの四名のアーティストの旧譜のリイシューを監修した。このアナログ盤六枚組は、フリッパーズ・ギターの小山田圭吾と小沢健二のふたりが愛好したこともあり、爆発的に売れたという。この頃のことを橋本は「九三年夏の東京サマー・オブ・ラヴの象徴」、「一挙に世界同時渋谷化、みたいなことが起きていった時代」であったと振り返っている。[*39]

二〇一〇年代に入ってカフェ向け音楽チャンネル「usen for Cafe Apres-midi」は選曲家を一七人に増やし、リスナーを取り囲む時代の空気感を繊細に取り入れながら、一〇周年の頃までの旧譜を中心に固める選曲から、チル・アウト、アンビエント、フォーキーなソウル、エレクトロニカやその影響を受けたアコースティックなインディ・ポップなど近年の新たな流れを作る新譜を織り交ぜ、ラインアップを変えつつ今日に至っている。二〇一四年には橋本の監修により、フリー・ソウル専門チャンネル「usen for Free Soul」もスタートした。[*40]

「usen for Cafe Apres-midi」の選曲家たちは、ある者は自らの選曲が一曲でも気に入らないとそのすべてを作り直し、またある者は自分がリアリティを感じられる施設空間に足を運び、実際に自分自身の選曲を流して再三チェックを行ったうえで「完パケ」をつくる。橋本とともにチャンネルを立ち上げた野村拓史は言う。アプレミディ・チャンネルはそうした「こだわりとカンファタブル（居心地よさ）の両立」を標榜し、「パブリックなスペースで、普通の人が知らぬ間にそのセンスとクリエイティビティの恩恵を受けるような、奇跡的な、完璧なる調和をＢＧＭの分野でめざしたい」。

近年のスーパーマーケットに現れたＢＧＭの変容は、ＤＪ＝アーティスト＝クラブ＝ＣＤショップが一体となった一九九〇年代の東京を舞台とする新たな「選曲文化」の浮上と、インターネット・ショッピングの台頭への危機感にもとづく流通系企業の店舗ブランディングへのとりくみ、特定のテイストをもった施設空間に更なるアメニティを求めるユーザーの志向、そしてそれらを取り込む店舗向け音楽チャンネルの変革を背景に、起こるべくして起こった現象であった。

その波は、ブランドづくりの大きな要素として従来から店舗ＢＧＭを重視してきたアパレル・ショップなどをイノヴェーターとしつつ、これまで静寂をよしとしてきた高級和食店、オーガニックな食材やデリカテッセンの総菜を扱う高級スーパーといった異種なる小売・飲食業界も巻き込みつつ、二一世紀のこの国に静かに広がりつつある。

＊1　Ｄ・Ｊ・ブーアスティン（後藤和彦訳）『過剰化社会』東京創元社、三九頁、一九八〇年
＊2　堀部篤志、小田島等『コテージのビッグ・ウェンズデー　半芸術編』誠光社、三六頁、二〇一六年
＊3　楠見清「スーパーマーケットが閉まって悲しい」BEST MUSIC『MUSIC FOR SUPERMARKET』ＣＤライナーノーツ、Sweet Dreams、二〇〇七年
＊4　前掲堀部、小田島『コテージのビッグ・ウェンズデー半芸術編』八九－九〇頁
＊5　前掲堀部、小田島『コテージのビッグ・ウェンズデー半芸術編』九〇頁
＊6　BEST MUSIC『MUSIC FOR SUPERMARKET』二〇〇七年、Amazon co.jpのＣＤ紹介コメント

*7 川田一貴、岩宮眞一郎「スーパーマーケットの売場における音環境に関する意識調査」『音楽情報科学』一六号、七九－八六頁、二〇〇一年
*8 前掲川田、岩宮「スーパーマーケットの売場における音環境に関する意識調査」
*9 「西友―店内BGM」http://www.seiyu.co.jp/campaign/bgm/index.html
*10 宣伝会議編集部「お客さまがメディアになる時代―マクドナルド、西友、DEAN & DELUCAが考える思わず発信したくなる体験とは?」『AdverTimes』二〇一七年二月二四日 https://www.advertimes.com/20170224/article243912/
*11 「客呼ぶ売るメロ」『日経MJ（流通新聞）』二〇一六年九月三〇日付
*12 「USEN店舗・施設用BGM スーパーマーケットおすすめチャンネル一覧」http://www.usen.com/biz_music/find.html?bid=3#TabNavi
*13 「第五四回 株式会社USEN放送番組審議会議事録」http://www.usen.com/company/pdf/council/shingikai054.pdf
*14 USENコンテンツプロデュース統括部編成部部長・松本茂雄氏、制作部制作一課・小島万奈氏、サウンドマーケティング課・森角香奈子氏、法人営業統括部営業開発部部長・石田房雄氏、広報部マネジャー・清水さやか氏へのインタビューより
*15 USEN社インタビューより
*16 「usen for Cafe Apres-midi」一〇周年記念コンピレーションCD『Haven't We Met?』ブックレット、impartmaint Inc.、二〇一一年
*17 吉本宏「Cafe Apres-midi」『カフェの話』アスペクト、二〇〇〇年、若杉実『渋谷系』シンコー・ミュージック・エンタテイメント、四〇頁、二〇一四年
*18 前掲吉本「Cafe Apres-midi」『カフェの話』
*19 牧村憲一、藤井丈司、柴那典『渋谷音楽図鑑』太田出版、一五八頁、二〇一七年
*20 前掲牧村、藤井、柴『渋谷音楽図鑑』二〇六、二一七－二一八頁。同書によれば、メジャー・セヴンス・コードは、もともとは一九六〇年代に米軍放送FEN（現AFN）でアメリカのフォーク・グループ、キングストン・トリオやピーター・ポール・アンド・マリー（PPM）らを聴いた若者たちが飛びつくように採り入れたと言われる。牧村と藤井は同書で、このコー

ドの使用は、初期にははっぴいえんど「夏なんです」（一九七一年）などに典型的に見られ、「戦後の日本がずっと引きずってきた封建的な感覚」や六〇年代の「新宿文化」のような「ある種ドロドロした土着的な風土」から「逃れたかった都会の人たちにとって、このメジャーセブンスというコードの持つ浮遊感はすごく効果があった」と述べている。藤井によれば、こうした曲は、「声」「言葉」「歌い方」という「歌の三つの要素」と、「リズム」「メロディ」「コード」「サウンド」という「音楽の四つの要素」をあわせた「ポップスの七つの要素のあらゆる面で、それ以前の感覚を断ち切っていた」という。

＊21　前掲若杉『渋谷系』三七-三九頁

＊22　「橋本徹（SUBURBIA）×長門芳郎（PIEDPIER HOUSE）のロジャー・ニコルズ対談」http://www.universal-music.co.jp/international/suburbia-suite/cat/roger-nichols-taik/

＊23　前掲「橋本徹×長門芳郎のロジャー・ニコルズ対談」

＊24　前掲「橋本徹×長門芳郎のロジャー・ニコルズ対談」

＊25　前掲「橋本徹×長門芳郎のロジャー・ニコルズ対談」。『カップルズ』はピチカート・ファイヴが一九八七年に発表したファースト・アルバム。当時、一部の愛好家のみに聴かれていたバート・バカラック、トニー・ハッチ、ロジャー・ニコルズなど一九六〇-七〇年代の職業作曲家への憧憬を具現化したアルバムだと評されている。安田謙一「ピチカート・ファイヴ・ストーリー」『bounce』二〇〇四年四月一日、タワーレコード参照。

＊26　「レア・グルーヴ」という言葉は、一九八五-八六年にかけて、イギリスのDJ、ノーマン・ジェイがインディーズFMで放送していたラジオ番組「オリジナル・レア・グルーヴ・ショー」から生まれたとされる。レア・グルーヴとは、「掘り出し物の（レア＝入手困難な）ノリのよい（グルーヴ）音楽を発掘する」という意味である。イギリスでは一九七〇年代から、ソウル・ミュージックやファンクにジャズやフュージョン、キューバやジャマイカ、ブラジルといったラテン音楽など、新旧を問わずグルーヴのあるさまざまな音源をもちこんで踊らせるクラブ・イベントが行われていた。一九八〇年代にはそれがさらに盛り上がりを見せ、八七年にDJ、ジャイルズ・ピーターソンらが始めた「トーキン・ラウド・セイ・サムシング」というクラブ・イベントはその象徴となる。この年、ピーターソンは「アシッド・ジャズ」というインディーズ・レーベルを発足させ、そこからガリアーノやブラン・ニュー・ヘヴィーズ、ジャミロクワイなど、レア・グルーヴの影響を強く受けたアーティストが

デビューした。レア・グルーヴとアシッド・ジャズは実質的にほぼ重なり合うムーヴメントだといえる。小川充「レア・グルーヴ史」駒形四郎監修『ディスク・コレクション レア・グルーヴ』シンコーミュージック・エンタテイメント、二〇一一年参照。

*27 「『Free Soul』橋本徹が語る、名物コンピの二〇年」『リアルサウンド』二〇一四年五月三日 http://realsound.jp/2014/05/post-490.html

*28 前掲吉本「Cafe Apres-midi」『カフェの話』

*29 前掲吉本「Cafe Apres-midi」『カフェの話』、橋本徹インタビュー「カフェと音楽」「CREATOR'S EYE」Vol.12、『BEARDSLEY』二〇一五年三月二六日 http://www.beardsley.jp/column/カフェと音楽/

*30 前掲吉本「Cafe Apres-midi」『カフェの話』

*31 『relax』五月号、三〇-四七頁、二〇〇〇年

*32 橋本徹、山本勇樹「橋本徹の『Cafe Apres-midi』15周年対談・前編」『ローチケHMV』二〇一五年八月一三日 http://www.hmv.co.jp/en/news/article/1507140065/

*33 music.usen.com「D-03 usen for Cafe Apres-midi」チャンネル紹介 http://music.usen.com/channel/d03/

*34 「アプレミディ・チャンネル5周年に寄せて　橋本徹×野村拓史」「音楽のある風景」(『usen for Cafe Apres-midi』五周年記念冊子)、前掲「usen for Cafe Apres-midi」一〇周年記念コンピレーションCD『Haven't We Met?』のリリースに寄せて」CDブックレット

*35 前掲「CD『Haven't We Met?』のリリースに寄せて」

*36 前掲「CD『Haven't We Met?』のリリースに寄せて」

*37 前掲橋本、山本「橋本徹の『Haven't We Met?』15周年対談・前編」

*38 前掲「CD『Haven't We Met?』のリリースに寄せて」

*39 前掲「橋本徹×長門芳郎のロジャー・ニコルズ対談」

*40 「usen for Cafe Apres-midi」一五周年記念コンピレーションCD『Music City Lovers』二〇一六年を参照。usen.com C-61「usen for Free Soul」http://music.usen.com/channel/c61/

第二部

「極東」の洋楽かぶれ

I コンタクト・ゾーン

第3章 横浜・本牧

——外国人遊歩道のある港街

異なる文化の人びと同士の、またはある文化の人とべつの文化の物との遭遇は、ある場所ではあきらかに他の場所より強度の高いものであり、そのような場所は「接触領域《コンタクト・ゾーン》」と呼ばれてきた。文化交流が起こる際にはいつでも、私たちは隠喩的に「交易領域《トレーディング・ゾーン》」について語ることができる。……そういったゾーンは「二つの異質な集団が共通基盤を見いだすこと」ができ、交換されているものについての広い意義については不一致のまま、情報を交換できるような空間のことを述べたものである。

文化が出会うときには、一部の個人や集団は、他の個人や集団よりもそのプロセスに長く参与する。たとえばインドのイギリス人の場合、「イギリス人による征服と支配は、伝統的なインド社会内部の」イギリスの価値観に類似の、もしくはそれと両立しうるような「潜在的な、逸脱したまたはマイノリティ的な性質に活気をもたらした」。……この例は、さまざまな文化の遭遇が、どうして多かれ少なかれ強度のある異種混淆化にいたったのかを説明してくれる。

ピーター・バーク『文化のハイブリディティ』[*1]

港と連座した岬の街

東京湾に向け「く」の字にえぐれた内港をいだく横浜港の歴史は、二世紀に満たない。その南端からネコ科の動物の横顔のように湾に突き出した岬の街、それが本牧である。

山手の丘陵から続く住宅地がかつての半円形の海岸線に達し、今ではそこから、ゆるく広げた五本の指先さながら、四つの埠頭と巨大な埋め立て地が岬を囲む海に張り出す。岬の南側に連なるもう一つの丘は、一九六〇年代に昔日の海岸線が埋め立てられるまで、北斎にも描かれた八王子鼻と呼ばれる絶景の断崖で海と接していた。

八王子鼻の北には、もとは本牧十二天社が鎮座していたオレンジ色の断崖が切り立ち、開国を迫ったかのマシュー・カルブレイス・ペリー東インド艦隊司令長官は、上陸前の測量にもとづき作製した江戸湾の地図"Western Shore of the Bay of Yedo"にこの断崖を「マンダリン・ブラフ」(橙色の崖)と記した。来航する船から眺めると、本牧の緑なす崖線の先には横浜の丘々が、その向こうには多摩丘陵と富士山が一望でき、「東アジアの絶景」と称された。

江戸湾有数の漁村だった本牧は、のどかな田園と砂浜の広がる風光明媚な都市近郊の景勝地として知られた。幕末、東海道の要衝・神奈川の開港を避けようと、幕府がアメリカ総領事に提案してわずかに南の横浜村、現在の山下町に港を開くと、この港町と連座することになる岬の街の基本的な命運は定まった。

横浜旧都心と近郊の発展は、競うように江戸・東京に迫らんとする諸外国の圧力を留め置き、来航する外国人と日本社会とのさまざまな軋轢を防ぐ緩衝地帯の役目を負いつつ街を切り拓いていくことだった。

開港から明治三〇年代後半まで、外国人による商取引は波止場に面した山下町の商館でのみ許され、その住まいは元町をはさんだ山手の丘に限られた。洋館や社交クラブ、教会、学校が建ち並ぶようになった山手の丘は「ザ・ブラフ」(the bluff／崖)と呼ばれた。山手に連なる本牧岬の南に広がる根岸湾は、ペリー長官によって「ミシシッピー・ベイ」と名づけられ、外国人の集う海水浴場として栄えた。

明治も終わりに近づいた一九〇六年、開港期の横浜経済を支えた生糸貿易で財を築いた原善三郎の孫婿・富太郎が、八王子鼻の断崖のそびえる本牧三之谷に京都や鎌倉の日本建築を移築し、海に迫る丘や池沼を活かした広大な庭園をしつらえて自らの住まいとし、三溪園と称した。富太郎はこれを高級宅地事業の浮き世離れしたシンボルとしつつ市民に無料開放し、画家や文人とも旺盛に交流して、作家たちを支援した。

園には横山大観、下村観山ら作家が招かれて作品をなし、夏目漱石や和辻哲郎らも来訪した。来日したインドの詩人タゴールは、岡倉天心の紹介でこの園を訪れた。芥川龍之介の学友だった富太郎の息子・善一郎は芥川に歌誌への投稿をすすめ、文壇入りを導いたともいわれる。

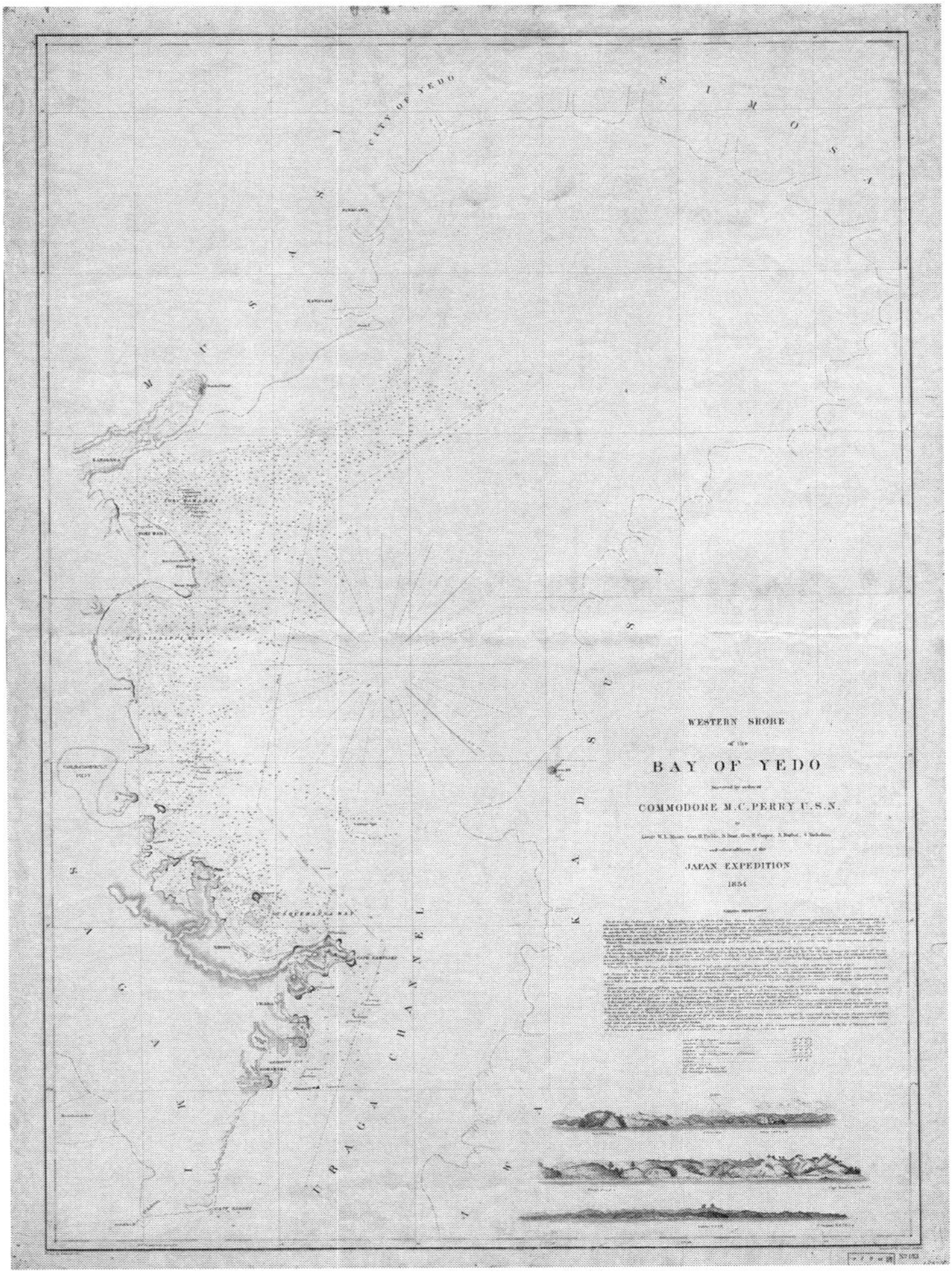

WESTERN SHORE OF THE BAY OF YEDO
アメリカ東インド艦隊司令長官ペリーが1853（嘉永6）年に来日し、測量したデータをもとに米国で出版された江戸湾の海図（海上保安庁提供）

542

右ページ上｜横浜･根岸不動坂より本牧岬･ミシシッピー湾(根岸湾)を望む(彩色写真･日下部金兵衛)／明治中期(横浜開港資料館所蔵)
右ページ下｜山手谷戸坂中途から山下居留地をみる(彩色写真･日下部金兵衛)／明治30年代(横浜開港資料館所蔵)
左ページ上｜三渓園／大正･昭和戦前期(横浜都市発展記念館所蔵)
左ページ下｜横浜間門絶景／大正･昭和戦前期。本牧から間門に至る市電は1924(大正13)年開通(横浜都市発展記念館所蔵)

横浜を走る市電が桜木町から本牧の南端、間門《まかど》まで延伸されて街は開け、三溪園のまわりには次第に豪商らの屋敷や別荘地の混じる住宅街の造成がすすむ。「野良」(田園地帯)と呼ばれたこの岬はいまや「新開地」となり、商店街や料亭、花街も発展して、本牧の街は花屋敷や動物園、水族館、演芸場を備えた行楽地として大正期、震災前までの短い繁栄を謳歌する。

1 外国人遊歩道の茶屋

海を望み丘をめぐる道すがらに

江戸湾の漁村から一夜にして世界への玄関口となった横浜は、来航し住みつく欧米人やアジア人らの必要を充たす生活用品や娯楽をとり揃え、いち早く海外の生活文化を花咲かせる街となった。とりもなおさずそれは、生身の身体、コミュニケーション、ビジネス、人となりや暮らし方、もちこまれる文物との直接のふれあいを通じて、市民自身がさまざまに身を挺し、生き残りのすべを模索することを余儀なくされる多民族の「坩堝《るつぼ》」にほかならなかった。

そこは、さまざまな異文化を背負った人間たちが生々しく入り交じり、適応と軋轢と混淆とをくりかえす、過酷な現実と危うい魅力を湛えた「コンタクト・ゾーン」であった。

安政六(一八五九)年の開港からほぼ二〇年後の明治一三年、横浜にはすでに一三七六人のヨーロッパ人、アメリカ人が居住していた。この地に公館をもつ国は英米を筆頭に、フランス、プロイセン、ロシア、ベルギー、オランダ、デンマーク、スイス、オーストリア＝ハンガリーなど一七におよんだ。[*2] 中国人

根岸不動坂の茶屋。本牧岬・ミシシッピー湾（根岸湾）を望む（彩色写真・日下部金兵衛）／年代不詳（長崎大学附属図書館所蔵）

は当初、相次いで進出した欧米商社をめあてに多くが広東などから来航したが、明治一〇年にその居住者は一一四二人に上り、集住する山下町に南京町（現在の中華街）がつくられていく。[*3]

　江戸期の横浜村はわずか一〇〇戸ほどの寒村にすぎず、四キロメートル北にある東海道の要衝・神奈川ですら五千人の宿場町であった。開港後、内外から仕事や取引を求める人が押し寄せ、市制が敷かれた明治二二年にその人口は一二万人を超えたから、この街の急速な発展と多国籍化の波がいかに激しいものだったかが想像されよう。[*4]

　江戸の末期から、横浜を来訪した外国人たちは東海道筋をよく遊覧し、この国の自然の美しさや人々の物珍しい生活習慣に目を見張った。ほどなく、神奈川を通る薩摩藩の大名行列に不用意に馬を乗り入れた四人の英国人が藩士に斬られ死傷する生麦事件が起き、薩英戦争が勃発する。

　事態を重く見た幕府は、五カ国通商条約に「遊歩規定」を盛り込み、神奈川・横浜を中心に江戸方面は六郷川〔現・多摩川〕まで、他方面は一〇里〔約四〇キロメートル〕以内を限りに外国人の遊歩の自由を認めた。英米両国とはさらに覚え書きを交わして、元町から本牧岬沿いに南下し、根岸をまわって山手の丘沿いに居留地に戻る「外国人遊歩道」を完成させた。[*5]首都江戸や、東海道という大幹線から異教の徒を遠ざけようとした時の為政者らの苦心をうかがわせる。

遊歩道には、馬車や馬、人力車で回遊する外国人のため、民家の協力をえて随所に休憩所が設けられ、茶菓や果物が供された。実のところ、この茶屋の設置は、遊覧者に便宜をはかる名目でその挙動を監視しようとする幕府の策であったが、懸念は杞憂に終わり、遊歩道は無邪気に遊覧を楽しもうとする外国人たちに馴染みの散策路となる。

一八八一〔明治一四〕年六月、横浜に到着したのち、約三ヶ月間日本全国を旅した英国の商人アーサー・H・クロウは、当時の居留地や本牧のようすを記している。「山手の薄暗い、曲がりくねった横丁を、夕暮れの涼しい時分に人力車を走らせるのは、何ともいえずよい気分である。上流の人々のバンガロー風建物〔数軒の領事館を含む〕は入江のちょうど真上の高台にあり、そこを横切る通りから時折垣間見えるのは、江戸湾と横浜の錨地の見晴らしよい景観である。……山手から急な坂を下りると、稲を植えた谷あいに出る。そこを横切る数条の狭い道は、ミシシッピー・ベイの絵に描いたような、出入りの多い地形の海岸にある、いくつもの小さな海水浴場……まで通じている。五月から八月までの間、ぐったりするような横浜の暑さを避けて、澄んだ、生ぬるい水で水浴が楽しめるように、山手の住民の多くが家族をここへよこす」。[*6]

上｜横浜·山手地蔵坂／明治後期から大正期。中央の建物は地蔵坂上にあったテンプル·コート·ホテル（山手町九番）（横浜都市発展記念館所蔵）
下｜横浜本牧海岸／絵葉書は1918（大正7）年以降の発行（横浜都市発展記念館所蔵）

遊歩道の南西の端となる根岸・不動坂の上から根岸湾ごしに本牧岬を見渡す景色は人びとにことのほか愛され、幕末から活躍した写真家フェリーチェ・ベアトや弟子の日下部金兵衛らが何枚もの写真を残している。

高級娼館に響くダンス・ミュージック

遊歩道の茶屋は次第にサーヴィスを拡充させた。店の建物は洋風に改装され、食事やアルコールを供し、訪れる外国人らを接待する女性をおくようになる。明治はじめには居留地の外国人だけでなく、海外からやってくる船乗りの評判となり、遊歩の休憩所というより、桟橋のある山下町から人力車を引くリキシャマンが紹介料めあてに客を連れて行く遊興施設に変わっていく。

茶屋の数は増えて繁盛をきわめ、明治一五－一六年頃には事実上、バーとダンスホールを備えた独自のスタイルをもつ外国人向け私娼館となる。当初は外国人遊歩道沿いだけでなく、関内や中華街にも散在していたが、大正期に入ると、当局の再三の規制により本牧の原・小港町と、山手から石川町に下る大丸谷《おおまるだに》の二カ所に集約され、「チャブ屋街」と呼ばれる歓楽街として栄えた。[*7]

チャブ屋とは、「どんたく（Zondag）」などと同じく、「chop house」（簡易食堂）を語源とする和製洋語といわれる。この遊興施設は、第二次大戦の戦時下に営業停止となり、連合国軍による空襲で街が焦土と化すまでの数十年間、横浜の地に独自の風俗と文化を打ち立てることになる。[*8]

本牧の原・小港界隈は大正八－九年頃には二十数軒、二百人あまりの女性を擁する横浜最大のチャブ屋街として知られた。日本を訪れる外国人たちは入港間際に本牧の鼻の眺めを目にして胸を高鳴らせたという。下級船員が中心の大丸谷に対し、本牧は上級船員を客とする高級路線をとったが、次第に日本人客も相手にするようになり、裕福な実業家や芸能人、文人らも訪れた。*9

チャブ屋は遊郭とも売春宿とも異なる独特の遊興施設である。当初、屋号にはハウスと銘打つ店もあったが、大正期にはほとんどがホテルと称するようになる。木造二階建ての洋館には抑えた色のイルミネーションが灯り、色ガラスの扉が構える。中に入るとダンスのできるホールの片隅に客たちが女性とくつろぐソファーが置かれ、バー・コーナーがある。客はまず女性たちと踊ってからめあての相手を指名する。

二階には女性たちの個室が並び、女性が相手を気に入れば一晩一人の客をとる。教養があり合理的で家柄の悪くない女性も多く、チャブ屋の稼ぎはよかったから、前借りをさせて彼女らを拘束する遊郭とは異なり、ひいきにしてくれる男性客との昼間の外出も許された。ホールでは蓄音機がダンス音楽を流し、ピアノを置いて生バンドを入れる館もあった。海外にまで名の知れた小港町の「キヨホテル」には乗馬クラブがあり、裏手に馬場を設えていた。*10

一九二一(大正一〇)年、横浜の映画会社・大正活映の脚本部顧問に起用された谷崎潤一郎は、小田原から本牧のチャブ屋街界隈に転居し、その後、山手の洋館に移った。執筆のかたわら、彼はそこにあまた暮らす外国人や外国人とかかわりをもつ日本人との交流を楽しんだ。

ニューヨークから来たポルトガル人の社交ダンス教師、海際に建つ別荘の芝生でパイプをくゆらせ日光浴にいそしむフランス人、谷崎の同居する妹の友人でロシア人の銀行家と一緒に住むエキゾチックな顔立ちの日本人女性(チャブ屋で働いていた)、山手のイギリス人女性にコックとして仕えたのち谷崎家の

横浜市建築局都市計画課「横浜市三千分の一地形図（昭和初期／1928〜1953年）」より「新山下 昭和8年」「本牧 昭和9年」「山下町 昭和7年」「根岸 昭和9年」の4葉をもとに作成。参考文献:横浜市『横浜市史稿·風俗編』臨川書店、1985年、横浜市企画調整局／編『港町·横浜の都市形成史』横浜市企画調整局、1981年、横浜開港資料館編『図説 横浜外国人居留地』有隣堂、1998年、吉田衛『横浜ジャズ物語―「ちぐさ」の50年』神奈川新聞社、1985年

横浜 関内·本牧　明治期の居留地·外国人遊歩道／昭和初期のチャプ屋街·音楽喫茶

「昭和15年頃の本牧チャプ屋街略図」重富昭夫『ヨコハマ「チャプ屋」物語』センチュリー、65頁、1995年より

女中となり、七面鳥のローストやキドニーパイ、ロースト・マトンなど西洋家庭料理を振る舞う日本人家政婦。あまたの文士とのつきあいに自宅を開放し、自らもダンスやパーティを積極的にこなしつつ、谷崎は横浜の外国人ソサエティでの社交やその生活文化を堪能する。[*11]

本牧の海辺に面した谷崎の住む洋館からは、二、三軒先にあるキヨホテルで夜な夜な繰り広げられる騒ぎが見てとれたという。そのようすを楽しむように、彼はこう記している。「私の二階の書斎からは、恰もその家のダンスホールが真向いに見え、夜が更けるまで踊り狂う乱舞の人影につれて、夥しい足踏みの音や、きゃッきゃッと云う女たちの叫びや、ピアノの響きが毎晩のように聞えるのだった。ピアノは潮風に曝されて錆びているのか、餘韻のない、半ば壊れたような騒々しい音を立てて、いつでも多分同じ客が弾くのであろう、フォックストロットのホイスパリングを鳴らしていることが多かった[*12]」。

谷崎のような文化人は、外国人とその暮らしに開かれた好奇心を抱く当時でも数少ない日本人だったかもしれない。明治初期には、たとえば本牧海岸のサマーハウスに集まる外国人からおすそ分けされたトマトや牛乳、肉といった馴染みのない異国の食べ物を受けつけようとしない地元の人も珍しくなかった。[*13] 大正期の横浜は、異なる人や文化とのかかわりや混じり合いを日常として受けとめる土地へと少しずつ変貌をとげていたように思える。

明治から大正にかけ、横浜の居留地は国内で洋楽が演奏される数少ない土地だった。来日した音楽家や在留外国人のアマチュアによる室内楽の演奏会、宣教師が持ち込み教会で歌われる賛美歌、西洋の曲に日本語詞を乗せ教室で歌われる唱歌。そんな妙なる調べが少しずつ日本の庶民の生活に入り込んできた。[*14]

とはいえ、居留地の外での洋楽の本格的な演奏は外国客船の船上、横浜グランド・ホテルなどホテルのホールと洋画上映館での映画伴奏に限られた。一九二〇（大正九）年の鶴見・花月園や、二八（昭和三）年の山下町のユニオン・ダンスホールを皮切りに、横浜にも本格的なダンスホールが増えていくが、チャブ屋のホールはそれ以前からダンスのできる先駆けの場所として人気を集めていた。[*15]

大正期には、ワルツ、カドリール、ランサー、そしてタンゴ、フォックス・トロット、ルンバなどのダンス音楽が流入する。日本にジャズが伝わるのは大正末期（一九二〇年代前半）であり、チャブ屋でもその前後からジャズや社交ダンスの音楽が流れるようになったと考えられる。[*16]

一九三〇年代には東京や横浜にもジャズ喫茶が開店し、庶民には高嶺の花だった高価なレコードのコレクションで客を集めた。一九三三（昭和八）年に横浜のジャズ喫茶の草分け「ちぐさ」を開店した吉田衛も、ダンスホールが揃う以前からチャブ屋に通ってダンスに熱中したという。

横浜の輸出商で働いていた吉田が、一生の仕事となるジャズ音楽に取り憑かれたのは、一九二七（昭和二）年、知り合いの絹物商の番頭の家を訪ねたことに始まる。その下宿では、外国船員に土産物を売る仕事をしていた仲間が船員を連れてきて、一緒に酒を呑み、ダンスをしていた。吉田はそこで聴いたレコードから流れるジャズ音楽が気に入り、本牧のチャブ屋に通ってダンスを覚えたのだという。[*17]

横浜旧都心にはもちろん、関内の港崎《みよざき》をはじめ、外国人をも客とする遊郭や歓楽街が栄えた。いずれにせよ、もともと首都に近く、美しい海と地形、国際的なビジネスの機会とリスクを湛える港の後背地であったこと、そして異国の文化に好奇心とある種の寛容さを抱く人々の気風が、横浜そして本牧を、チャブ屋のような類のない優雅で危うい洋風折衷文化の地として世界に知らしめることになった。

時代は下るが、第二次大戦中に録音されたアメリカの戦時歌謡に"Goodbye Mama, I'm off to Yokohama"という曲がある。「さよなら、ママ。ぼくは星条旗とお国のため、ママのためにヨコハマに行くよ。アメリカ人が腰抜けじゃないと日本人《ジャップ》どもに教えてやる。百万の戦うアンクル・サムの子らは日本人どもを根こそぎひざまずかせるだろうよ」。まっさきに攻め入るべき日本の地として横浜を織り込んだこの曲は、かの国のいくつものビッグバンドがスウィングやフォックス・トロットなどダンスのリズムで演奏し、アメリカ国民の戦意高揚をはかった。*18

横浜はそのように、海の向こうにひときわ聞こえた極東のはての港街だった。

2 モダン・ジャズ、住宅――あつらえられた「アメリカ」

接収の街

一九四五年八月三〇日、ダグラス・マッカーサー元帥が厚木の海軍飛行場に降り立ち、九月二日、本牧沖合に停泊する戦艦ミズーリ号において降伏文書の調印がなされた。連合国軍は厚木からの陸路と、横浜港、本牧、横須賀、追浜・田浦、館山などの臨海部から完全武装した師団を続々と上陸させ、日本全土を占領下に置いた。

横浜都心は、ナパーム弾によりきわめて周到に行われた五月二九日の無差別大空襲で文字通り焦土と化していた。マッカーサーは山下町のホテル・ニューグランドに入り、横浜税関に米太平洋陸軍総司令部(GHQ/AFPAC)が置かれた。九月一七日、この米軍総司令部は東京・日比谷の第一生命ビルに移転、翌月、新たに組織された連合国軍最高司令官総司令部（GHQ／SCAP）と統合される形で占領統治が始まった。[*19]

横浜には、四四万人に及ぶ進駐軍のうち一一万人が投入され、大きな統治拠点が置かれることになった。東京都心と、米国海軍基地として接収された横須賀港の双方に近く、横浜港の港湾機能が使えたからである。

翌四六年、GHQは全土の占領と軍政を受け持つ米国太平洋陸軍第八軍の下に「ヨコハマ・ベース（YOBAS）」を設置し、東京と横浜の軍政を統括させた。日本政府の恐れた直接統治は避けられ、GHQ総司令部が東京でさまざまな占領政策を立案して政府に指令を下し、それらが責任をもって実施されているか、第八軍下にある各地の軍政局が地方行政を監視する間接統治がとられたのである。

ヨコハマ・ベースは二年後、横浜地区の任務を行う「ヨコハマ・コマンド」に再編されたが、この時代を記憶にとどめる街の人々は今でも地元の米軍施設を「キャンプ」あるいは「ベース」と呼ぶ。

そんな要衝の地として、横浜は、港湾全体はもとより、山下・関内の主要施設など、全国の接収地のじつに六二％に及ぶ九二一ヘクタールが接収を受ける。[*20] 内港をなす三つの埠頭、瑞穂埠頭、新港埠頭、大桟橋はノースピア、センターピア、サウスピアと名づけられ、海から内陸に向かう道路はストリート、海岸線と平行する道路はアヴェニューと呼ばれた。元町から麦田のトンネルを抜けて南下し、岬の内陸を湾曲しつつ根岸に向かう現在の本牧通りはアヴェニューDと命名された。

一九四六年一月、GHQ技術部建設部長B・D・リンドローブ大佐は政府に指令を下し、東京・横浜をはじめ、札幌から熊本にいたる全国二一都市と朝鮮に「ディペンデント・ハウス（Dependent House）」

と呼ばれる将兵・家族用住宅を早急に建設し、あわせて大量の家具・什器を設計・製作することを求めた。建設計画は日本と朝鮮をあわせて二万戸に及んだ。[*21]

一〇万を超える将兵らが駐留する横浜では、占領当初、関内地区を中心に焼け残ったビル、税関、警察、ホテル、百貨店、劇場、倉庫、野球場など多くの施設が接収され、かつて居留地だった空襲の跡地にはカマボコ型兵舎が立ち並んだ。このディペンデント・ハウスの指令によって、米人にもお馴染みの本牧では、十二天・本牧原など海側の一号地(Area One)、本牧町・本牧和田など内陸側の二号地(Area Two)の都合約七〇ヘクタールが接収され、「横浜海浜住宅地区」(Yokohama Beach Dependent Housing Area)として横須賀・横浜勤務の軍人・軍属と家族に九一〇戸もの住宅を提供することになった。本牧の西側に接する根岸台の丘にも、四二ヘクタールに及ぶ広大な「根岸住宅地」(Area X)が建設され、一九五〇年代初めまでに建てられた住宅は、横浜全体で二〇〇〇戸に及んだ。

「アメリカ、イギリス、フランス、ロシア、ドイツ……とやってきて、戦争に負けたらまたアメリカさんよ」。関内や山手はもとより、本牧通りの東西に広がるエリア1・エリア2、そして根岸周辺は、かつて開国を迫った愛憎相半ばするほぼひとつの異国との新たなコンタクト・ゾーンとなった。そこでは、進駐軍関係者とその家族、そしてベースの周辺に住み、身を挺して仕事や交流にかかわることになったこの街の人々にとって、同じ場所での経験と独自の折衷文化とが異なる意味をもって共有される「パラレル・ワールド」が作られていく。

進駐軍による統治と一口に言うが、現地の人々にはそれは理不尽に襲いかかった大きな苦難の爪痕でしかない。大量の人員と物資を要する長期の占領に備え、GHQはすべてを組織的に、そして可及的速やかにすすめた。あらゆることはＧＨＱが日本政府に発する一片の紙切れ、「連合国軍最高司令官覚書」（SCAPIN：Supreme Commander for the Allied Powers/Instruction）によって通された。

空襲の跡地に立てた戦災バラックに米兵らがやってきて、早ければ二四時間、長くて一週間以内の立ち退きを住民に命じた。焼け残った横浜都心の洋館には赤紙が貼られ、宿舎としてまっさきに供用された。学校は病院に転用すべく白ペンキでマークされ、防空壕の土盛りの残る校庭にテントを建てるため発電機とブルドーザーが持ち込まれてまたたく間に整地された。本牧の崖際に建つあるバラックの住人は、立ち退きに応じなかったため、仮設住居ともども海に突き落とされたという。[*22]

関内の主要地区は一九五一年のサンフランシスコ講和条約により接収を解かれたが、本牧では一九八二年まで、三七年間の長きにわたりそれが続いた。一九八〇年代に編纂された区史には、敗戦処理の犠牲となった横浜、本牧の人々は「やり場のない憤慨を持ちつづけ、忘れ得ない追憶をもつ人がいまだに多い」と記されている。[*23]そして、空襲によって「見渡す限り一面の廃墟」[*24]となり「幽霊の町」[*25]と化した街で、生活物資に困り、進駐軍兵士からタバコやチョコレートを投げ与えられる焼け跡の日本人たちが兵士らの目にどのように映っていたか、言葉に尽くしがたい。

進駐軍関係者による犯罪も枚挙にいとまがなかった。道すがら、あるいは配給所などで米兵たちが金品を奪い、受け取っては去って行った。殺人やレイプももちろん少なからず起こった。一九四五年八月三〇日から九月一〇日の十二日間に、横浜・横須賀を含む神奈川県下で進駐軍関係者によって行われた日本人女性へのレイプは一三三六件に及んだが、同年下半期にこの罪で訴追された進駐軍兵士はわずか二四七人だったと報告されている。ＧＨＱは報道管制を敷き、犯罪を記事にしても米兵らの犯行であ

横浜市『横浜市史Ⅱ・資料編1』付図「米第八軍と横浜—占領軍主要組織の所在」1989年をもとに作成。参考文献:吉田衛『横浜ジャズ物語—「ちぐさ」の50年』神奈川新聞社、1985年、大森盛太郎『日本の洋楽2』新門出版社、1987年、東谷護『進駐軍クラブから歌謡曲へ』みすず書房、2005年、タウン誌『浜っ子』9月号、1983年

横浜 関内·本牧　戦後〜1980年代 接収地と進駐軍クラブ／隣接店舗群

1950〜80年代 エリア1·2に接する店舗群
戦後復活したチャブ屋(ホテル)街[推定]
Italian Garden
V.F.W.
Ponkotsu
Bianca
Golden Cup
Shuffle (現IG)
LINDY
Habit House
VENICE
小港町
Aloha Cafe
焼き鳥ハウス
Ricksha Room
本牧通(Avenue D)
本牧町
Area1
Area2
新港埠頭(Center Pier)
大桟橋(South Pier)
Sakura Port
Banker's Club
横浜税関(GHQ／AFPAC)
8001 Club
Grand Cherry
関内
ちぐさ
Colonial Club
Seamen's Club
Olympic
Camp 60
日本大通
Zebra Club
山下公園
Ex-Club 45
Crossroad Club
Hotel New Grand
Yokohama Service Club
山下町
伊勢佐木町通
中華街通
Flyer Gym
Golden Dragon Club
Ex-Zebra Club
旧居留地
Octagon Club
New Yorker
Bund Hotel
都心接収地への
進駐軍クラブの集中配置
元町
Club 45
Hot Mess Club
400 Club
Spike Club
山手居留地
新山下町
Cliff Side Club

ると書くことはできなかった。[26]

進駐軍関係者と日本人女性との間に生まれた子どもはＧＩベビーと呼ばれた。ある者は育てられ、ある者は葬られた。横浜にある四つの外国人墓地のひとつ、根岸外国人墓地には、育てられなかったＧＩベビーが墓標なき無数の小さな十字架とともに埋葬されているという。[27]

進駐軍クラブとモダン・ジャズ

敗戦直後、日本政府は進駐軍に対し芸能と慰安とを提供する準備を自発的に進めた。ＧＨＱは政府が所管組織を立て、直接この業務を行うことを求めた。当初は戦災復興院特別建設局と終戦連絡局が、そして特別慰安施設協会（Recreation Amusement Association /RAA）がこれを引き継ぎ、一九四九年には特別調達庁（Special Procurement Board/ SPB）に移管された。ＲＡＡは各地に進駐軍のための娯楽施設を作って、民間の業界組合にあっせんを行わせ、政府予算によってさまざまな芸能や慰安が提供された。[28]

芸能では、一九二〇年代のビッグバンド・ブームを経て戦時下にビバップなどへの進化をとげつつあったジャズやポピュラー音楽への需要が高く、こうした音楽の生演奏が全国の特別慰安施設協会（ＲＡＡ）の施設、各地の進駐軍部隊のクラブ、そして民間のキャバレーやクラブ、ダンス・ホールで提供された。進駐軍のクラブには、ＯＣ（将校クラブ）、ＮＣＯ（下士官クラブ）、ＥＭ（兵員クラブ）、ＣＣ（民間人クラブ）の四つがあった。民間では日本人の立ち入りを禁止した進駐軍専用のキャバレーやクラブが相次いで開業し、横浜でも伊勢佐木町の「オリンピック」、馬車道の「グランド・チェリー」をはじめ、多数が開店した。

出演機会の急増によって、戦前から活動を続けるベテラン音楽家に加え、陸・海軍軍楽隊から復員したり、音楽学校に通う若手らがジャズに転向し、おびただしい数の楽団を結成した。これらの施設は、RAAや特別調達庁を通じてミュージシャンと契約し、政府予算から出された好条件のギャラを払って大量のステージをさばいた。戦前からのジャズ演奏家は全国でも二〇〇名ほどに限られたから、転向して仕事を請け負うミュージシャンは、シンコペーションを多用して踊らせるスウィングのリズムや、ビバップと呼ばれる新たなジャズ演奏のスキルに習熟することを求められた。戦時下に禁止されていたグレン・ミラー、カウント・ベイシー、デューク・エリントンといった楽団の譜面が進駐軍各部隊のクラブ関係者から提供され、ジャズ音楽のイディオムやメソッドが奔流のように流れ込んだ。[*29]

ジャズ・ミュージシャンらは、東京はもとより全国に派遣され、各地の進駐軍のステージをまかなっていた。大駐屯地であった横浜は、駐留施設内のクラブに加えて、関内・伊勢佐木町・中華街エリアで二〇軒以上もの進駐軍クラブや専用キャバレーを擁し、この国のジャズ演奏の一大拠点となっていた。当時クラブの仕事に携わったサックス奏者・渡辺貞夫は「僕たちミュージシャンにとって、横浜の米軍キャンプやクラブに出演するというのは、ひとつの目標というか、憧れになっていました」と語る。[*30]

この時代、大多数の進駐軍関係者に受けがよかったのは、たとえばグレン・ミラー楽団のようなビッグバンドによる、大編成のアンサンブル向けにきっちりと編曲された甘く軽快なスウィング・ジャズであった。しかし、アメリカ本国では一九四〇年代前半から、チャーリー・パーカー、ディジー・ガレスピーらによってビバップと呼ばれる即興演奏を主体としたコンボ編成によるモダン・ジャズへの革新が進んでいた。

横浜でも、馬車道の「ハーレム」のように、多く黒人ミュージシャンがリードしたビバップの流れを汲むジャズを呼び物にするクラブも現れた。そのなかで、一九四八年という早い段階に、「クラムベーク・ナイン（CB9）」といったビバップを奏するコンボ・グループがデビューした。翌四九年には『スウィング・ジャーナル』誌の主催により東京のよみうりホールで「スウィング・コンサート」というシリーズ公演が企画され、CB9をはじめ日本のミュージシャンのライヴを通じてモダン・ジャズを普及させようという意欲的なステージが開かれた。『スウィング・ジャーナル』誌は「バップ・メン・クラブ」というビバップ・プレイヤーの団体を組織し、八人編成となったクラムベーク・エイト（CB8）やグラマシー・シックスといったバンドを主体にビバップ・コンサートを開催した。

CB9（8）は横浜では黒人兵の客が多いEM（兵員）クラブ「ザンジバル」やNCO（下士官）クラブ「クロスロード」によく出演した。そこには横須賀に駐留する米国海軍軍楽隊のプレイヤーら本国のミュージシャンもたびたび客演した。

空襲ですべてのコレクションを失った吉田衛のジャズ喫茶「ちぐさ」は常連客によるレコードの寄付によって再開され、ライヴの仕事に訪れた日本人アーティストや駐留軍のミュージシャンのたまり場となった。米軍が各地の部隊に大量に送った慰問用のレコード「Vディスク」を店に提供する兵士もいた。米陸海軍は兵士の士気高揚を重視し、第二次大戦中から戦後にかけてニューヨークのレコード会社やラジオ局のスタッフを動員して八百万枚に及ぶVディスクの制作を行って、全世界の基地や戦線に送り届けていた（第6章参照）。

軍の備品であるVディスクは持ち出しが禁じられていた。しかしあるとき、米軍物資の横流しを取り締まるために「ちぐさ」を訪れたミリタリー・ポリスの兵士は、店にあったVディスクをあわてて隠そうとする吉田のようすをにやりと笑って見過ごし、口笛を吹きながら店を去ったという。[*31]

そのように、日本でもアメリカ本国とほとんど同期するかたちで、スウィングとモダン・ジャズの「独自の礎」が築かれた。そして、横浜の進駐軍クラブやキャバレー、ジャズ喫茶は、この国における戦後のジャズ音楽演奏の第一次黄金時代を支えたのである。[*32]

ディペンデント・ハウス

一九四六年の連合軍最高司令官覚書により、進駐軍住宅地はわずか三年という短期間で全国各地に出現し、駐屯地の日本人に米国流の住まいと暮らしぶりを空前のスケールで露わにすることになった。

GHQの技術部(ES)は、米国側の軍・民の建築家・エンジニアのもと約六〇名の日本側建築家・エンジニア・製図スタッフを結集させ、この混成設計チーム「デザインブランチ」が、二万戸の住宅の建設と九五万点の家具什器・家電製品の生産という途方もない計画をすすめることになる。[*33]デザインブランチは、短期間に多数の住宅を整備する効率を重んじ、日本で調達可能な資材を用い、日本の建築工法によって、米国人の生活様式を満たす建物を建設するという基本方針を打ち出した。敗戦直後で物資の窮乏するこの国に、それはきわめてシンプルで困難なミッションであった。[*34]

当時の日本とあまりにも懸け離れたアメリカ式の住空間やインテリアの斬新なスタイル、そこでの住まい方の洗礼をまっさきに受けたのは、計画に携わった日本側の建築家とデザイナーたちである。

ディペンデント・ハウスが最も大規模に計画された東京では、代々木のワシントン・ハイツ、三宅坂のパレス・ハイツ、国会議事堂前のリンカーン・センター、ジェファーソン・ハイツ、成増のグラント・ハイツなど、三七〇〇戸以上が建設された。代々木練兵場跡地に建てられたワシントン・ハイツの日本側設計責任者を務めた網戸武夫は、GHQ側のマスタープランのスケッチを目の当たりにしたときの驚きをこう語っている。

デザインブランチを統括したリンドローブ少将のもと、八二七戸に及ぶワシントン・ハイツのグランドデザインに携わったある空軍少佐の建築家は、網戸を前にして「おいてあった木炭を持ち、五〇〇分の一ぐらいのスケール」で「ズーッとヒョウタン型の道路を描いて、そこに一本の道を通し」たという。網戸は語る。「アメリカはすでに自動車社会でしたから各将校は皆、自動車を持っている。だから先ず交通を最優先とした各住戸のパーキングや建物配置が基本になっています。……それを突然に我々は見たわけなんです[*35]」。

リンドローブ少将の片腕としてデザインブランチを統括したH・S・クルーゼ大佐は、アメリカで住宅・家具の通信販売に携わるシアーズ・ローバック社のチーフ・デザイナーを務めており、建築にも造詣が深かった。計画作業は、まずクルーゼ大佐が基本コンセプトを口頭で伝え、これを受けて日本側の建築家とデザイナーが図面や試作品を提案してその承認をもらう。

こうして決められたハウスの基本構成は、明るい色の外観を持つ平屋か二階建てを原則とし、屋内は寝室・台所・居間の三つのゾーンに明確に分けられた。住宅の広さは、建坪一五坪（約五〇平方メートル）に制限されていた日本の戦時住宅に対し、中尉以下が住む最も小さなタイプで二六坪（約八五平方メートル）、佐官クラスでは約三二－四六坪（約一〇五－一五一平方メートル）に及んだ。家族住宅とはいえ、あくまで駐留中の仮住まいであり、玄関の土間を省略し、建物の入口のポーチから直接リビングルームに入るなど、無駄を省いた「最小限の仕様」とすることが旨とされた。

エリア内には、ＰＸ(post exchange／兵站部酒保＝スーパーマーケット)、郵便局、銀行、学校、教会、診療所、ガソリンスタンド、自動車修理工場、クリーニング工場、ボウリング場、クラブハウス、劇場・映画館、野球場などあらゆる施設が置かれ、まわりには日本人立ち入り禁止のフェンスが巡らされた。

住宅には必ず表庭(family court)と裏庭(service area)が設けられ、各戸の境界には塀を設けず、エリア全体に芝生の広がりが続いて、きわめて見通しのよい開放的な空間となるよう設計されている。敷地内には直線道路よりも「散歩の気晴らしによい」曲線道路を取り入れることが推奨された。家屋のそばには「クル・ド・サック」と呼ばれる袋小路を随所に設け、そこでは車はＵターンできるが通り抜けはできず、近隣の住人を車の往来から守る工夫が施された。

屋内には、日本の木工技術を生かし、機能的だが「モダンすぎない」シンプルなデザインの木製家具が置かれ、アメリカの中産階級の生活に必要なあらゆる什器や家電製品が調えられた。

各戸に備えられた家具・什器・家電製品の詳細なリストが残されている。ダイニング・テーブル、ソファー、居間用肘掛け椅子、ティー・テーブル、電話用テーブル、ライティング・デスク、食器戸棚、サイドボード、ダブル・ベッド、ナイト・テーブル、衣装箪笥、ドレッシング・テーブル、キッチン・テーブル(調理台)、カード・テーブル……。

電気ないしガス給湯器、電気冷蔵庫、ガスレンジに電子レンジ、ホット・プレート、電気トースター、ワッフル焼き器、パーコレーター、肉挽き器。シチュー鍋、フライパン・セット、マフィン焼きパン、パイ焼き鍋、チーズおろし、グレープフルーツ・ナイフ、レモン絞り。それに、日常の食事からフォーマルなディナー、ティー・パーティまであらゆる用途に対応できる数多くのカトラリーと食器、紅茶・コーヒーセット。電気洗濯機、電気掃除機、電気アイロン、浴室用ヒーター……。[*36]

フェンスの外の「焼け跡・闇市」では、日本人たちが「焼けあとに焼けトタンでバラックを建て、ずたずたに切れた水道管から漏れてくる水と、わずかな食糧の配給で生きつづけ」ていた時代、その内側では、これらすべてが標準装備として用意されたのである。[*37]

こうした敗戦と接収への市民の思いは、一九五〇年代に地元新聞社が刊行した『この十年――汚辱と解放の歴史』という記録にも強く込められている。「みどりの芝生の上に風通しよく並んだ駐留軍将校ハウス……ショートケーキのような美しさにくらべて、電車通り（引用者注：市電の通っていた本牧通り）ひとつへだてた海側は、窒息しそうにつめこまれた日本家屋、黒砂糖を無造作にまぶしたようなダ菓子の群れだ。『アメリカ租界』ということばが、アメリカ人の占領意識、優位性に対する日本人の劣等意識とすれば、これは白昼まざまざみせつけられる優位性の姿だろう[*38]」。

そんな物質生活と暮らしぶりのギャップは、接収地の返還前夜まで本牧や根岸の周辺に漂っていた。戦後の本牧に生まれ育ったある市民は、六〇年代前半に過ごした幼少期の体験をこう語る。「はじめてアメリカ人の友だちの家に遊びに行ったのは小学校三年生のときでした。当時、日本の家なら縁側があって、子どもの遊び仲間に出すおやつは煎餅一枚とキャラメル二－三個を半紙に包んだのに麦茶が相場ですね。でも、彼のところはそれはでーっかい家で、子どもなら一〇人は座れるダイニング・テーブルに一人一本ずつジュースとコップが出され、お母さんが作ったドーナツを山のように盛った大皿を置いて『はい、食べなさい』と言うから、思わず『え、一人何個?』と聞くと『好きなだけ食べていいのよ』と言われ、『えーっ、食べていいんですか?』、『こんなに食べたら晩ご飯食べられないかも』。そのくらいの落差がありました」[*39]。

そんなディペンデント・ハウス群も、湿気の多い日本の気候と高温で焚くストーヴのせいで、徐々に外壁のペンキが剥げ、板壁は反り返っていったという[*40]。

接収地のきわの混淆する社交空間

戦前、隆盛をきわめた本牧のチャブ屋街は大空襲によって焼失し、跡地には進駐軍の広大な住宅エリアが広がっていた。敗戦直後の混乱が収まると、Dアヴェニュー沿いには日よけのある地元商店街が復興していった。そして、かつてのチャブ屋の経営者数人は、エリア1・2に隣接する小港町の西側に進駐軍兵を相手とする新しいチャブ屋街をつくった。ただ、音楽、ダンスなどのもてなしもあったものの、戦前のような優雅さや格式はなりをひそめ、兵隊相手の売春宿の性格が強くなった。この小港交差点から本牧通り、裏通り一帯には、さらに数店の小さなバー、キャバレー、喫茶店が発生していった[*41]。

一九五〇年代に入ると、そんな駐屯地のきわに生まれた軍人相手の遊興街に、進駐軍兵士が求める本国のリアルタイムのカルチャーを提供し、それらを渇望した日本人たちをも引き寄せる不思議な熱気を発するゾーンが、ディペンデント・ハウスなど接収地の外縁に広がり始める。

公家の血をひく東久世壽々子、愛称スージーがそんな本牧通り沿いに戦後初めてのイタリアン・レストラン「イタリアン・ガーデン」を開くのは一九五〇年代初めのことである。日本郵船に勤務する父親の赴任に伴い、一〇代でニューヨークやサンフランシスコでのアメリカ暮らしを経験した東久世は、アメリカ人弁護士リチャード・アンソニー・チュリスとの再婚を機に始めたこの店を軌道に乗せ、銀座、青山、霞町、立川と次々に支店を成功させた。東京出身の東久世があえて本牧に店を出したのは、堪能な英語と海外経験を活かし、このコンタクト・ゾーンでアメリカ人を相手とする社交の拠点をつくろうとしてのことだったかもしれない。[*42]

イタリアン・ガーデンは一九五八年、米国人船員であったハリー・コーベットに引き継がれる。コーベットは続いて、エリア1に面する小港町にあった馴染みのハンバーガー・ショップが閉店すると聞いてこれを買い取り、六一年、バー「リキシャルーム」を開店させた。いずれの店も客は大半が米兵であった。東久世のイタリアン・ガーデンには彼女と親交のあった三島由紀夫らも訪れ、エリア1、エリア2と接するふたつの店はこの国のセレブリティも集うユニークな遊び場となった。美空ひばり、力道山、勝新太郎、石原裕次郎……。当時を記憶にとどめる人からは今でもそんな名前がこぼれ出す。[*43]三島由紀夫は「お高く見えるがお茶目」だった東久世をモデルに大人の冒険小説とでもいうべき『幸福号出帆』を書き、樋口修吉は銀座のイタリアン・ガーデンでの彼女らとの交流を自伝的小説『銀座ラプソディ』に描いた。

イタリアン・ガーデンはジュークボックスでアメリカのヒット・ソングを流し、おそろしく暗いブルーの店内照明で知られたリキシャルームはテーブルの向かいの相手の顔さえよく見えず、メニューを読むのに懐中電灯が使われた。両店が出す四角いピザは、調理場の狭い潜水艦勤務のコックが作り出したとか、単にシェフが丸いピザをうまく焼けなかったせいだとか、いわくありげな逸話とともに本牧の名物となった。*44

一九七三年、デザイナーズ・ブランド「ピンクハウス」を立ち上げた金子功は、ドイツに生まれ八歳で横浜に移住したモデル、立川ユリと知り合ってまもない六〇年代初め、イタリアン・ガーデンで彼女と逢うようになったという。山手のミッション・スクールの高校生だったユリは、在学中にモデルとなり、駆け出しのデザイナーだった金子に撮影用のオリジナル衣装を作ってもらっていた。行きつけだったこの店で縫い上がった服を受け取ったユリは、翌週から下北沢にある金子のアパートで彼と一緒に暮らすようになる。*45

のちに金子は記している。「初めて知ったヨコハマは五〇年代《フィフティーズ》で、ユリがいて、基地《キャンプ》があったりＮＹ《ニューヨーク》風のバーがあったりした。ジュークボックスがブレンダ・リーやコニー・フランシスの歌を流した。ジャーマン・ベーカリイやイタリアン・ガーデンで待ち合わせるデートが最高のおしゃれ。……ピンクハウスが誕生するずっと前、貧乏で、ユリのために服を縫うことが楽しみで、デザイナーとして立てる見通しなどありはしない。……ビリー・ホリデイを初めて聴いたのも同じ頃だろうか。……そう、カレンダーはもう六〇年代《シックスティーズ》に入っていたのかもしれない。が、五〇年代のラヴソングやブルースは飽くことなく心に響いていた」。*46

イタリアン・ガーデンをはさんで、米兵とその家族専用のクラブV.F.W.、同じくイタリアン・レストランVENICEの三店はこの時代の本牧を代表するストリートの一角をつくっていた。

米兵のたむろするバーやレストラン、進駐軍クラブのジャズ、ジュークボックスのポップス。「リトル・アメリカ」とも呼ばれた一九五〇-六〇年代の本牧――「麦田のトンネルの向こう」――は、東京の日の当たる世界で活躍する人々も足を伸ばして訪れ、ともに感応しあうような異国とも自国ともつかぬ何か――アメリカではなく私たちがこれがアメリカだと思った何か、そして、アメリカではありえないがそれに代わる何かではあるとアメリカ人たちが思った何か――それらを色濃くまとうようになっていたのである。

3 ヴェトナム戦争を境に――「残像」を超えて

帰休兵とリアルタイムのR&Bバンド

一九六〇年代に入って冷戦と民族自立の機運のなかヴェトナム情勢が緊迫すると、皮肉なことに本牧の街は空前の活況を呈するようになる。

六〇年には南ヴェトナム民族解放戦線が組織され、アメリカの軍事介入は勢いを増した。六四年のトンキン湾決議でアメリカ側からの実質的な宣戦布告が行われ、朝鮮戦争以来、米軍が日本に求めてきた軍事的役割がひときわ露わになる。反戦運動が各地で繰り広げられ、横浜の接収も続いていたものの、日本はもはや意のままも同然の同盟国であり、アジア戦線への出撃基地と後方支援の役割を当然のようにあてがわれた。

北ヴェトナムで作戦を行う海兵隊が返還前の沖縄からダナンに向けて出撃した。六〇年改定の安保条約で約束された本土からの戦闘出撃を行う際に経るはずの政府間事前協議は、横須賀や佐世保では事実上無視された。東神奈川の横浜ノースドック（瑞穂埠頭）にはヴェトナムでの戦闘を経た戦車や装甲車が陸揚げされ、相模原にあった相模補給廠で修理と点検を終えると再びノースドックからヴェトナムに送り返された。

六五年には北爆が開始され、米軍は一八万人の兵力を南ヴェトナムに投入する。その一二月、日本は香港、韓国、台湾、タイ、オーストラリアとともに、R&R(Rest & Recuperation)と呼ばれる一時帰休制度の休養地に指定され、従軍する米兵は戦地に一年勤務すれば五日間ずつ二回の休暇を付与された。[*47]

ヴェトナムから恰好の位置にある日本は米軍の兵站基地となっていた。ジャーナリストとしてこの戦争を取材したマイケル・ハーは、戦地で兵士にこう声をかけられたと記している。「『おまえが負傷すれば、ざっと二十分で基地の病院にヘリコプターで送り返してやる』衛生兵が私に言った。『重傷なら、十二時間で日本へ送る』ある衛生兵下士官が言った。『戦死なら、一週間で帰国させてやる』埋葬兵の特科四等兵が約束した[*48]」。

そして、日本にたくさんの帰休兵や負傷兵が送られてきた。朝鮮戦争が終結した一九五五年、横浜中北部の岸根には、関内など都心の接収解除と引き替えに「岸根バラックス(兵舎)」が置かれた。ヴェトナム戦争が本格化する六五年にはそこに第一〇六総合病院(一〇〇〇床)が開設され、朝霞・入間(埼玉県)、王子・立川(東京都)、横須賀・座間(神奈川県)などと並ぶ「野戦病院」としてあまたの負傷兵が送り込まれた。[*49]

六六年四月にはすでに三〇〇〇人以上の帰休兵が東京にやってきていた。深夜、ヴェトナムからの輸送機が立川基地、横田基地に到着する(羽田空港も使われたという)。兵士らはそこから神奈川・座間キャンプの帰休兵センターに移送され、国内法遵守の訓示を受けたあと、軍服を脱ぎ、一人あたり一二、三万円の日本円の支給をうけて東京・横浜のホテルに向かう。訓示の終わりに憲兵が宣告する。「帰還は五日後の一七時三〇分」。

高温多湿のジャングルの戦地、激しさを増すゲリラ戦の砲火をくぐり、泥と雨にまみれ自動ライフルを手に果てしない出撃を繰り返すなかで、ホテルの真っ白なシーツや銀座の高級和食店のすき焼き、クラブで出会うホットな女たちを夢見てきた兵士らが、明日の生死も知れぬ戦線を離れ、束の間の愉悦に身を浸すべく平和な街に解き放たれる。本牧は帰休兵にもお馴染みのエリアだった。[*50]

京都で婦人服の製造・卸に携わっていた上西四郎が倒産を機に本牧に流れ着き、米兵相手のクラブ「ゴールデン・カップ」を開店させたのはヴェトナム戦争が本格化した一九六四年一二月である。横浜・本牧には横須賀、座間、厚木の基地から米兵専用バスが二四時間通り、R&Rの帰休兵はもとより、戦地から帰還して次の作戦に赴くまでの合間に、入港した横須賀などから制服のまま上陸する兵士たちが文字通りあふれかえっていた。

午前〇時をすぎ、山下町のゼブラ・クラブ、中華街のチャイナ・クラブなど横浜都心の進駐軍クラブが閉店すると、米兵らは本牧に流れていく。宵のうちは日本人と米人の客が半々だったゴールデン・カップは、深夜から朝五時まで米兵一色となり、一日に一五〇人が訪れた。上西は他店より二割安くビールを売り、ジュークボックスを置いて、リアルタイムのヒット曲をアメリカ本国から毎月一〇枚以上買い付けた。[*51]

店が軌道に乗った六五年、上西はハウス・バンドを入れるべく人を介して出会った平尾時宗〈のちディヴ平尾〉の歌心あるリズム・アンド・ブルーズに惚れ込み、専属バンド「平尾時宗とグループ・アンド・アイ」を組ませて、毎晩八時から三時間に及ぶステージを行うようになる。

本牧埠頭の米軍車両、1972年（ペイレス・イメージズ所蔵）

メンバーは、平尾時宗（ヴォーカル）、エディ藩（ギター、ヴォーカル）、マモル・マヌー（ドラムス）、ルイズルイス加部（ベース）、ケネス伊東（ギター、ベース、ヴォーカル）、いずれも横浜在住の五人だった。平尾時宗の実家は外国人相手のクリーニング店を営み、エディ藩（藩廣源）は中華街の「鴻昌」を実家とする中国人、マモル・マヌー（三枝守）は叔父がハワイ出身の軍人、ルイズルイス加部（加部正義）はフランス系アメリカ人と日本人の息子、ケネス伊東はオアフ島出身の日系アメリカ人二世であった。[*52]

　ブルーズとゴスペル、ジャズを融合させつつ、アメリカのアフリカ系ミュージシャンが一九四〇年代に開花させたリズム・アンド・ブルーズは、六〇年代には本国だけでなくイギリスをはじめ多様な国のミュージシャンとリスナーをさまざまに覚醒させ、いわゆる「ブリティッシュ・インヴェージョン」と呼ばれる新たな音楽の波が打ち返されつつあった。二三歳以下の若年層が主流を占めるヴェトナム従軍兵の世代ももちろんその波にさらされていた。第二次大戦のような大義を共有できず、泥沼化していくヴェトナム戦争の兵士たちにはセックスとドラッグとアルコール、そしてダンスとリアルタイムの音楽がなおさら欠かせなかった。

平尾のハウス・バンドは、英米の音楽シーンを風靡していたリズム・アンド・ブルーズやブルーズ・ロック、サイケデリック・ロックのカヴァーを高度なテクニックによって聴かせる唯一無二のバンドとして、米兵らの人気を博した。店内は異様な盛り上がりを見せ、リクエスト曲をめぐる白人と黒人との諍いなど、兵士同士の乱闘騒ぎも日常茶飯事だった。*53

バンドのレパートリーは、ジェームズ・ブラウン、オーティス・レディングなど本国のリズム・アンド・ブルーズ、ジミ・ヘンドリックスのような超絶的なギタリスト、ヤードバーズ、クリーム、ヴァン・モリソンが在籍したゼムといったR&Bに傾倒したイギリスのバンド、さらにポール・バターフィールド・ブルーズ・バンドなど、当時この国ではほとんど知られていなかった渋めのラインアップに及んだ。

当時の日本では、洋楽の新譜は半年から一年遅れでリリースされた。米国軍属としてエリア2のPXの統括責任者をしていたケネス伊東の父のおかげで、バンドのメンバーは本国のリズム・アンド・ブルーズのレコードをたやすく入手でき、新しい曲を二週間ほどでマスターしてはライヴで演奏した。他のあまたのR&Bバンドのなかでもこのリアルタイム感は群を抜いていた。彼らは、ケネスのコネクションで将校向け進駐軍クラブやエリア1にあったシーサイド・クラブにも出演し、極東のカヴァー・バンドでありながら、本国から来たリスナーの期待にも応えられる独自の存在感を示していた。*54

横浜のライヴハウスを連日米兵でいっぱいにする異色のリズム・アンド・ブルーズ・バンドの出現で世

初期のゴールデン・カップ(上西四郎提供)

の注目を浴びたゴールデン・カップは、東京からもミュージシャンやセレブリティ、一〇代の若者らを集め、店の客は一日二〇〇名を超えたという。

ケネス伊東の妻となった渡辺エリ子は、この時代、本牧での夜遊びの常連だった。ダンスのできるディスコティックや今でいうクラブはまだなく、アメリカから取り寄せた雑誌『セヴンティーン』に掲載されたドレスを人に縫ってもらい、ゴールデン・カップのようなライヴハウスや仲間が集まるパーティに着て出かけた。彼女は言う。この頃のゴールデン・カップは「表の市電通りまで人が溢れて、あそこ一帯全体がワァーンとした音になっちゃってて、とにかく入口まで近寄れないくらい」だった。[*55]

平尾の「グループ・アンド・アイ」は、店に集まる地元の暴走族グループ「ナポレオン党」の取材に訪れた在京キー局の番組をきっかけにマス・メディアにも知られるところとなり、六六年、

「ゴールデン・カップス」としてメジャー・デビューを果たした。

折しも日本の音楽業界は、英米で盛んだったヴォーカル・アンド・インストゥルメンタル・グループの編成とファッションを模し、カウンターカルチャーへのオマージュのような曲を歌う「グループ・サウンズ」(GS)ブームのさなかにあった。ゴールデン・カップスは「いとしのジザベル」、「長い髪の少女」(一九六八年)など、業界側の立てた当時の売れ線を狙ったGS調の曲をヒットさせた。しかし、ふだんのライヴで彼らはこうした日本語のヒット曲をほとんど演奏せず、リズム・アンド・ブルーズのバンドに徹する姿勢を崩さなかった。

当時、GSの雄として成功したスパイダースのメンバー、井上堯之はゴールデン・カップスを見るため店を訪れた際、常連の女性客に諭されたという。「ここはあなたたちのような人が来るところじゃないのよ」[*56]。品川ナンバーの車や「気取って見える」東京からの来訪者は地元の遊び人たちに目の敵にされ、この時代の本牧にはこの街だけが進化させた混淆する文化のオーラと、当事者たちさえ「命がけで遊ぶ」物騒な雰囲気とが漂っていた。

コンタクト・ゾーン横浜のきわに異様な盛り上がりを見せた本牧Dアヴェニューのライヴハウス、ゴールデン・カップの危険な熱気とそのハウス・バンドの伝説は、東京のミュージシャンたちをも瞠目させるところとなる。

ローカライズされた「アメリカ」の残像

一九七五年のヴェトナム戦争終結を機に、横浜を訪れる米兵は激減し、本牧における空前の活況は去

全盛期のゴールデン・カップで演奏する平尾時宗（デイヴ平尾）とグループ・アンド・アイ（倉持承功撮影、アルタミラピクチャーズ提供）

った。戦後、「リトル・アメリカ」と呼ばれた街のありようは、この年を境に大きく変わってゆく。横須賀基地と本牧・根岸のディペンデント・ハウスは存続したが、五〇－六〇年代にこの街をオーラのように覆った「アメリカ」の空気感を引き継ぎ、米兵たちでなく、なによりその空気感に惹かれてやってくる日本人を担い手とした「よすが」の街へと少しずつ転換をとげていった。戦後生まれの経営者への世代交代も進み、新しいスタイルで遊べる店が開店した。ゴールデン・カップも日本人客向けに路線を変えていた。

R&Bは進化し、商業的には甘くよりビートの強いディスコ・ミュージックが主流になっていた。一九七三年、本牧にもディスコティックLINDYが誕生した。本牧に生まれ、元町でパッチワークのジーンズを商っていた八木弘之は、一九七六年、このジーンズ・ショップの経営者だった植竹悦夫を支援して、小港町にある天井の高い倉庫を改装し「ALOHA CAFE」を開店した。深夜までジーンズの製造に明け暮れる日々、植竹と八木は、欧米のように深夜までスイーツもアルコールもとれてリラックスできるカフェ・スタイルのこの店を、本牧通りから十二天の方に入ったリキシャルームの先に開くことにした。*57

店は、フィリピンを訪れた植竹が目にした海辺のサマーハウスにヒントを得て、「ハワイのカフェ」をモチーフに、現地から民芸調の家具や中古テーブルを買い付け、大工一人と自分たちの手作りで内装を行った。目に痛いほど真っ白なファサード、大きなガラス窓を通してよく見える白壁の店内では、ピンクやグリーンのネオン管がバーカウンターとビリヤード台、そして随所に配した椰子の木を煌々と照らし出す。トロピカル・カクテルや大ぶりのハンバーガーのメニューがそんな店の雰囲気によく溶け込んだ。

一九七〇年代後半、この国では、ファッション、ミュージシャンの音楽づくり、航空会社や化粧品メーカーのＣＭのなかで、熱帯の海辺の楽園を志向したアイランド・スタイルの世界観が一世を風靡するが、ALOHA CAFEはそんな流れの先駆けとなる。前例のない業態とエキセントリックな空間デザインのため、開業当初の店は集客に苦戦したという。八木がマネジャーを引き継ぐと、服飾業界の仕事で培った人脈により東京から雑誌編集者、ディスコティックの店長らが訪れ、雑誌『POPEYE』(マガジンハウス)に「カフェ・バー」として取り上げられて客足は一気に伸びた。多い日には空席待ちの行列ができた。*58

八木は語る。「僕らはALOHA CAFEをあくまでこの国にはそれまでなかった『カフェ』だと考えていました。七〇年代にはまだベース(キャンプ)もあったし、戦後の本牧は米軍と団塊までの世代が作ってきた。でも、それももうそろそろ終わったかなと、僕らの感じるアメリカやハワイの感じ、これまでの本牧になかった新しい文化を作ろうとしたんです」*59。

一九八二年三月、本牧の海浜住宅は敗戦から三七年をへて横浜市に返還され、米軍の大規模住宅地として根岸住宅だけが残された。八木は一九八四年に独立し、本牧通り沿いにレストラン「HABIT HOUSE」を開店した。ゴールデン・カップ、リキシャルーム、イタリアン・ガーデンは営業を続けていたが、界隈には新しいバーやレストラン、ディスコティックが増え、米軍の存在は街から次第に遠のいて、その翳だけが漂っていた。

ハリー・コーベットが引退してから、イタリアン・ガーデンの経営はたびたび変わり、カラオケ・バーに改装されるなど、往時の趣は失われた。一九九一年、八木はかつての店を惜しむ周囲の人たちの声に応え、出資者を得てイタリアン・ガーデンを復活させた。地下に降りる広い店にはライヴ・スペースがあり、服飾業の仕事を続けていた八木がかつてステージ衣装の相談を受けた縁もある本牧育ちのミュージシャン、横山剣が月二回、そして地元で店を経営するロックンローラーCHIBOの率いるMOJOsも月一回の定期的なライヴを行うようになる。

本牧で若年期を過ごした横山はこの街をこよなく愛し、ここを根城としていた。彼は横浜港で輸出貨物の検査員の仕事に携わりながらZAZOU、CK'Sといったバンドを率いて、ソウルやファンクをベースに昭和歌謡のエッセンスもとりこんだ独自のサウンドを打ち出していた。CK'Sは、横浜ではイタリアン・ガーデンを拠点に、隣のV.F.W.、そして返還されたエリア1の跡地に建てられたショッピング・センター、マイカル本牧の中の新たな劇場とライヴハウス「本牧アポロシアター」、「オフィサーズ・クラブ」などでライヴを繰り広げた。横山は地下に降りるイタリアン・ガーデンのフロアを「伝説の地下室」と呼んだ。しかし、復活したイタリアン・ガーデンは、ビルの建て替えのため一九九六年に閉じられ、翌年、横山剣はCK'Sを母体にクレイジー・ケン・バンドを結成する。

バンドには横山と同じように港湾関係の仕事に就くメンバーも多くいた。彼らは、本牧埠頭B突堤にある外国船員や港湾労働者向け施設「シーメンズ・クラブ(USS)」で酒や食事を摂り、エリア1跡地にできたエクイップメント・ショップ「ムーン・アイズ・エリアワン」で手に入れたパーツでカスタマイズした日本車やアメリカ車を乗り回す生活を送っていた。メジャー・デビュー前、二二–三歳の横山は深夜、エリア2の向かいにあった接収時代を彷彿とさせる「GOLD RUSH」でホットドッグを買っては、当時の愛車フォルクスワーゲン・タイプ3・ノッチバックを走らせ、埋立てられた根岸湾のコンビナートの燃えさかる炎とオレンジ色の夜景を眺めた。*60

GOLD RUSHは、一九六九年に柳ジョージ、陳信輝らがこの地で結成したブルーズ・バンド「パワーハウス」に在籍したCHIBOが経営していた。柳はその後、後期ゴールデン・カップスに加わった。GOLD RUSHは「ブギー・カフェ」に継承され、クレイジー・ケン・バンドのメンバーは、そこに併設された「ブギー・スタジオ」で作曲や練習に明け暮れた。

*

本牧は今なお、ブルーズやリズム・アンド・ブルーズを深く愛するそんな地元ミュージシャンたちが思い思いの生業をもちながら住みつき、音楽活動を繰り広げる地である。二一世紀となった今も、この街は、溢れる米兵とリアルタイムの「アメリカ」がスパークしていた頃のさまざまなオーラをまといつつ、この地で日本人がローカライズし続けたアメリカの音楽やライフスタイルの残像を宿している。

イタリアン・ガーデン閉店後の一九九七年、八木弘之はその向かいにあわせて経営していたバーSHUFFLEの入るビルの一階にＩＧ（イタリアン・ガーデン）を開き、歴史ある店の継承をはかった。カウンターだけのこのバーでは、八木が愛した進駐軍ラジオ放送ＦＥＮ（現ＡＦＮ）の音楽ＤＪ番組「ウルフマンジャック・ショー」が流され、今でも四角いピザが供される。時折、横山剣のファンが遠方からも訪れる。

V.F.W.とVENICEはイタリアン・ガーデンと時を同じくして閉店した。リキシャルームは、ハリー・コーベット亡き後を妻の飯田かよ子が継いだ。二〇〇二年、リキシャルームはビルの取り壊しのため一時閉店し、同じ場所に新築されたマンションの半地下に再開を果たしたが、二〇〇九年、半世紀近い歴史を閉じた。ALOHA CAFEは二〇〇六年に新たな経営者・西山奈里に引き継がれた。老朽化した創業以来の建物は漏電火災を起こして取り壊され、エリア１の跡地に新たな店舗として生まれ変わった。

エリア１、エリア２の大半は巨大なマンション街に変わり、複合ショッピング・センター、マイカル本牧がやってきたが、撤退してイオンに代わった。そして戦前、チャブ屋街のあった通りは、イトーヨーカドー本牧店の裏手にしつらえた植栽のある人工的な遊歩道にすっかり塗り込められてしまった。ただ、接収の後遺症は随所に残り、「陸の孤島」と言われ続けたこの街の行方がどうなるかは誰にも見通せない。

二〇一六年、セブン・アンド・アイ・ホールディングスはイトーヨーカドーを閉店し、跡地は新たなショッピング・センターに替わった。隣接するかつての海岸線に沿ったエリア1の跡地の一部は、米軍による接収の結果、国有地と民有地が混在し、返還にともなって土地利用計画に合わせた換地が行われたため、現在は財務省所有の遊休地となっている。[*61]

この国有地は、市や県による公的な土地利用に優先的に供されることになっている。その利用計画はいまだ「協議中」であり、財務省関東財務局は、横浜市と本牧まちづくり委員会の要請を受け、処理方針が決まるまで、この土地をロケーション・コーディネート会社に一時的に有償貸付している。二〇〇五年、約三万三〇〇〇平方メートルに及ぶ敷地にはオープンセットスタジオ「本牧バックロット」が建てられ、瀟洒な戸建て住宅の並ぶ「街」には映画やドラマ、CM撮影のロケバスが出入りする。[*62]

変わり果て、先の見えぬ長い過渡期に入ったかのようなこの街で（とはいえ、何がもともとの姿なのだろうか）、ゴールデン・カップやIGに集う常連客は今も米軍が駐留した時代のよすがを語り合う。かたや、往時を知るミュージシャンや店の経営者は「本牧で新しいというものこそつねに全国区の文化となってきた」、「いつになったら本牧にフェンスがあった頃の話でない横浜になれるのか」と、街を蔽う懐古主義にため息をつく。[*63] そんなひとり、IGの経営を続ける八木弘之は長男・庄之介にバーテンダーを継がせ、ここを四角いピザの街として売り出そうと、四〇軒以上の店の協力をとりつけた。

根岸住宅は、横浜と逗子にまたがる池子住宅地区の建設完了とひきかえに返還されることが合意されている。すでに居住者たちが退去をすませたフェンスの中には、使命を終え、空き家となったディペンデント・ハウスが建ち並ぶばかりである。

あるコンタクト・ゾーンの追憶

市民には縁遠い港湾施設の立ち並んだ埠頭も、夜は暗がりに浮き上がる船舶や倉庫、工場群の無数の灯りが格別の眺めを見せてくれる。工場地帯の海とは思えぬほど豊かな釣魚に糸を垂れる昼の釣り人たち、轟音を楽しむ夜のバイクや改造車の疾走。超高層の商業・業務棟が立ち並び、帆船を係留した港湾テーマパークのような新都心「みなとみらい21」の建設以前、横浜港のインナーハーバーをなす鶴見の大黒町から本牧まで、埠頭に来れば、束の間の自由が手に入ることをティーンエイジャーは知っていた。

臨海公園の丘の上から望む埋め立て地の張り出した根岸湾、いにしえのミシシッピー・ベイの海の輝きに魅せられ、本牧の地をよく訪れた。通りすがりに幾度となくかつてのエリアX、根岸の米軍住宅に立ち寄った。日本人立ち入り禁止のこの「租界」も、丘陵の頂上部一帯を占める敷地のゲートは半ば開かれ、何食わぬ顔で車を乗り入れては、なだらかに起伏する芝生の広がりの上にゆったりと連なった明るい色のディペンデント・ハウスの群れを眺めた。

冬になり、各戸のクリスマス・イルミネーションが漆黒の闇のあちこちに瞬くさまは美しかった。深夜、敷地内をパトロールするステーション・ワゴンがこちらに気づくとゆっくり近づいてきて、誤って入り込んだとばかりに帰り道を探しつつ走り去るこの部外者の車を静かに見送った。

ある六月の午後にも根岸住宅を訪れた。山元町の正面ゲートから敷地に入り、丘の稜線に沿って家々の間を抜けるメインストリート「スカイライン・ドライヴ」を登り切ると、一軒の住宅に面した広い表庭に辿り着いた。芝生の生い茂るそこには柔らかな陽だまりが広がり、ビキニの水着を着たあどけない白人の少女がひとり遊んでいた。それは、戦後四〇年を経た「コンタクト・ゾーン」の街の、この上なく平和な初夏の昼下がりの眺めだった。

彼女が遊んでいた芝生の庭は、「レイテ・コート」と名づけられていた。レイテ島はいうまでもなく、日本の主力戦艦が沈められ、この国が敗戦へと大きく戦局を転じることになったフィリピンの激戦地である。

第二次大戦下、ニューギニアで合衆国第八陸軍司令官に任命されたアイケルバーガー中将は、一九四四年一二月、激しい攻防戦の果てに攻略あいなったレイテ島に指令部を移し、それから日本の無条件降伏にいたる八ヶ月の間、太平洋戦線においてじつに五二回におよぶDデイ(上陸戦決行日)を敢行したという。

西太平洋での戦功を手に一足早く日本に上陸し、厚木飛行場にマッカーサー元帥を出迎えて占領直後から横浜に駐留したこの司令官こそは、マッカーサーのもとで三年にわたり東日本の占領軍の指揮と軍政を取り仕切ったロバート・アイケルバーガーその人であった。そして、米国陸軍と司令官にとってレイテは、日本進駐へと着々とコマを進め、地滑り的勝利を獲得する決定的な分岐点となった、記憶されるべき島の名だった。*64

そんな史実に思いを馳せることもなく、立て込んだ日本の家並みとは明らかに異なる広がりと開放感を確かめようと、ディペンデント・ハウスの立ち並ぶなだらかな丘の空間にただ佇んだ。

上｜本牧埠頭B突堤(津村朝光撮影)
下｜エリアX根岸住宅、レイテ・コートにて(筆者撮影)

一九八一年、日本におけるジャズ普及の地にちなむ音楽フェスティヴァルが、埋め立てがとうに終わり海が遠のいた本牧岬の運動公園で始まった。三七年に及んだ接収を経て、本牧の米軍海浜住宅が返還された翌八二年、友人と連れだって訪れた。日光浴がてら半日かけて幾組ものアーティストをのんびりと眺める、野外フェスティヴァルのはしりである。

本牧のライヴハウスから巣立ったゴールデン・カップスの後期メンバーのひとり、ミッキー吉野が、まだ陽のあるうちに切れ味鋭いキーボードを披露した。吉野は、軍事海上輸送部隊（MSTS）としてヴェトナム戦争に従軍するため全盛期のゴールデン・カップスを脱退したケネス伊東に代わってグループに加入した。その後吉野が在籍した「ゴダイゴ」は、アニメの主題歌や西方浄土を歌ったヒット・ソングでブレイクを果たしていた。

海岸線の名残をわずかに残す三之谷の断崖の向こうに夏の日が落ちると、本牧生まれのピアニスト、松岡直也がホーン・セクションの揃った大編成のバンド「ウィシング」を率い、伸びやかなラテン・フュージョンを披露した。松岡は戦後、進駐軍クラブの仕事からキャリアをスタートさせたミュージシャンのひとりである。

一九八三年三月の夜も、赴任をひかえた友人の車で本牧に来た。学生生活が終わりを告げる一日だというのに、小港町のALOHA CAFEは週末の入りで席がとれず、北上して東神奈川の横浜ノース・ドック近くのドーナツ・ショップで話し込んだ。その日、かつて友人が思いを寄せた女性が、再会した同窓会で忘れがたい言葉を残したという。「久しぶりにみんなと会ったけれど、あまり変わっていなかった。

変わるのはこれからなのね」。

ノース・ドックは全国の在日米軍への物資を陸揚げする専用施設である。ヴェトナム戦争時には米軍の兵器の積み出し港となり、相模原の基地から補修を終えた戦車の輸送車両を埠頭へ渡る橋の手前で通行止めにする市民の反対運動が起きた。ドックに渡る瑞穂橋のたもとには、米軍関係者が立ち寄る二軒のバー「Stardust」、「Polestar」が古きよき波止場の名残をとどめていた。少し北では、金属工場を接収して建てられた「神奈川ミルクプラント」が、いまだに本土の米軍基地に乳製品やアイスクリームを供給していた。

七〇年代半ば、かの友人は米軍キャンプで働く知人のバイクに相乗りして本牧のエリア2にあるPXを訪れ、店内で偶然耳にしたアメリカ西海岸のアーティスト、ジャクソン・ブラウンの新譜『Late For the Sky』に衝撃を受け、そこで本国盤のLPを手に入れた。米軍関係者と知り合いならベースに入れたし、円も使えた。

ジャクソン・ブラウンは、ボブ・ディラン、ジェームズ・テイラー、ジョニ・ミッチェルらに名を連ねる孤高のシンガー・ソングライターである。くっきりと雲の浮かぶ、奇妙に鮮やかな青い空を背に、街灯のともった住宅地の暗がりに古いシヴォレーが佇む。シュールリアリズムを意識したような『Late For the Sky』のそんなアルバム・ジャケットには、ルネ・マグリットへの献辞が記されている。

このアルバムでブラウンは、産業社会や侵略戦争に異を唱えた一九六〇年代米国のユース・ムーヴメントの崩壊を認め、現代を生きる者たちが困難な人間関係や真のパートナー探しに苦悩する姿を、黙示録のような終末の予感を湛えつつ謳った。カウンターカルチャーの残光はこの国でもあちこちにとどまっていたが、音楽や文学ではすでに、今に連なる内省とミニマリズムの流れが始まっていた。

友人はそんなブラウンのアルバムを何枚か教えてくれた。それらはこの社会で生き残っていくことに対して抱いていた一抹の逡巡を拭い去るごく個人的な里程標となった。『Late For the Sky』の次作『Pretender』(一九七六年)で、ブラウンは、何一つ手に持たず、愛を求め、生きる金を何とか稼ごうとあがきながらも、哀しいほど力強い決意をもって空疎でありふれた日常を生き続けようとする青年のありようを謳う。

青年は思う。フリーウェイの陰に安い家を借り、毎朝弁当をつくって仕事にでかけよう。夕方家に戻り、疲れた身体をベッドに横たえよう。朝日が射し込むと起き上がって、また同じ一日を繰り返そう。そして、恋に巡り会えた者たちは、互いに相手の出来合いの夢を塗り足しながら、力尽きるまで愛し合おう。

青年は、涼やかな夕暮れの街をさまよい歩く。彼の夢や希望はすべてそこで生まれ、消え去る。そして、自分自身にこう言い聞かせる。幸福な愚か者(happy idiot)になってやろう。必死に金を稼ぎ、金で買えるものなら何でも信じてやろう。

何かを強く断ち切るように、ブラウンは最後に呼びかける。自己を偽り、生き続けることを決意し、結局は夢破れてしまうそんな青年(pretender)のために祈りを捧げよう、と。

その夜、ほどなく関西に着任する友人と別れを惜しみ、ノース・ドック近くのドーナツ・ショップを後にした。帰りの車を降りるとき、カー・ラジオのFENからはローリング・ストーンズのBeast of

Burdenが流れていた。

＊1　ピーター・バーク（河野真太郎訳）『文化のハイブリディティ』法政大学出版局、八〇、七四頁、二〇一二年
＊2　神奈川県企画調査部県史編集室編『神奈川県史 資料編』一五巻（近代・現代）、神奈川県、一九七三年、アーサー・クロウ（岡田章雄、武田万里子訳）『クロウ日本内陸紀行』雄松堂出版、二〇五、二一五頁、一九八四年
＊3　横浜市総務局市史編集室『横浜市史』三巻（下）、横浜市、八六〇-九一三頁、一九六三年
＊4　横浜市政策局総務部統計情報課「横浜市の人口の推移 明治二二年〜平成二九年」二〇一七年
＊5　この遊歩道は、元町谷戸坂から小港町、本牧和田・間門、根岸の大瀧不動を経て八幡橋まで、そして大瀧不動坂を登って山元町を過ぎ、現在の山手本通り沿いに再び谷戸坂上に至った。
＊6　前掲クロウ『クロウ日本内陸紀行』二〇八-二一〇九頁
＊7　横浜市編『横浜市史稿 風俗編』横浜市役所、三一六-三一九頁、一九三二年
＊8　前掲横浜市編『横浜市史稿 風俗編』三一九-三二二頁
＊9　前掲横浜市編『横浜市史稿 風俗編』三二二-三二六頁
＊10　重富昭夫『横浜「チャブ屋」物語─日本のムーランルージュ』センチュリー、一六四-一六五頁、一九九五年
＊11　谷崎潤一郎「港の人々」（一九二三年）千葉俊二編『横浜ストーリー』中公文庫、二七三-二七五頁、三〇一-三〇三頁、一九九九年
＊12　前掲谷崎「港の人々」二七七頁
＊13　中区制五〇周年記念事業実行委員会編著「第八章・本牧地区」『横浜・中区史』中区制五〇周年記念事業実行委員会、六七五頁、一九八五年

＊14 『その音、奇妙なり―横浜・西洋音楽との出合い　横浜開港資料館平成二七年度第三回企画展示・展示ガイド』横浜市ふるさと歴史財団、二〇一五年

＊15 大森盛太郎『日本の洋楽―ペリー来航から一三〇年の歴史ドキュメント』一巻、新門出版社、一〇八―一〇九頁、一四四頁、一八八頁、一九八六年、柴田浩一「『ちぐさ』の親父 吉田衛　横浜昔ばなし④」https://chigusa-records.jimdo.com/吉田衛横浜昔ばなし/吉田衛横浜昔ばなし④/

＊16 前掲柴田「『ちぐさ』の親父 吉田衛　横浜昔ばなし④」、吉田衛『横浜ジャズ物語―「ちぐさ」の五〇年』神奈川新聞社、二八―二九頁、一九八五年

＊17 前掲吉田『横浜ジャズ物語』四四頁

＊18 Goodbye Mama (I'm Off to Yokohama), WWII In American Music: Pearl Harbor & Reaction. http://www.historyonthenet.com/authentichistory/1939-1945/3-music/04-PH-Reaction/19411216_Good-Bye_Mama-Teddy_Powell.html

＊19 横浜市総務局市史編集室『横浜市史Ⅱ』二巻(下)、横浜市、六、三二頁、二〇〇〇年

＊20 横浜市総務局市史編集室『横浜市史Ⅱ』二巻(上)、横浜市、七頁、一九九九年

＊21 小泉和子、高藪昭、内田青蔵『占領軍住宅の記録(上)―日本の生活スタイルの原点となったデペンデントハウス』住まいの図書館出版局、三一頁、一九九九年

＊22 前掲中区制五〇周年記念事業実行委員会編著「第八章・本牧地区」『横浜・中区史』六九五頁

＊23 前掲中区制五〇周年記念事業実行委員会編著「第八章・本牧地区」『横浜・中区史』六九四―六九八頁

＊24 マーク・ゲイン(井本威夫訳)『ニッポン日記(上)』筑摩書房、一頁、一九五一年

＊25 ダグラス・マッカーサー(津島一夫訳)『マッカーサー回想記(下)』朝日新聞社、一〇八―一〇九頁、一九六四年

＊26 Yuki Tanaka: Hidden Warriors: Japanese War Crimes in World War II. Westview Press, 103, 1996.

＊27 『神奈川新聞』二〇一五年八月一五日付、山崎洋子『天使はブルースを歌う―横浜アウトサイド・ストーリー』毎日新聞社、四一―四八頁、一九九九年

＊28　日本政府のこの自発的な政策は、主に婦女子の安全を確保する必要からであったとされる。
＊29　大森盛太郎『日本の洋楽―ペリー来航から一三〇年の歴史ドキュメント』二巻、二六‐三三頁、新門出版社、一九八七年、東谷護『進駐軍クラブから歌謡曲へ―戦後日本ポピュラー音楽の黎明期』みすず書房、一七‐二一頁、二〇〇五年
＊30　前掲吉田『横浜ジャズ物語』八頁
＊31　前掲吉田『横浜ジャズ物語』八〇‐八一頁
＊32　前掲大森『日本の洋楽』2巻、三三頁
＊33　前掲小泉、高藪、内田『占領軍住宅の記録（上）』三一‐三二頁
＊34　前掲小泉、高藪、内田『占領軍住宅の記録（上）』一六、三三頁
＊35　前掲小泉、高藪、内田『占領軍住宅の記録（上）』Appendix 七頁
＊36　前掲小泉、高藪、内田『占領軍住宅の記録（上）』七九‐八一頁、小泉和子、高藪昭、内田青蔵『占領軍住宅の記録（下）―デペンデントハウスが残した建築・家具・什器』住まいの図書館出版局、一二四‐一六七頁、一九九九年
＊37　前掲中区制五〇周年記念事業実行委員会編著「第八章・本牧地区」『横浜・中区史』六九四頁
＊38　神奈川新聞編集局編『この十年―汚辱と解放の歴史（復刻版）』神奈川新聞社、八二頁、一九八二年（原著は一九五五年刊）
＊39　八木弘之インタビュー「バー・オーナーが語る本牧」『URBAN NATURE』二巻、四六頁、二〇一八年
＊40　前掲神奈川新聞編集局編『この十年―汚辱と解放の歴史』八二頁
＊41　前掲中区制五〇周年記念事業実行委員会編著「第八章・本牧地区」『横浜・中区史』七〇五頁、また田川春雄「横濱の本牧ホテル街探訪」『読み切りロマンス』二月号、一九五四年によれば、一九五〇年代前半には小港町三丁目から本牧一丁目にかけての裏通りに、戦前のチャブ屋の様式を踏襲するホテル群が五〇軒ほど存在した。これらのホテルにもダンスホール、バー・カウンター、ステレオセット（蓄音機）が備えられていたという。本書九七頁地図参照。
＊42　「東久世壽々子の生涯」http://ameblo.jp/higashikuze-suzuko/
＊43　野田栄「本牧に刻まれたアメリカン・グラフィティ」『横浜ルネサンス』二一号、三四頁、二〇一三年
＊44　前掲野田「本牧に刻まれたアメリカン・グラフィティ」『横浜ルネサンス』二一号、三四頁

＊45 「立川ユリ物語 ドイツの少女が汽船に乗ったのは一六年前だった」『an·an』一〇月二〇日号、二七頁、一九七〇年
＊46 金子功『金子功のブラウス絵本』文化出版局、七八頁、一九八五年。ジャーマン・ベーカリーは横浜・元町にあったベーカリー、レストラン。
＊47 NHK「現代の映像 ベトナム帰休兵」一九六六年四月二二日放送（「NHKアーカイブス 平和の大切さ、命の重みI」二〇〇四年九月一二日放送）。潮見俊隆、山田昭、林茂夫編『安保黒書』旬報社、二六〇-二六一頁、一九六九年
＊48 マイケル・ハー（増子光訳）『ディスパッチズ―ヴェトナム特電』筑摩書房、二八頁、一九九〇年
＊49 『横浜市と米軍基地』横浜市政策局基地対策課、一〇九頁、二〇一五年、前掲潮見、山田、林編『安保黒書』二八九頁、「岸根公園は、死体置き場だった?」『はまれぽ.com』二〇一二年七月四日 http://hamarepo.com/story.php?page_no=0&story_id=1176&from=
＊50 前掲NHK「現代の映像 ベトナム帰休兵」、前掲潮見、山田、林編『安保黒書』二九〇-二九三頁
＊51 「本牧サウンド、心躍る伝説―ゴールデンカップ店主・上西四郎氏」『日本経済新聞』二〇一四年八月八日付
＊52 前掲野田「本牧に刻まれたアメリカン・グラフィティ」三〇-三一頁、前掲山崎『天使はブルースを歌う』五六頁
＊53 前掲「本牧サウンド、心躍る伝説」『日本経済新聞』二〇一四年八月八日付
＊54 前掲野田「本牧に刻まれたアメリカン・グラフィティ」三一頁
＊55 『ザ・ゴールデン・カップス ワンモアタイム』（映画）サン・マー・メン監督、アルタミラ・ピクチャーズ製作、二〇〇四年（DVD、二〇〇五年）
＊56 前掲『ザ・ゴールデン・カップス ワンモアタイム』
＊57 植竹悦夫は空間プロデューサー。ALOHA CAFEをはじめ、アートやファッションと飲食をひとつの空間に融合し、時代を牽引する多数の集客空間をデザインしている。近年では、横浜市芸術文化振興財団が二〇〇六-二〇一〇年まで横浜市中区日本大通の横浜情報文化センター（旧・横浜商工奨励館）で企画運営を行ったアート空間ZAIMにZAIM CAFEを出店した。現在、石川町でZAIM CAFE ANNEXを経営する。
＊58 前掲「バー・オーナーが語る本牧」四八頁

＊59　前掲「バー・オーナーが語る本牧」四八頁
＊60　クレイジー・ケン・バンド『ソウル・パンチ』（CD／DVD）ビクター・エンタテインメント、二〇〇五年
＊61　（換地）：従来の土地所有者に対し、別の土地を割り当てたり、金銭で清算したりする行政処分。
＊62　「イトーヨーカドー本牧店裏にある謎の巨大なスペースは？」『はまれぽ.com』二〇一五年八月二三日 http://hamarepo.com/story.php?page_no=0&story_id=4434&from=
＊63　前掲「バー・オーナーが語る本牧」五〇頁、エディ潘、中村裕介、福島俊彦「特集鼎談 70'sバイブレーション YOKOHAMA〝その時〟の横浜気分」『横浜ルネサンス』二四号、二五頁、二〇一五年
＊64　前掲横浜市総務局市史編集室『横浜市史Ⅱ』二巻（下）、三–四頁

Ⅱ リスナーたち

第4章 オールド・ファッションド・ラヴ・ソングズ

島宇宙への隔絶?

人はなぜ洋楽を聴くのだろうか。そして、人はなぜ洋楽を聴かないのだろうか。

米英のポピュラー・ミュージックが大きな革新を遂げ、あまたの意欲的な作品がこの島国にも奔流のように流れ込んだ一九六〇年代後半ですら、レコード生産枚数に占める洋楽の比率はせいぜい四割台だった。CDが廃れ、音楽ソフトの総生産量が全盛期の三分の一に落ち込んだ二〇一〇年代にはその比率は二割を切るから、この国で洋楽を聴くという行為は、決して主流とは言いかねる人たちのささやかなたしなみのひとつになりつつあるのかもしれない。

外国語の不自由な輩にとって、歌詞を含めた総体として洋楽を聴く行為は、かなりシュールで不完全な「翻訳体験」である。ただ、われわれはネイティヴと同じようには原詞を理解できないかわりに、少なくともそれを聴いていれば、無防備な自己憐憫や惚れた腫れたともてあます人様の感傷のことはあまり考えずにすむ。

そう、一九世紀来、何と言われようとわれわれは洋楽に身をやつしてきた。ミッションスクールや教会に響く妙なる賛美歌。溜池のフロリダや鶴見の花月園のダンスホールで踊り明かしたジャズやタンゴ。ルンバの世界的流行にあやかり、ペレス・プラードやザビア・クガートがヒットさせたキューバのソン「南京豆売り」。ビッグバンド・ジャズに日本語を乗せ、笠置シヅ子が歌ったブギという名の和製洋楽。労働運動の盛り上がりに背中を押され、うたごえ喫茶で合唱した「カチューシャ」。飛ぶように売れて本人出演の映画のタイトルにもなったエルヴィス・プレスリーの「ラヴ・ミー・テンダー」。『暴力教室』に使用され一気にチャートインしたビル・ヘイリーとコメッツ「ロック・アラウンド・ザ・クロック」。はじめて音楽公演に転用された武道館に悲鳴を上げに行った／行けなかったビートルズ。ヴェトナム反戦集会で聴いたピーター・ポール・アンド・マリーのカヴァー。タイトなミニのワンピースで踊り狂ったユーロビート。イラク反戦運動のサウンドデモでＤＪがフロート（山車）の上から参加者を煽ったデトロイト・テクノ。

そんな「往年」の喧噪の渦中で、当事者たちの青春をエーテルのように蔽い、気がつくとその熱気と残響だけがこと自分自身の中には確かに残されているが、ほかの世代からは奇妙に縁遠く感じられる何か。同じ体験を共有する人たちは少なからずいるはずなのに、洋楽を聴く行為は、もはやそんないにしえの島宇宙にひときわ遠く隔絶されるような閉じた経験のひとつとなる。

「洋楽」の原初体験

あるシンガー・ソングライターは言う。「自分が影響を受けた音楽は自分ではわからない。知らない間に聴いていた音楽に影響されてきたから、ダニー・ハザウェイが好きだけど、自分の音楽は彼のようにはならない。デヴィッド・バーンが好きでもバーンのようなアルバムは作れない。八〇-九〇年代のポップ・ミュージックやラジオ、通っていたレンタルレコードの店員さんの『今これええぞ』という趣味……そういうところで育ててもらったような気がします」*1。

じつにそのとおりかもしれない。

この国のスウィング全盛期に育った父親は、職場のジャズ・コンボのドラマーだったが、その演奏を聴いたことは一度もない。それなのに、ビッグバンド・ジャズは今や私の大のお気に入りだ。マイルス・デイヴィス九重奏団のアレンジャーとして、あの『クールの誕生』を彼と一緒に産み落とす前のギル・エヴァンスがモダン・ジャズの息吹を注ぎ込んだクロード・ソーンヒル・オーケストラの「柔らかく、抑制され、メロディアスな」サウンド*2。四管のブラスと五管のホーンがハーモニーと不協和音の間を絶妙に往き来する、イギリスのビッグバンド・リーダーにして映画音楽家、ジョン・ダンクワースの精緻で完璧な編曲。

そんなごたいそうな趣味がいったいどこから生じたのか。年を経たあるとき、心ならずも突然それに思いあたるのだから記憶とは不思議な生きものだ。

根のひとつと思わしきは、一九六〇年代、五歳にしてテレビにかじりつくように観ていた手塚治虫の寓意あふれるSFファンタジー『W3《ワンダー》』、その主題歌である。水爆実験が相次ぎ、戦争の絶えない地球を調査するため銀河連盟から派遣され、ウサギと鴨と馬に変身した宇宙パトロールの三人が大きな一輪タイヤのコミューターに乗り、主人公の少年と諜報部員の兄とともに超大国の陰謀と戦う。

冷戦と核開発競争という当時の世界情勢を映したテーマのシリアスさに比して、動物に変身した三人のスリリングではあるがどこか牧歌的な活躍を暗示する明るくユーモラスな主題歌は、ビッグバンドのホーン・セクションと元デューク・エイセスのトップ・テナーらが組むコーラス・グループを使ったスウィングのアレンジだった。この時代、テレビ番組の収録スタジオにはまだオーケストラが控えていることもあったように記憶するし、スウィング仕立てのテーマ曲やエンディングもよく使われていた。

この曲が、井上ひさしの『ひょっこりひょうたん島』やフィンランドの小説を日本風に翻案した『ムーミン』の主題歌と同じ一人の作曲家、宇野誠一郎の手になるものだと知ったのはごく最近のことである。『W3』の主題歌や劇中歌のイメージを作曲家に示唆した手塚治虫は自らも博識なクラシック・リスナーであり、作曲家に対してつねにアニメの絵のイメージにマッチした既存の楽曲を例示して的確な指示を行う数少ない原作者であった。手塚はこの作品の音楽の雛形として、宇野に数十人から一〇〇人の大編成オーケストラによる比較的ポピュラーなクラシック曲のレコードを提示したという(曲名は宇野の記憶にない)。予算の制約に縛られていた宇野は、一五人程度の編成でこれにいかに奥行きと拡がりを出すか、苦心を迫られたと語っている。

宇野にとって重要なのは、番組が実写かアニメかということではなく、登場するキャラクターの存在感や動きのリズムをいかに音楽によって作り出すかにあった。アニメのキャラクターは絵そのものだけでは立体感を持ち得ず、そこに台詞や動き、効果音といった要素を補うことが不可欠である。これに音楽をつける作業は、そんな登場人物に「生命を吹き込むのに等しい行為」だという。

そして、実写とは異なり、アニメは登場人物が必ずしも「日本人そのものを前面に出した」ものでなく、特別な力を持つヒーローや動物や宇宙人といった「無国籍な」存在であったから、宇野にとってそれは「外国の音楽の要素が盛り込めるという自由さ」の感じられる仕事であった。[*3]

洋楽的なリズムや音のヴォキャブラリーは、たとえばそんなふうに、アニメという無国籍なフィクションの世界をつくりあげる作曲家の音楽的演出を通して、「戦後」の終焉の時代を生きる子どもの生活にそっと入り込んできていた。

メランコリックなルーティン・ヒットソングの頃

一九七〇年代が始まる頃、もうひとつの輝ける原初体験を寿いでくれたのは、隣家のローティーンの女の子が鳴らすステレオセットの大きな音、そしてラジオの音楽番組を切れ切れに録音した一本のカセットテープである。

フォーク・リヴァイヴァルが投げかけた政治的メッセージの時代は続き、ポール・リヴィア&レイダースのヴォーカリスト、先住民の血の混じるマーク・リンゼイがカヴァーし、一九七一年にビルボード・ナンバーワンとなった「Indian Reservation」（嘆きのインディアン）。同じ年、ビートルズ解散直後のポール・マッカートニーが平凡なオフィス・ガールの日常の倦怠や切なさを歌ってシングル・ヒットさせた「Another Day」。隣家の女の子はこれらのシングルをすり切れるほど聴いたから、「Cherokee People, Cherokee Tribe」「Ah, stay Don't stand her up」というその印象的なリフレインやサビが何度大音量で流れてきたことか。

当時は知る由もないが、レイダースは取り上げた曲で先住民を居留区に隔離するアメリカの不当な政策を先住民の立場から批判し、マッカートニーは単調なオフィス・ワークを繰り返す都会の女性のルーティンな生活感や一夜限りで去って行く夢の男性を失う彼女の哀しみを歌っていた。早くから英詞を口ずさみ、英文科に通い、その後アメリカに渡って法律事務所に勤めた隣家の女の子は、その歌詞をどのように受けとめていたのだろう。

さて、もうひとつは白地に渋いブルーのラベルのついた古い古いカセット・テープである。DJの声やCMがかぶり、無残にフェイドアウトされ、RECボタンを押し損ねてイントロの欠けてしまったおおむね七〇年代前半の数々のヒット曲がランダムに収録されていたはずである。ラジオ付きカセット・テープ・レコーダーを手に入れて始まった洋楽生活の朝まだきを告げる、行方知れずのそのガラクタを再び手にできるなら、かなり高値のついたオークションでも競り落としそうな気がする。

後になって私は、CDを買い揃え、失われたこのカセットテープに収録されていたと思われる楽曲を思い出せるかぎりデジタル・オーディオ・レコーダーに書き込んでみた。

1. テンプテーションズ「マイ・ガール」(1964)
2. フィフス・ディメンション「輝く星座／レット・ザ・サンシャイン・イン」(1967/69)
3. ハリー・ニルソン「エヴリバディーズ・トーキング」(1966)
4. ポール・マッカートニー「アナザー・デイ」(1971)

5. スリー・ドッグ・ナイト
「オールド・ファッションド・ラヴ・ソング」(1971)
6. アルバート・ハモンド「カリフォルニアの青い空」(1972)
7. ポール・サイモン「コダクローム」(1973)
8. ギルバート・オサリバン「アローン・アゲイン」(1972)
9. ギルバート・オサリバン「クレア」(1972)
10. ドーン・フィーチャリング・トニー・オーランド
「幸せの黄色いリボン」(1973)
11. アルバート・ハモンド「落ち葉のコンチェルト」(1973)
12. ニール・セダカ「雨に微笑みを」(1974)
13. エルトン・ジョン
「グッバイ・イエロー・ブリック・ロード」(1973)
14. ジョン・レノン「マインド・ゲームス」(1973)
15. グラディス・ナイト・アンド・ザ・ピップス
「夜汽車よ、ジョージアへ」(1973)

この選曲には若干の嘘がある。テンプテーションズとハリー・ニルソン、ニール・セダカは元のテープに入っていなかったが、構成

右｜ポール・マッカートニー「アナザー・デイ」1971年
左｜スリー・ドッグ・ナイト「オールド・ファッションド・ラヴ・ソング」1971年

上ふさわしい気がして入れた。スリー・ドッグ・ナイトは隣家の女の子が聴いていたのを鮮明に思い出して入れた。これも繰り返し聴かされた「Just an old fashioned love song One I'm sure they wrote for you and me」というそのリフレインは忘れようにも忘れられない。彼女が聴いていたあの「Indian Reservation」もテープに入っていなかったが、こちらは曲調がそぐわない気がして入れなかった。

そう、これは、個人史にかかわる音楽の正確なアーカイヴではなく、当時は手に入れていなかったり、聴いていなかったものも含めて「こんなふうだったと思いたいと今思う、あの時代の空気と自分自身の心のありよう」を後づけで作り出すいくぶん奇妙な楽曲群なのだ。これらの曲を通して聴くたびに、日のあるうちに幼いガールフレンドを家まで送り、その庭で眺めた夕方の木漏れ日のような懐かしさを覚えた。

そしてそれは、ドラッグとサイケデリックとコミューンに彩られた社会変革の残滓が敗北感のように漂い、それらが起こる前の世の中はどんなふうだったっけ、と人々が小市民的とさえいえる事もなき日常のファンタジーに癒される、喪失と閉塞の時代の始まりへのバックグラウンド・ミュージックだった。

すでに「ローリング・シックスティーズ」は終わっていたが、スティーリー・ダンはデューク・エリントンやチャーリー・パーカーに敬意を払いつつR&Bの再構築にとりくんでいた。マーヴィン・ゲイやスモーキー・ロビンソン、カーティス・メイフィールドはニュー・ソウルの偉大な地平を拓き始め、デヴィッド・ボウイはブルーのコンタクト・レンズを入れ、アヴァンギャルドな音と寓意に富んだ歌詞、両性具有的なルックスによってグラム・ロックの宇宙観を顕示しつつあった。二〇世紀に残るエポックメイキングな洋楽の胎動は、もちろん一九七〇年代にも続いていたのである。

だが、七〇年代前半を風靡した多くの英米のヒット曲は、大きくいえば「ビートルズやパンク・ミュージックのように音楽シーンを根底から変革する原動力を欠き、ひとつの明快な特徴を持ち得なかった」から、批評家にも正面から相手にされることはなかった。自分たちを虜にした七〇年代前半のヒット曲とはいったい何であったのか、後年になって俯瞰を試みたカナダのミュージシャン、ドン・ブライトハウプトとアート・プロデューサーのジェフ・ブライトハウプトはそうふりかえっている。[*4]

たしかに一九六〇年代後半には、ありふれたラヴ・ソングよりも独自の思想や世界観、音楽的な革新や温故知新を究めるロックが世間を瞠目させていたし、手練れの作詞・作曲家やセッション・ミュージシャンがパッケージするシングル・ヒットよりも、相応の演奏技術をもち、音楽的世界をよく共有する自前のグループでレコーディングされた、コンセプトの通ったオリジナル・アルバムがもてはやされていた。

ボブ・ディランとザ・バンドはブルーズを土台にカントリー・ロックを発見し、デラニー・ブラムレットとボニー・ブラムレット(レイット)は南部のブルーズやゴスペルを血肉とし、そこにイギリスからエリック・クラプトンやジョージ・ハリスンが馳せ参じた。ピンク・フロイドやイエス、キング・クリムゾンはクラシックやジャズ、現代音楽を取り入れ、高度な音楽的志向性と卓越した演奏技術によって難解で実験的なプログレッシヴ・ロックを展開していた。そんななかで、ルーティンなポップソングはいくぶん肩身の狭い思いをしていたのである。

しかし、カーペンターズがあの「イエスタデイ・ワンス・モア」を筆頭に、郷愁を誘うオールディーズへの賛歌を連ねたアルバム『ナウ・アンド・ゼン』(一九七三年)を大ヒットさせて確信を得たように、七〇年代前半のリスナーは明らかにオールディーズやノスタルジックなポップソングへの回帰を求めていたところがある。一九七二年以来、カーペンターズは五〇年代のオールディーズ・メドレーをライヴの演目に入れて絶賛され、その経験を活かしたことがアルバムのコンセプト、そしてヒットにつながった。[*5]

くだんのリスト曲のひとつ「オールド・ファッションド・ラヴ・ソング」は、「昔ながらのラヴ・ソング」を得意とするカーペンターズのためにポール・ウィリアムズが作った曲である。ウィリアムズはロジャー・ニコルスとともにこの兄妹デュオに「愛のプレリュード」、「雨の日と月曜日は」を書き、大ヒットさせた名うてのシンガー・ソングライターである。だが、この曲はリチャード・カーペンターに却下され、代わりにスリー・ドッグ・ナイトに提供されて全米四位の大ヒットを記録することになった。[*6]「Just an old fashioned love song(ただの時代遅れのラヴ・ソング)」と自ら謳うとおり、それは、この時代の底流をつくっていたひとつの音楽的嗜好へのウィリアムズなりのてらいだった。

私は、あのリスト曲を一枚のCDに収め、「オールド・ファッションド・ラヴ・ソングズ」とタイトルをつけた。

いずれにせよわれわれは、七〇年代前半にまぎれもなくそのような音楽に襲われたのである。

東京近郊で隣家の女の子がレイダースやポール・マッカートニーやスリー・ドッグ・ナイトに夢中になり、小学生の私が庭越しにその大音量のシャワーを浴びていた一九七一年、カナダはトロントで、少年だったブライトハウプト兄弟が地元のラジオ局でローカル・トップ三〇番組を聴き、そのチャートに入ったあらゆる曲が、ヒューロン湖東のジョージアン・ベイのコテージで過ごす彼らの夏季休暇のサウンドトラックとなっていた。

トロントのリスナーは、七二年七月にはラジオでエリック・クラプトン、ウェイン・ニュートン、アレサ・フランクリン、ダニー・オズモンド、アリス・クーパー、サミー・デイヴィス・ジュニア、イーグルス、エルトン・ジョン、プロコルハルム、ボビー・ヴィントン、スティーヴィー・ワンダー、シェール、ローリング・ストーンズといったアーティストの近作を聴くことができた。つまりこの時代のトロントのラジオ局では、大衆受けする中庸路線(middle of the road)から、カントリー、ティーン向けの軽いポップ(bubblegum)、ハードロック、フォーク、ソウル、そのほかジャンルに収まらないじつに多彩な英米のポピュラー音楽を幅広く聴くことができたのである。それは、ラジオが「フォーマット化されていない純粋さを保てた最後の時代」だったとブライトハウプト兄弟は語る。*7

おそらくカナダほど英米の音楽がダイレクトに入ってきたわけではない。そして、歌謡曲や一世を風靡したフォーク・ミュージックを流す邦楽番組が主流であったことも間違いない。だが、DJの言葉こそ違え、太平洋の向こう岸で、当時は勢いのあったオーディオ・メーカー(日立、三菱、東芝、テクニクス、パイオニア……)が競ってスポンサーについたわれわれの国のラジオでも、「洋楽」の扱いはまだ未分化だったからこそ十把一絡げにいろいろな音楽にふれることができたように思える。シングル・ヒットではなく、DJや構成者の視点で聴くべき作品をアルバムから選曲してオンエアする番組も始まっていた。

そのような音楽を聴きながら育ったわれわれは、たしかに洋楽ばかりを賛美し、何をやってもしょせんは洋楽の真似事だろうと邦楽を卑下するコンプレックスの塊にもなっていただろう。しかしそのおかげで、このうえなく不完全な「翻訳」を通してではあるが、洋楽の影響を受けた邦楽や、洋楽を雛形とする邦楽の影響を受けた邦楽を一歩後ろに引いたところから眺めるまなざしを得ることになった。ミドル・オブ・ザ・ロードの洋楽を除けば、それが「ガラパゴス化」した邦楽（J‐POP）しかないように見える二一世紀のこの国の音楽状況との大きな違いなのかもしれない。

そしてそんな七〇年代には、この国でも全盛期を謳歌した洋楽の陰に見過ごされがちだったが、そのように流れ込んでくる洋楽を吟味し、消化し、ローカライズさせつつ、私たちの「邦楽」もまた、ゆっくりと確実に胎動し、萌芽していたのである。

＊1 「リアルを起点に音楽が再編されるとき インタビュー シンガー・ソングライター 中井大介」『URBAN NATURE』二巻、七四‐七五頁、二〇一七年

＊2 ローラン・キュニー（中条省平訳）『ギル・エヴァンスの音楽的生涯』径書房、六六‐六七頁、一九九六年

＊3 「宇野誠一郎インタビュー」『宇野誠一郎作品集Ⅱ』（CD）ウルトラ・ヴァイヴ／コロムビアミュージックエンタテインメント、二〇〇四年

＊4 Breithaupt, D., Breithaupt, J.: Precious And Few:Pop Music In The Early '70s. St. Martin's Griffin, 2-3, 1996.

＊5 レイ・コールマン（安藤由紀子、小林理子訳）『カレン・カーペンター 栄光と悲劇の物語』ベネッセ、二〇〇頁、一九九五年

＊6 Schmidt, Randy L.: Little Girl Blue: The Life of Karen Carpenter. Chicago Review Press, 76, 2010.

＊7 前掲 Breithaupt, Breithaupt: Precious And Few. 2-3.

第5章 南カリフォルニアに雨は降らない

「黄金」のカリフォルニア神話

太平洋の北東海域には、湿気をたっぷりと含んだ巨大な海洋性気団が年間を通じて発生している。この気団は、ワシントン州からカリフォルニア州に至るアメリカ太平洋岸の沖合を南東に向けて移動しようとするが、メキシコ西海岸沖から北に居座る停滞性高気圧に押しとどめられ、途中で東の陸地に上がって雨をもたらす。

カリフォルニア州の北部に比較的雨が多く、サンタ・バーバラ、ロス・アンジェルス盆地以南の南カリフォルニア沿岸部、とりわけその夏に雨が少ないのはこのためである。[*1]

椰子や棕櫚の木が立ち並ぶウィルシャー・ブールヴァードやサンセット・ブールヴァード、サーフィンの後に歩くヴェニス・ビーチのボードウォーク、スケートボードやストリート・バスケットボールに興じる若者たち——ロス・アンジェルス周辺のおなじみの光景に、温暖で乾いた気候の恵みであるきらめく陽光と抜けるような空の青い色は欠かせない、と私たちは思っている。じっさい、ハリウッドの撮影所もユニヴァーサル・スタジオも、隣接するオレンジ郡のアナハイムにあるディズニーランドやブエナ・パークのナッツ・ベリー・ファームも、季節を問わず晴天の日が多いことを目当てに立地することになった。

冬になり、メキシコ沖の高気圧が南に漂って行くと北東太平洋の湿った気団は南下してくるから、この季節には南カリフォルニアでも一定の雨に見舞われる。とはいえ、ロス・アンジェルスの降水量は真冬の多い時期でも、たいてい月間一〇〇ミリメートルに満たない。*2

秋から冬にかけては山火事の季節だ。「サンタ・アナ」と呼ばれる熱風がその被害を考えられないほど甚大なものにする。オレゴン、ユタ、ネヴァダ、カリフォルニアの各州にまたがる大盆地グレート・ベースンの砂漠高原地帯に発生する高気圧によって南カリフォルニアの内陸部に強い風が生まれる。この風は、モハーベ砂漠で温度を上げ砂塵をともなって南西に吹きつけ、サンタ・アナ渓谷を越えるときにフェーン現象を起こして熱風に変わり、南ロス・アンジェルス盆地の沿岸部に吹き荒れる。風は太平洋のはるか沖合にまで達し、海洋生態系にも影響を及ぼす。

不審火、強風での送電線の断線、キャンプファイアの不始末など出火の原因はさまざまだ。乾燥が激しいため絶縁体が帯電し、燃料の爆発事故が起こることもある。燃え立った山火事は、極限まで乾燥したサンタ・アナにあおられ、数千平方キロメートルにわたり林野や人家を焼き尽くす。ひどい年は一度の山火事により、ロス・アンジェルスやサン・ディエゴでそれぞれ数百軒単位の家が延焼し、数千人の消防士に、連邦政府軍や州兵までが駆り出されて消火にあたる。*3

*

一九世紀前半まで、カリフォルニアは東部や中西部とは遠く隔絶し、開拓から取り残された辺境の地だった。サンフランシスコの北のソラノからサン・ディエゴの間には、先住民の集落をのぞけば、スペインがつくったキリスト教布教所（ミッション）と軍事基地（プレシディオ）、民間人の入植地（プエブロ）、そして牧場（ランチョ）が点在するだけだった。[*4]

一八四六年、メキシコとの戦争に勝利したアメリカがこれを併合すると、その直後、州北東部を南北に走るシェラ・ネヴァダ山脈に金鉱が発見され、短いゴールドラッシュが国内外から多くの移住者を集める。一八七〇年代には集団入植事業が本格化し、東部や中西部からやってきた者たちは土地を共同購入してコミュニティをつくった。長老教会などの教団は、教会や学校を中心に宗教観を同じくする家族らが安心して住めるユートピアの建設を目指した。不動産業者は街を造成し、宣伝して戸建て住宅を売った。[*5]

一八八〇年代に大陸横断鉄道網によって南カリフォルニアが東部や州北部と結ばれると、サザン・パシフィック鉄道とサンタフェ鉄道は長距離運賃の値下げ競争を繰り広げ、ロス・アンジェルスに不動産ブームが起きた。その一〇年間だけで三四もの都市が生まれ、南カリフォルニアは一〇〇に近い都市群を擁する自然に恵まれたメガロポリス（巨大都市圏）となった。[*6]

各都市の水道公社が少雨対策として運河を通し、灌漑事業を行った。入植者や移住者は、バレンシア・オレンジ、ネーブル・オレンジ、レモン、アボカド、デーツなど、地中海性気候に適した果樹を栽培し、大規模農業が営まれて東部の市場を支える大きな産業となった。

移住を促進する人たちは雇用や投資機会を訴え、入植計画の詳細なパンフレットを配った。旅行者やゴールドラッシュの経験者、移住した人たちは南カリフォルニアの風光明媚さやビジネスチャンスを語りあい、手紙に書いた。医師は、温暖でさわやかな気候が、結核患者をはじめ病弱な人の療養に最適な健康の地だと激賞した。作家たちは興趣をそそる旅行ガイドや移住に役立つハンドブックを書き、カンヌやリビエラにも匹敵する「世界の保養地」だと褒めそやした。*7

誰であれ、南カリフォルニアを知る者に多かれ少なかれ「黄金郷」のイメージが思い浮かぶとすれば、それは気候や自然、成功の神話という魅力を基盤とした、この地のそのようななりたちを源泉にしている。

二〇世紀のカリフォルニアには、石油、軍需、不動産、航空宇宙産業、コンピュータと電子機器、映画産業、教育・健康産業、観光産業といった新たなフロンティアが加わった。今ではサンタ・バーバラからサン・ディエゴに至る三〇〇キロメートルの南カリフォルニア沿岸部に二二四〇万人が住み着き、州全体では三七二〇万人という全米最大の人口を擁して、アメリカ国民のじつに一〇人に一人以上がそこに暮らすまでになった。

カリフォルニアは誰にも開かれた、成功への可能性の尽きぬ泉であり、過去の人生や社会の因襲から解き放たれ、自分自身を随意にリセットできる新天地であり、さらに西には太平洋があるばかりでその先にはもはやフロンティアはないという移動の終着点、最果てでもあった。

そこは、長く続くものへの尊重、出自を問う意識、いずこかへの所属意識、それらが驚くほど希薄な世界である。「何事もいつまでも同じではない」と変革を信ずる気風が強く、ヴェトナム反戦運動はカリフォルニアの学生たちの間で最も激しかった。[*8] アメリカでは三人に二人は生まれた州に住み続けるが、カリフォルニア州では地元生まれは半数に満たない。住む人の多くは単身、カップル、子連れで、三世代同居は少ない。そして、離婚率は高い。[*9]

カリフォルニアが約束する世界では、よりよい暮らしは誰の手にも入る。ここに移り住む人たちには、パティオ付の戸建て住宅群、自家用車、駐車場完備のショッピングセンター、フリーウェイ、つまり「郊外」の快適な生活が当たり前のように提供されてきた。

ほとんどの住民は車を持ち、あらゆることが車によって済まされる。ドライヴイン・シアター、ドライヴイン・レストランはもとより、ドライヴイン銀行、ドライヴイン教会まである。車を持たぬ人間を歓迎しないビヴァリーヒルズのような高級住宅地では、歩道を設けていない。フリーウェイでは多くの人が「南カリフォルニア的速度」で車を疾走させる。[*10]

街にはジャカランダやカリフォルニア・ポピーの花が咲き乱れる。海辺では解放的な「カリフォルニア・ガール」が戯れ、恋人と車を飛ばし、アウトドアの遊びや自由気ままな生活を楽しむ。そんな享楽的なライフスタイルが、ハリウッド製作の映画やテレビ番組によって全世界に広まった。[*11] それは、ヴェンチャーズ（「Wipe Out」）、ジャン＆ディーン（「Surf City」）、ビーチ・ボーイズ（「Surfin' Safari」、「Surfin' USA」、「California Girls」）、アストロノウツ（「Surfin' USA」、「Surfer's Stomp」のカヴァー）をはじめ、一九五〇－六〇年代から活躍した多くのアーティストによる無数のサーフィン・ホットロッド・サウンドにも多くを負っている。彼らは南カリフォルニアやハワイのようなところに暮らす若者が波に乗り、車を飛ばし、異性と遊ぶ感覚をロックンロールで表現した。

一九八〇年代以降、この地にはラテン・アメリカ系（ヒスパニック）、アジア系（韓国、フィリピンなど）の住民の流入が増え、話される言語は多様化し、さまざまなエスニックの文化が入り乱れるようになった。都市部の住宅価格の高騰により移住は高くつき、勝ち残りの競争は激化して、次第に成功のチャンスはかぎられるようになった。移住を成功させる幸運に恵まれた住民も、サン・バーナディノ、リバーサイドといった遠い郊外に住み、小洒落てはいるが安普請の住宅からロス・アンジェルスやオレンジ郡まで一〇〇–一五〇キロメートルもの通勤を余儀なくされている。[*12]

しかしそれでも、南カリフォルニアは、多くの人の心の中で「約束の地」として輝き続ける。成功は疑いなく、ものごとは変革可能であり、未来はつくりあげることができるという世界に誇れるアメリカ的信念が根づく。そんな世界がまぎれもなく現実にここに存在することを誰も否定することはないのである。

「カリフォルニアの青い空」――憧憬と挫折の物語

一九七〇年代前半にアメリカに渡り、世界的に成功したシンガー・ソングライター、アルバート・ハモンドがマイク・ヘイズルウッドとともに「カリフォルニアの青い空」（原題：It Never Rains in Sothern California）を書いたとき、彼が自らの思いを重ねたのもそんな魅力的な南カリフォルニアの原風景であった。

知られているように、この曲は邦題のシンプルなイメージとは異なり、成功を夢見て南カリフォルニアにやってきた若者が仕事にもありつけず、身を持ち崩し、挫折していく絶望と断念を謳ったものである。トレードマークとなった印象的なイントロのドラムとピアノのフィルイン、多くの人のカリフォルニア・イメージを裏書きするような明るく爽やかなメロディラインは、どこかはかなさ、虚しさをかきたてる響きもはらんでいて、歌詞を読んで聴くと、美しいストリングスのアレンジがそんな思いをひときわ募らせる。

この曲は、一九七二年にビルボード誌の全米五位でゴールドディスク（当時は一〇〇万枚）を獲得し、ハモンドの代表作となった。日本ではセールスはさほどでもなかったが、キャッチーな邦題とイントロはラジオ番組でのオンエアによく合ってたびたび耳にした。それで、私のくだんのリストにも入ることになった（第4章参照）。

アルバート・ルイス・ハモンドは一九四四年、ロンドンに生まれ、両親の出身地・英領ジブラルタルで育った。子どもの頃、教会の聖歌隊で歌っていたが、ロックンロールを聴いてギターを始め、一〇代なかばでミュージシャンを目指すが、親に反対されて家を飛び出し、モロッコのカサブランカでライヴ活動を始める。その後、ジブラルタルとスペインで「ザ・ダイアモンド・ボーイズ」というバンドを組み、スペインのＲＣＡレコードと契約するが、バンドは短命に終わった。

ハモンドはロンドンに渡って、一九六六年へイズルウッドに出会い、ヴォーカル・グループ「ファミリー・ドッグズ」を結成、六九年にアルバム・デビューを果たす。そのタイトル曲「ア・ウェイ・オブ・ライフ」は全英六位のヒットとなった。このアルバムのセッション・ミュージシャンには、すでにレッド・ツェッペリンとしてデビューしていたジミー・ペイジ、ジョン・ポール・ジョーンズ、ジョン・ボーナムの三人が参加していた。ハモンドとヘイズルウッドは共作者としてカントリーやR&B、ポップソングで何作ものヒット曲を提供し、その後も続くソングライティング・チームの礎を築くことになる。

一九七〇年代はじめ、ハモンドとヘイズルウッドはアメリカでの成功をめざし、ロス・アンジェルスに移住した。ロンドンでキャリアを築いた彼らも、アメリカの音楽業界ではゼロからのスタートに等しかった。ハモンドは、あちこちのレコード会社でデモ演奏を行った末、コロムビア傘下の新興マムズ・レーベルのデビュー第一号の話を受け、三〇人以上の候補とともにCBSレコード社長、クライヴ・デイヴィスのオーディションを受ける。

このオーディションに通ったハモンドはようやくレーベルとの契約を得て、デビュー・アルバム「It Never Rains in Sothern California」に収められる何曲かをレコーディングすることができた。先行発売したシングル「Down by the River」は全米九一位に終わるものの、一九七二年一〇月、デビュー・アルバムと同時にシングルカットされたあのタイトル曲が全米五位に入ってミリオンセラーを記録し、ハモンドは一躍世界の脚光を浴びることになる。*13

*

「カリフォルニアの青い空」は、ハモンドがロス・アンジェルス行きを決めた時期にロンドンで書かれた。ハモンドが共作者のヘイズルウッドに自身のスペイン時代の経験を語ることで曲はつくられたという。

音楽活動を始めたスペインで、一〇代のハモンドは食うや食わずであった。家を飛び出した手前、両親にもそのことは伝えていなかった。ある日、彼が駅の外で物乞いをしていると、偶然、新婚旅行中だった従兄が駅から現れた。彼はそれが従兄だとは気づかず、同じように施しを乞うてしまう。すると従兄は彼に言った。「恥を知れよ。お父さんに言ってやる」。それを聞いてハモンドは答えた。「父には言わないでくれ。音楽をやめさせられてしまうんだ」。それから従兄は泊まっていたホテルに彼を連れて行って風呂に入らせ、清潔な服と金を与えた。

歌詞にある「故郷の人たちには、ぼくがもう少しで成功するからと伝えてくれるかい。頼むから、ぼくをみつけたときのことは言わないでくれ」というくだりはこの体験をそのまま謳ったものである。ハモンドは語る。「ご承知の通り、従兄は父にこのことを言わなかったんだね。ここに謳ったことはすべて、ぼく自身が奮闘し、なんとか成功しようとあがき、モロッコからスペイン、スペインからイギリス、イギリスからアメリカへと渡り歩いてきた人生のあの時代から来たものなんだ。それこそが『It Never Rains in Sothern California』、ぼく自身の人生の物語なんだ[*14]」。

ハモンドは自身のそんな経験を世の「カリフォルニア神話」と重ね合わせて謳ったのである。

*

It Never Rains in Sothern California

Albert Louis Hammond, Mike Hazlewood

Got on board a westbound seven-forty-seven
Didn't think before deciding what to do
All that talk of opportunities
TV breaks and movies
Rang true, sure rang true

Seems it never rains in Southern California
Seems I've often heard that kind of talk before
It never rains in California
But, girl, don't they warn ya
It pours, man, it pours!

Out of work, I'm out of my head
Out of self-respect, I'm out of bread
Underloved and underfed

アルバート・ハモンド「カリフォルニアの青い空」1972年

I wanna go home go home…
It never rains in California
But, girl, don't they warn ya
It pours, man, it pours

Will you tell the folks back home I nearly made it
Had offers, but don't know which one to take
Please, don't tell them how you found me
Don't tell them how you found me
Gimme a break, gimme a break

Seems it never rains in Southern California
Seems I've often heard that kind of talk before
It never rains in California
But, girl, don't they warn ya
It pours, man, it pours!

南カリフォルニアに雨は降らない（カリフォルニアの青い空）／筆者試訳

西へ向かうボーイング七四七に乗った
行って何をしようかなんて考えてなかった
いろんなチャンスがころがってるって噂
ＴＶコマーシャルや映画に映ってたもの
そんなことがすべて本当のように思えたんだ

南カリフォルニアに雨は降らないらしい
その手の話を前によく聞いてたと思うんだけど
カリフォルニアに雨は降らない
でもね、きみ、誰も言ってくれないぜ
降るときは本当に土砂降りさ

仕事につけず茫然自失
自尊心はなくすし、食べ物にもありつけない
愛してくれる人はいないし、栄養も足りない
もう故郷に帰りたいよ

カリフォルニアに雨は降らない
でもね、きみ、誰も言ってくれないぜ
降るときは本当に土砂降りさ

故郷の人にはぼくはあと少しで成功するって言ってくれないか
仕事のオファーがいくつもあって、どれにしたらいいかわからないんだ
頼むから、ぼくをみつけたときのことは言わないでくれ
みつけたときのようすは言わないでくれ
成功まであと少し、あと少しなんだから

南カリフォルニアに雨は降らないらしい
その手の話を前によく聞いてたと思うんだけど
カリフォルニアに雨は降らない
でもね、きみ、誰も言ってくれないぜ
降るときは本当に土砂降りさ

*

Venice Beach,Los Angeles,U.S.A.2002 ©Peter Marlow/Magnum Photos

当時、この曲がわれわれの国のラジオでどのように紹介されていたか、今となっては確かめようもない。爽やかでテンポがよくリスナーの気分を盛り上げる、ラジオＤＪが使いやすい曲。「カリフォルニアの青い空」という邦題さながらに、きっと「ゴキゲンでカッコいい全米大ヒット・チューン」などとオンエアされていたのではないだろうか。

雨が少ない南カリフォルニアも、冬には一どきにまとまった雨が降ることがあります。これは、人の話や絵に描いたようなイメージを信じ込み、目算もなくよその土地にやって来てあえなく夢が潰え去ったソングライター本人の人生の挫折と屈折した心情を、当地の冬の土砂降りの雨と重ね合わせて謳った曲です、などと解き明かしてくれるＤＪやスクリプト・ライターは当時いたのだろうか。当時の日本盤シングルには原詞と、この邦題が中波ラジオ局の電話リクエスト番組で募集され、決定したことが記されている。

その時代の太平洋の向こう岸には、そんなふうにリアルタイムでたびたびこの曲を聴き、カリフォルニアとは抜けるように空の青い、さわやかで眩しい夢のような地だ、という単純で漠然とした憧憬を抱え込んだわれわれがいた。そして、一九七〇年代がすすむにつれ、アメリカ西海岸＝ロス・アンジェルスを中心とした南カリフォルニア、ひいてはアメリカ全体の人びとの「自由でカジュアルな」生きざま、暮らしぶりがさまざまなメディアを通じて断片的に、しかしより具体的なディテイルをともなった生活情報としてわれわれの日常に入り込んできていた。

大胆な意訳が後世の人間に思わず羞恥心さえかきたてる「カリフォルニアの青い空」とは、この時代のわれわれのそんな根拠の薄い期待感を見事なまでにうまくとらえた邦題だった。

一九七〇年代の「誤読」

この時代に活動を始めた片岡義男という日系三世の作家がいる。東京に生まれ、一時岩国に疎開するが、ハワイ移民の祖父をもつ彼は少年時代、そのハワイに育った。片岡は大学在学中から商業誌に文章を書き始め、二〇代でフリーランス・ライターとして活動する一方、『ぼくはプレスリーが大好き』（現『エルヴィスから始まった』）というエルヴィス・プレスリーのユニークな研究書を上梓する。

一九七三年、片岡は植草甚一を編集長とする晶文社のカルチャー・マガジン『ワンダーランド』の創刊に参画し、そこでの連載が何年か後に『ロンサム・カウボーイ』という作品として刊行された。『ロンサム・カウボーイ』は、日本語と英語のバイリンガルである片岡が、ハワイやアメリカ本土を渡り歩いた経験をもとに、これらの地で起こる特徴的なできごとをドキュメンタリーともいえる視線で綴った連作短編集である。

ニューヨークからロス・アンジェルスまでの約三〇〇〇マイル（四八〇〇キロメートル）を一〇〇回以上往復しているトラック・ドライヴァーが車ごと遭遇するアメリカ本土の壮大で激しい気候、そして長大なフリーウェイで目撃するあまりにもハードな事故の数々。

大陸の東から西まで二〇〇両近くの長い貨車を連ねて走る蒸気機関車、その荷のない貨車にただ乗りして長距離を旅するうちに肺炎と肝硬変を起こして亡くなったホーボー（列車乞食）。ふたりの保線作業員が彼の遺体を葬り、年老いた作業員が死者のワークブーツに大切に留めてあったブルースハープをみつけ、若い作業員に取っておけと手渡す。

ロス・アンジェルスの邸宅を舞台にした映画ロケで、カー・スタントマンが車をダイヴさせて庭のプールの上を飛び越え、向こう側に建つ瀟洒な母屋に突っ込んで止まる。プールの上のエアマットに乗って日光浴をしていた水着の女優が、自分をうまく飛び越えてくれたスタントマンをプールサイドに迎え入れ、服を着たままの彼に抱きつくや、しぶきをあげながら一緒に水のなかに倒れ込む。*15

そのようなあまりにも「アメリカ的」な特殊な日常を、片岡は主観を抑えた淡泊なハードボイルドともいえる乾いた文体でいくつも切り取った。当時の『ワンダーランド』の宣伝資料には、この連作短編について次のような紹介文が載せられている。「追い風はホワイト・ブルース、向かい風がアメリカン・ソウル。紫の平原が、二車線のハイウェイが、幻の蒼空に逆さうつし。アメリカの西部の主人公カウボーイが、どこまでも持ち歩くロンサムとはなにか。硬すぎる叙情ゆたかに描ききる男の詩」。

後年、片岡はこの作品が一九七〇年代の日本の読者たちに引き起こした「誤読」について語っている。「アメリカが持っている特徴的な光景を僕の好みにしたがっていくつか採択し、それに関してユーモア的に描いた物語を、僕は目標とした。その目標を僕はそのときの僕に出来る範囲内で、達成したと思っている。全体としては笑える叙述を僕はめざしたのだが、出来上がったものは、これこそ本当の恰好いいアメリカだ、と誤解されることとなった。

アメリカに現実に存在するか、あるいはいかにも存在しそうなこと、つまりあまりにもアメリカ的であるがゆえに笑いを誘う、という種類の叙述を僕は意図した。しかしそのような笑いは誘うことなく、そのかわりに、僕というひとりの人を経由して日本語で読んでなんとなく感触を思い描くという、一種のイメージ行為の対象としての、本当の恰好いいアメリカに、それはなってしまった。当時の日本のあの時代のなかで、若い読者たちは、そのような誤解をしようとして待ちかまえていたようだ」[*16]

七〇年代を通り過ぎつつ、われわれはそのようにして「カリフォルニアの青い空」を待ちかまえていた。『POPEYE』に載るスケートボードやジョギング・シューズやUCLAのスウェットシャツを待ちかまえていた。カー・ステレオのCMでライ・クーダーの「ゴー・ホーム・ガール」をバックに、強い陽射しの照りつける乾いた荒野に棄てられたバドワイザーの缶を銃で撃ち抜くウォーレン・オーツを待ちかまえていた。[*17]

「レッキング・クルー」の真実

二〇一〇年代に入って、一九六〇年代前半からほぼ一〇年の間にアメリカでヒットしたあまたの楽曲に関して、知る人ぞ知る衝撃的な事実が公表された。この時代、われわれのよく知るヒット曲でロス・アンジェルスで録音されたものは、その多くが「レッキング・クルー」(「破壊者集団」)と呼ばれる二〇数名、あるいはそれ以上に及ぶかぎられた腕利きのスタジオ・ミュージシャンによってレコーディングされていたというのである。バンドを持たないシンガーはもとより、バンドとして名を馳せていた著名なグループの作品も、オリジナル・メンバーに代わり、このレッキング・クルーが演奏していたという。

レッキング・クルーに数え挙げられている代表的ミュージシャンには、たとえばラリー・ネクテル、ミッシェル・ルビーニ、レオン・ラッセル(以上キーボード)、グレン・キャンベル、デヴィッド・コーエン、バーニー・ケッセル、マック・レベナック(ドクター・ジョン)、トミー・テデスコ(以上ギター)、キャロル・ケイ、ジョー・オズボーン、レイ・ポールマン(以上エレキベース)、ハル・ブレイン、ジム・ゴードン、アール・パーマー(以上ドラムス)らがいる。ホーン・セクションを含め、そのリストはさらに続く。

レッキング・クルーが録音に加わった曲は、ごく代表的なものだけでも以下の作品に及ぶ。「哀しき闘牛」(ハーブ・アルパート&ティファナ・ブラス、一九六二年)、「サーフィンUSA」(ビーチ・ボーイズ)、「サーフ・シティ」(ジャン&ディーン)、「ビー・マイ・ベイビー」(ロネッツ、以上一九六三年)、「ミスター・タンブリン・マン」(ザ・バーズ)、「夢のカリフォルニア」(ママス&パパス、以上一九六五年)、「グッド・バイブレーションズ」(ビーチ・ボーイズ)、「エヴリバディーズ・トーキング」(ハリー・ニルソン)、「アイ・アム・ア・ロック」(サイモン&ガーファンクル)、「夜のストレンジャー」(フランク・シナトラ、以上一九六六年)、「花のサンフランシスコ」(スコット・マッケンジー、一九六七年)、「ウィチタ・ラインマン」(グレン・キャンベル)、「マッカーサー・パーク」(リチャード・ハリス)、「ミセス・ロビンソン」(サイモン&ガーファンクル、以上一九六八年)、「輝く星座」(フィフス・ディメンション、一九六九年)、「遙かなる影」(カーペンターズ)、「明日に架ける橋」(サイモン&ガーファンクル、以上一九七〇年)、「雨の日と月曜日は」(カーペンターズ)、「哀しきジプシー」(シェール)、「嘆きのインディアン」(レイダース、以上一九七一年)、「イエスタデイ・ワンス・モア」(カーペンターズ、一九七三年)、「追憶」(バーブラ・ストライザンド、一九七四年)、「愛ある限り」(キャプテン&テニール、一九七五年)[*18]。

そして、かのアルバム『イット・ネヴァー・レインズ・イン・サザン・カリフォルニア』も、リード・ヴォーカルとリズム・ギターを本人が務めたほかは、このレッキング・クルーを中心としたロス・アンジェルスの俊英スタジオ・ミュージシャンによって録音された。ハル・ブレイン、ジム・ゴードン(ドラムス)、ジョー・オズボーン、レイ・ポールマン(ベース)、アラン・ビュートラー、ジャッキー・ケルソ(フルート)。これにレッキング・クルーの次世代となる若きギタリスト、ラリー・カールトンが加わり、キーボードとアレンジを後にクリストファー・クロスやホイットニー・ヒューストンの作品で脚光を浴びるマイケル・オマーティアンが仕切る。

知られざるレッキング・クルーの真実を目の当たりにして、自らの思春期を彩った数々の名曲がほぼ一握りのミュージシャンの一団によって作られていたことに愕然とするリスナーは少なくないかもしれない。好きになったシンガーやグループはいろいろあれど、結局は一群のミュージシャンの手になる音をひたすら聴かされ続けてきたのか、と。

当時のこの国に入ってきたアメリカの文化とそれへのわれわれの理解とは、いずれにしても一面ではそのレヴェルのものだったのである。

＊

「カリフォルニアの青い空」の成功の後、アルバート・ハモンドは第一線のアーティスト、ソングライターとして、何曲かの大ヒットを出し、ワールド・ツアーをこなし、また多くのアーティストが彼の曲を取り上げた。ハモンドが曲を提供したり、彼自身の曲をカヴァーしたアーティストは、七〇年代だけでもジョニー・キャッシュ、エルトン・ジョン、ステッペンウルフ、ソニー&シェール、オリビア・ニュートン＝ジョン、ホセ・フェリシアーノ、ペリー・コモ、トム・ジョーンズ、エンゲルベルト・フンパーディンク、ヘレン・レディ、グレン・キャンベルなど、枚挙にいとまがない。また、ハル・デイヴィッドやキャロル・ベイヤー・セイガーらとも共作をこなした。[＊19]

ハモンドは、日本でよく知られるような数少ないヒット曲にしがみつくシンガーではない。そのキャリアは才能あるソングライター、多くの人の心をとらえるメロディ・メイカーとして高い評価を受けている。

アルバム『イット・ネヴァー・レインズ・イン・サザン・カリフォルニア』の演奏もレッキング・クルーの手になるものだった。しかし、シングル「カリフォルニアの青い空」のあの印象的なドラムのイントロを演奏したアーティストが誰かは、今でもわからないままである。もちろんミスター・レッキング・クルーの名をほしいままにしたハル・ブレインか、エリック・クラプトンらと結成したデレク・アンド・ザ・ドミノスを解散させたばかりのジム・ゴードンのどちらかであることは間違いない。残念なことに、アルバムには曲ごとのアーティスト・クレジットは表記されていない。

フィルインを叩くフロア・タムの響きが通常のハル・ブレインの音より重く、間奏でライド・シンバルの中央部（ベル）を叩いて甲高い音を出しているからジム・ゴードンではないかと取りざたする向きもある。[20] あるいは、ハル・ブレインの得意技であるその曲のトレードマークとなるほど印象的なイントロ・フィルインの導入は顕著であり、アルバムの他の曲にくらべ、ダイナミックなタムのフィルインを多用するジム・ゴードンの特徴はイントロとブレイクの決め打ちをのぞけば抑え気味だからこれはハル・ブレインではないか、そんな諸説が飛び交う。

自分自身をつくった時代の文化の不確かなリアリティをなんとか見定めようとするわれわれの探求の旅は、この先も果てしなく続くのだろうか。

＊1　アメリカン・センター・ジャパン「米国の地理の概要 カリフォルニア」米国国務省 https://americancenterjapan.com/aboutusa/translations/3563/

＊2　前掲アメリカン・センター・ジャパン「米国の地理の概要 カリフォルニア」、気象庁ホームページ「世界の天候 地点別データ・グラフ ロングビーチ」二〇一一-二〇一六年　http://www.data.jma.go.jp/gmd/cpd/monitor/climatview/graph_mkhtml.php?&n=72297&p=60&s=1&r=0&y=2016&m=8&e=0&k=0

＊3　「熱波と干ばつ・山火事」『アメリカの気候と自然 eガイド』http://www.jlifeus.com/e-pedia/08.climate&disasters/02.storms/ptext/07.heatwave.htm、吉野正敏「異常気象を追う　アメリカの局地風　サンタ・アナ」『バ

イオ・ウェザー・サービス』https://www.bioweather.net/column/essay2/aw44.htm

＊4 矢ヶ崎典隆「一九世紀の南カリフォルニアにおける都市建設と集団入植事業」『歴史地理学』五二巻、一-二九頁、二〇一〇年

＊5 前掲矢ヶ崎「19世紀の南カリフォルニアにおける都市建設と集団入植事業」

＊6 前掲矢ヶ崎「19世紀の南カリフォルニアにおける都市建設と集団入植事業」

＊7 前掲矢ヶ崎「19世紀の南カリフォルニアにおける都市建設と集団入植事業」、矢ヶ崎典隆「一九世紀におけるカリフォルニアのイメージと地域性」『学芸地理』五四号、一-二〇頁、一九九九年。矢ヶ崎によれば、移住促進に影響力をもった代表的書籍として、チャールズ・ノルドホッフ『カリフォルニア—健康、楽しみ、居住のために』(一八七二年)などがあげられる。この本では「美しい自然、恵まれた気候、投資の機会、農業の可能性」などが強調されているという。

＊8 ニール・R・ピアス、ジェリー・ハグストローム(中屋健一監訳)「カリフォルニア州」『ザ・ブック・オブ・アメリカ』実業之日本社、七五八頁、一九八五年

＊9 前掲アメリカン・センター・ジャパン「米国の地理の概要 カリフォルニア」

＊10 前掲ピアス、ハグストローム「カリフォルニア州」『ザ・ブック・オブ・アメリカ』八一四頁

＊11 前掲ピアス、ハグストローム「カリフォルニア州」『ザ・ブック・オブ・アメリカ』八一二頁

＊12 前掲ピアス、ハグストローム「カリフォルニア州」『ザ・ブック・オブ・アメリカ』八一三-八一四頁

＊13 「アルバート・ハモンド公式バイオグラフィー」http://www.alberthammond.com/biography-en/、およびアルバート・ハモンド『イット・ネヴァー・レインズ・イン・サザン・カリフォルニア』CDライナー・ノーツ、ソニー・ミュージック、二〇〇七年より。

＊14 レト・スチューダー(Reto Studer)によるアルバート・ハモンド本人の電話インタビュー、二〇〇二年より http://www.alberthammond.com(二〇一五年五月一〇日閲覧)。なお現在は削除され、インタビュー部分だけが以下に掲載されている。Songfacts, IT NEVER RAINS IN SOUTHERN CALIFORNIA by ALBERT HAMMOND http://www.songfacts.com/detail.php?id=3137

＊15 片岡義男『ロンサム・カウボーイ』角川文庫、一九七九年より、順に「六杯のブラック・コーヒー」、「南へむかう貨物列車」、「ブラドレーのグランプリ」

＊16 片岡義男「あとがき」『僕が書いたあの島』太田出版、二九七－二九八頁、一九九五年

＊17 カー・ステレオ、パイオニア「ロンサム・カーボーイ」は一九七七年発売。ウォーレン・オーツのCMは一九八二年にオンエアされ、片岡義男がナレーションを行っている。

＊18 ケント・ハートマン（加藤俊訳）『レッキング・クルーのいい仕事―ロック・アンド・ロール黄金時代を支えた職人たち』Pヴァイン・ブックス、四三五－四四〇頁、二〇一二年。『レッキング・クルー 伝説のミュージシャンたち』（映画）デニー・テデスコ監督、二〇一四年（DVD、ジェットリンク／ポニーキャニオン、二〇一六年）も参照。

＊19 「アルバート・ハモンド公式バイオグラフィー」http://www.alberthammond.com/biography-en/より

＊20 Songs for 4 seasons「増補ハル・ブレイン・ディスコグラフィー読解 その6 The Defranco FamilyとThe Partridge Family」http://songsf4s.exblog.jp/16303059/

第6章 松岡直也のVディスク
——占領下でのブギウギとの邂逅

伝播のなりゆき

酒席の帰り道、駅に向かうタクシーの中で意見が一致した。「あらゆる文化はハイブリッドでしかない」。同乗者はアメリカ西海岸や太平洋の島に渡っては、「これこそが本来のメンバーだ」と当地の人びとに思わせる「主流」の文化の陰で、女性や移民たちがひっそりと社会の周縁に追いやられる問題を考え続けていた。

異《い》なる人やモノ、スタイルが、あるところに流れ着き、入り込み、土地の人びとや習俗と交錯する。あるものは溶け込み、あるものは弾き出され、あるものは姿を変える。あるものはもともとあったものを駆逐する。絶えざる異種交配をくりかえし、まごうことなき雑種として姿を変えゆくプロセスを辿らない文化はおそらく、地球上のどこにもない。

それにしても、いったいどんなものが溶け込み、どんなものが弾き出されるのか。そこにはたらくのは、当の社会の規範や願望、体制の利害、投機や商業主義、入ってくる人やモノとの親和性、現実主義、ありとあらゆる偶然やなりゆき、そんな恣意的きわまる諸々ではないかという気がする。

儒教や仏教、漢字は結局、この国の文化の基層をつくった。禅や浮世絵や武道は西洋にジャポニズムや日本かぶれをもたらした。食肉、牛乳、時計、鉄道、電話、夜会、競馬、野球、クリーニング……鎖国の果てに横浜や神戸を窓口に採り入れられた「もののはじめ」は数限りない。

イスラム社会は銃や火薬を受け容れたが、写本による伝達を旨としたため、一八世紀まで活版印刷を拒否した。ヨーロッパの椅子は中国では早くから採り入れられたが、この国では戦後になるまで庶民の生活に根づかなかった。フェルナン・ブローデルによれば、畳、座卓、脇息、座布団といった床に密着した生活を支える日本の什器は、高いテーブルと椅子が定着する前の唐代、つまり中国の古代文明に対応したものだという。[*1] とはいえ、この国ではいまや畳の方が絶滅危惧種だし、長く基礎調味料となった醤油ですら、近年は先細る国内消費を海外向け販売が上回り、欧米の日本食愛好家は白いご飯にそれをふりかけて食する。

異なる人やモノは「辺境」から入り込み、まずはその地の文化を変質させる。この島国でいえば、沖縄諸島や対馬列島のような大陸との間の島嶼、長崎・舞鶴・新潟・横浜・神戸といった水際のゲートウェイ、さまざまなエスニック・タウン、米軍基地、そんな国境やほかの文化との間の境界地帯が、異《い》なる人やモノと当地の人びととの最初の遭遇の場「コンタクト・ゾーン（接触圏）」をつくる。[*2]

この国でラテン・フュージョン・ミュージックを確立した戦前生まれのピアニスト、松岡直也が生まれ育った港町・横浜は、幕末以来の開港場であり、敗戦後には進駐軍の一大拠点となったという二重の意味でコンタクト・ゾーンの街だった。

占領下でのブギウギとの邂逅

一九三七年、横浜・本牧に生まれた松岡は、戦後早々、十代半ばにしてデビューし、ノロ・モラレス、ティト・プエンテなどプエルト・リコ、キューバをはじめとしたラテン音楽に傾倒していくつものバンドを率いた。七〇年代には、サルサやブラジル、ラテン・ジャズのリズムに躍動感ある美しいメロディを乗せた独自のラテン・フュージョンを結実させた。ホーン・セクションを含むソリスト級ミュージシャンを揃えた大編成バンド「松岡直也&ウィシング」のアルバム『九月の風』は、一九八二年、インストゥルメンタル音楽としては異例となるオリコン・ヒットチャート二位を記録する。

松岡は作編曲家、スタジオ・ミュージシャンとしても多くの実績を残す。まだ一〇代だった一九五三年には、スリー・キャッツの「黄色いサクランボ」の編曲を手がけた。この曲は七〇年代にゴールデン・ハーフのカヴァーでもヒットする。歌謡曲からCM音楽、映画音楽まで幅広いサウンド・メーカーとして仕事を続けた松岡は、一九七二年に編曲を担当した青い三角定規「太陽がくれた季節」、一九八五年に作編曲を行った中森明菜「MI・AMORE」でいずれも日本レコード大賞を受賞した。作曲を手がけたいしだあゆみ「小さな愛の歴史」は一九七三年、古賀賞（日本作曲家大賞）を受賞している。*3

「ラテンはジャズの気付け薬」と言われるが、日本の歌謡曲、とくに一九五〇−七〇年代に盛んになる「ムード歌謡」はラテンの影響を抜きに語ることはできない。五〇年代からのマンボやルンバの世界的な大流行を背景に、和田弘とマヒナスターズ、鶴岡雅義と東京ロマンチカといったコーラス・グループや、青江三奈、石原裕次郎、藤圭子らの歌手が、銀座、赤坂、伊勢佐木町、すすきのや中之島といった都心の夜に営まれる恋愛模様をしっとりと歌い上げ、ムード歌謡は当時の歌謡曲の主流をなした。ラテンのリズムに大衆受けするポップで叙情的なメロディを乗せた松岡自身のフュージョン・ミュージックの根も、こうした歌謡界での仕事とつながりをもつといえるかもしれない。

松岡は終戦直後、いわゆる進駐軍のクラブまわりからキャリアをスタートさせたミュージシャンのひとりである。松岡の生家は外国人相手の高級娼館が並ぶ本牧・小港町の「チャブ屋街」にある「東亜ホテル」であった。[*4] 父親は医者の家に生まれたが、遊び人の気質もあってホテル経営に携わり、バンドを入れミュージシャンと親交をもった。「涙くんさよなら」(坂本九)、「愛して愛して愛しちゃったのよ(田代美代子・和田弘とマヒナスターズ)、「星のフラメンコ」(西郷輝彦)、「バラが咲いた」(マイク真木)など、数々の名曲を残した作詞作曲家・浜口庫之助は、松岡の父の戦前からの友人であり、ホテルには浜口のハワイアン・バンドも出入りしていた。この縁で松岡はキャリアの初期、ラテン・バンド「浜口庫之助とアフロ・クバーノ・ジュニア」にピアニスト、アレンジャーとして参加する。

東亜ホテルで過ごした幼年時代を松岡はこのように振り返っている。「ちっちゃいとき、学校へ行く前ですからね。(ホテルのバンドが入るホールで)ちゃんと隣に座らしてもらって、親父が聴いてろ!って……毎日。たいした役には立たないですけど、そういう音楽の雰囲気にね、そういう環境に育ちましたから」[*5]。

横浜都心にあったホテルは戦災で焼け、一九四六年、松岡の父は小田原の日本旅館を買い取り、改装して「十和ホテル」を開業する。一家は小田原に移り住んだ。

日本の無条件降伏直後、横浜に上陸した連合国軍は四五年九月には小田原や箱根にも進駐し、箱根の富士屋ホテル、強羅ホテルなどめぼしいホテルは接収を受けた。横浜や横須賀を本拠とする進駐軍の兵士らはジープや軍用トラックに乗り、大勢で箱根や小田原に遊びに出かけた。横浜や横須賀から連れてきた街娼を伴うことも多かったという。

朝鮮戦争が始まった一九五〇年代初頭、富士屋ホテルに滞在した客はこのように述べている。「ホテルも多忙になり従業員の数も三〇〇名を越えカスケードルームでは金曜日を除いて毎晩バンドが入り演奏しておりました。酒場では、アメリカのラスベガスのカジノでみられるようなスロットマシンが何台も置いてあり毎晩軍人で賑わっておりました。酒場だけでも従業員は十人を超えたように記憶しております。そしてホテル周辺の土産物店も米軍人で賑い大変活気を呈しておりました」[*6]。

松岡の父も小田原のホテルにバンドを入れ、進駐軍兵士を相手に営業を行った。しかし、その音楽は、兵士たちの趣味に合うものではなかった。兵士らは自分たちで持ち込んだ「Vディスク」と呼ばれる米国陸・海軍が海外駐留の兵員向けに録音したポピュラー音楽のレコードを持ち込んでかけていたという[*7]。

松岡は父親のおかげで幼少時より生の洋楽に触れ、終戦直前、七歳にしてピアノを始めた。小田原のホテルでもホールに顔を出していると、父親から兵士らのかけるVディスクの音楽をまねてピアノを弾くように命じられた。松岡は素質もあり、それから文字通り独学でピアノを弾きこなすまでになり、当初は主にジャズをレパートリーとした。彼が最初にVディスクから修得したのは、たとえば、戦前から戦後にかけてアメリカで人気を博したビッグバンド・ジャズ、トロンボーン奏者トミー・ドーシーのバンドなどの「ブギウギ」と呼ばれる音楽であった。[*8]

ブギウギ(ブギ)は二〇世紀初頭に生まれた、ブルースの構成を用いたテンポの速いピアノ音楽のスタイルである。一九二〇年代に流行したが、次第にピアニストの左手のベースラインを軸にしたグルーヴのあるダンス・ミュージックに進化をとげた。三〇年代以降、シカゴやカンザス・シティなどで、スウィングを奏するビッグバンドやブルース系シンガーを前面に出したバンドによって発展した。そして、四〇年代にはリズム・アンド・ブルーズ(R&B)に受け継がれていく。[*9]

松岡は当時を回想する。「駐留軍の兵隊が遊びに来ると、バンドがつまんないって言って、自分たちでVディスクっていうデッカいの持ってくるんですよ。彼ら、それをかけて楽しんでた。すると親父がまた、それがいいからコピーして弾くようにって……譜面の書き方も、結局レコードから習ったんです。誰も何も教えてくれないから。一〇歳のときですけれどね。そしたら、バンブル・ブギとかトミー・ドーシー・ブギとか、レコードのとおり弾けるわけですよ。それをバンドに入って演奏するとね、みんなびっくりしちゃって(笑)。坊や、やってくれ!って。何も弾けないのに、イタズラして弾けるようになって」[*10]。

Vディスク――アイスランドからガダルカナルまで

Vディスク(V-Discs)は第二次大戦中から戦後期の一九四三年から一九四九年にかけて、米国軍部の任務として録音され、ヨーロッパやアジア・太平洋など米軍が進駐するほぼすべての戦地に送られた総計八百万枚以上に及ぶアナログ・レコード(フォノグラフ・レコード)のシリーズである。[*11]

この壮大な同時代の音楽提供活動は、海外戦線の兵士の士気高揚を重視する米国陸軍と、のちにその海軍が戦地ラジオ放送AFRS（Armed Forces Radio Service）とともに発足させたポピュラー音楽、クラシック音楽を中心とする空前のレコーディング・プロジェクトによって生まれた。

「空前の」というのは、アメリカのレコード業界のキーパーソンを務めていた軍部スタッフにより、音楽業界の全面的な協力のもとで実現したこのプロジェクトは、そうでなければ決して得られることのなかったきわめて豊富な音源を創り出し、世界各地の兵員に配給することになったからである。ディスクが送られた戦域は、米国内の基地のほか、アラスカ、アイスランド、英国、イタリア、シチリア、アフリカ、ペルシャ湾、インド、中国、ガダルカナルなど、文字通り全世界の基地や部隊に及んだ。[*12]

進軍ラッパを典型として、軍隊の士気を鼓舞するために古来からさまざまな音楽が使われてきた。米国海軍は一七九八年に、陸軍は一八六一年に軍楽隊を創設し、愛国心を高めるためもっぱらマーチング・バンドに行進曲を演奏させてきた。[*13] 第一次世界大戦では、銃後を守る国民は、戦地で戦う兵士たちにエールを送る大衆歌謡や戦時歌謡を口ずさみ、「Over There」（ヨーロッパでは）、「Keep the Home Fires Burning」（家の暖炉に火を絶やすな）といった大衆歌謡がアメリカ軍兵士と本土の民間人との間で共有された。[*14]

音楽が軍隊の士気を鼓舞することは明らかだった。しかし、第二次大戦のさまざまな戦地で奏され、歓迎される音楽はこれまでの戦争での音楽とはいくぶんようすを異にしていた。音楽出版社はもちろん、アメリカ国内でいくつもの愛国歌謡や戦争歌謡をリリースした。にもかかわらず、米軍慰問協会の責任者は大戦中、「これまでのところ、この戦争では、軍隊と国全体で流布する戦争歌謡はひとつも生みだされなかった」と述べた。戦地での演奏により部隊の士気を高めるため、一九三〇年代からアメリカや各国で人気を博していたスウィングのバンド・リーダーのひとりとして陸軍に入隊したグレン・ミラーは「いまの軍隊は、ひとつの集合体として歌うことはしていない。軍隊に入ってみたら、誰も歌っていなかった」と驚いている。[*15]

米本土におけるラジオやレコードの普及、そしてスウィングで踊るダンスホールの大流行などにより、第二次大戦に従軍する兵士たちが戦地の音楽に求めるものは、勇ましいマーチや愛国歌謡で国を守る心や敵に立ち向かう士気を鼓舞し、軍隊の一体感を高めることより、個々の好みに合った楽曲を通じて過酷な戦闘からの気分転換をはかったり、故国とのつながりの感覚をもてること、すなわち癒やしや慰め、音楽自体への乗り（グルーヴ）を与えてくれるものへと変わりつつあった。スウィングの研究家でもある歴史学者デーヴィッド・W・ストウのいうとおり、「この戦争では、士気というものは、愛国歌謡の歌唱で国民としての自負心を作りだすのではなく、もっぱら個人の美的体験に訴えることによって、最もよい状態で維持された」のである。[*16]

兵員による集団での歌唱の衰退を憂慮した軍は、ハーモニカ、ウクレレ、フルート、オカリナなどの楽器を兵士たちが自ら演奏することを推奨するさまざまなプログラムを用意した。[*17] そして、兵員の士気の維持に根底からかかわるこの変化に対応するため、軍はこの音楽的嗜好の変化の一端をもたらしたメディア・テクノロジーを大々的に活用する方策を打ち出していく。

一九四〇年、軍は士気高揚部門（Morale Branch）にラジオ・セクションと音楽セクションをおき、ふたつのセクションはAFRSを通じた放送とVディスク制作の専任部署としてそれぞれ活動を開始する。ラジオ・セクションの中心人物だったゴードン・ヒッテンマーク大尉は「Bキット」と呼ばれる海外駐留部隊用のラジオとレコード・プレーヤー・システムのセットを開発した。「Bキット」はラジオ、スプリング駆動もしくは電気フォノグラフ（レコード・プレイヤー）、七八回転の一〇インチ・フォノグラフ・レコード、WBS（World Broadcasting System）から録音されたポピュラーなラジオ番組が収録された三三回転のレコードの四つからなっていた。[*18]

一九四二年、ラジオ・セクションの事務所がニューヨークとロス・アンジェルスに開設され、番組制作の司令部はロス・アンジェルスに置かれたが、番組はニューヨークでもまかなわれた。広告代理店ヤング・アンド・ルビカム副社長だったトーマス・H・A・ルイス少佐がヒッテンマークを引き継ぎ、ラジオ・セクションの長となった。ニューヨーク事務所には技術将校としてジョージ・ロバート・ヴィンセント中尉が着任した。ヴィンセント中尉はトーマス・エディソン研究所で長年録音と音声の研究に携わり、のちにニューヨークのラジオ・シティにおかれた商業録音の実験設備でたくさんのラジオ番組を開発した人物である。[*19]

軍はこの大戦で、第一次大戦期には商業化されていなかったラジオを、国内の基地や戦地での士気高揚と宣伝に活用し始めていた。一九四三年半ばまで、ラジオ・セクションは、短波ラジオ放送とBキット、国内の基地や海外戦線の拠点での中波ラジオ放送の開局をすすめ、ラジオの再放送と基地内の放送システムで使用する番組を三三回転の一六インチ・レコードに録音し、海外に船舶輸送していた。そして四三年秋、米軍ラジオ放送AFRS（Armed Forces Radio Service）がラジオ・セクションに開設された。[*20]

こうして基地や戦地でのラジオ放送が本格化するなかで、放送に使用できる音源であるフォノグラフ・レコードは不足し、ラジオ部門には、海外の戦地からラジオ放送向けのパッケージされた音楽を供給してほしいとの要請が次々に寄せられるようになった。[*21]

折しもアメリカの音楽業界では、レコードの使用をめぐって音楽家とレコード業界が対立し、本土では新しいレコードの生産が事実上困難となっていた。放送局などの事業者は、著作権料を支払わずに商業用レコードをラジオ放送やジュークボックスに使用し、アーティスト側はこれにロイヤルティの支払いを求めていた。しかし、レコード会社側がこれを拒否したため、ジェームズ・C・ペトリロ会長率いるアメリカ音楽家連盟（AFM）は一九四二年七月、「レコーディング禁止措置」に踏み切った。加盟するアーティストに一切の商業レコードの録音への参加を禁じたのである。コロムビアとRCAヴィクターなど大手レコード会社がロイヤルティの支払いを承諾し、この「禁止令」が解除されるのは一九四四年一一月のことである。[*22]

加えて、レコードの原料となるシェラックは軍が必要とする重要な物資であり、市中のレコードは回収され、溶かされて軍事利用されていた。第二次大戦下の米本土ではレコードの音源が圧倒的に不足する事態が訪れていたのである。[*23]

兵員の士気高揚に本土で人気のある音楽が不可欠と考えられ、市中に商業レコードが払底している以上、軍は独自にその音源を作り出すしかない。基地や戦線に送る音楽を調達するのは本来、ラジオ・セクションではなく、音楽セクションの任務だった。しかし、一九四三年七月、国防総省と直々に掛け合い、このような軍独自のレコーディング・プロジェクトに使える百万ドルに及ぶ予算を引き当てたのは、番組音源の不足を痛切に感じていたラジオ・セクションのヴィンセント中尉であった。

こうして陸軍は一九四三年、ＡＦＭ、音楽出版社保護連盟（ＭＰＰＡ）、全米ラジオ音楽家連盟（ＡＦＲＡ）の四つの業界団体と協定を結び、軍によるオリジナル録音音源はあくまで軍内での利用に限り、営利的使用を禁ずるという条件のもとで、Ｖディスク・プロジェクトが発足することになった。翌四四年、海軍が遅れてこれに参加した。

潤沢な音源が各地に生んだアメリカ・ポピュラー音楽との遭遇

ヴィンセント中尉は音楽セクションに移り、ＲＣＡヴィクター、コロムビア・レコード、コロムビア傘下のデッカ・レコードなどからスタッフを呼んでＶディスク・チームを結成した。ＲＣＡヴィクターからはアーティスト・アンド・レパートリー（Ａ＆Ｒ）担当だったスティーヴ・ショールズが、コロムビアからはレコーディング・エンジニアだったトニー・ジャナック、デッカからは「パーフェクト・ピッチ・パリッツ」の異名をとった作曲家、ミュージシャンであり、Ａ＆Ｒ担当のモーティ・パリッツが参加し、あまたのＶディスクのレコーディング・セッションが手がけられることになった。[*24]

ショールズによれば、「Ｖディスク」という名称は軍によるこのレコーディング・プロジェクトの実施が決定された四三年のある日、ひとりの秘書が発案したものだという。ＶはVictory、そしてＶメールという戦時中本土から戦地兵員に送られる軍の私信配信システムの名から取られた。ヴィンセント中尉はのちに、それはヴィンセントのＶでもあったとほのめかしている。[*25]

Ｖディスク・プロジェクトではじつに多様な音源からレコードが作られ、まったく独自のオリジナル・レコーディングも数多く行われた。同じ盤でも陸軍と海軍とでそれぞれ異なるシリアル・ナンバーが付され、戦地や基地に送られた。
Vディスクは、八種類の音源を基本としている。Vディスクのオリジナル・レコーディング・セッション、コンサート、リサイタル（独唱会・独奏会）、ラジオ放送の番組（本番）、ラジオ放送の放送本稽古（ドレス・リハーサル）、民間のラジオ局およびAFRSの放送のために録音されたもの、あるいは局で放送済みの番組を録音したもの（ニューヨークのラングワースのような、ラジオ・ショーなど局向けの音源制作を行うレコード・レーベルのライブラリーから選ばれた）、映画のサウンドトラック、そして未発表盤を含む商業レコード、この八つである。結果として、Vディスク・チームには、オリジナル・セッションの立案はもちろん、膨大な音源からどの曲を選んでディスクを制作するかという大きなタスクが常に課されることになった。[*26]
オリジナル・レコーディングに招かれたミュージシャンは通常では困難とされるレコード会社の契約の壁を越えた非公式のセッションに集まり、商業的なレコーディングにつきもののスタジオの緊張感も少なく、録音はアーティストの参加しやすい深夜などにリラックスした雰囲気で行われた。収録はニューヨークが大半で、コロムビア・レコードとRCAヴィクターのスタジオ、NBCとWBSのラジオ・スタジオ、CBS劇場（第二、第三、第四）、リーデルクランツ・ホール、ヴァンダービルト劇場といったコンサート会場で行われた。ハリウッドのNBCスタジオなど西海岸の施設も使われた。
当時、七八回転の一〇インチ盤が最長三分二五秒だったのに対し、Vディスクでは六分三〇秒まで録音が可能で、ミュージシャンはこれまでにない長さのレコーディングができるようになった。海外戦地の兵員との間に親密なつながりが保てるよう、ディスクの冒頭にはしばしばアーティストやパーソナリティによるトークや、曲やバンドの紹介が収録された。[*27]

残されたあるレコーディング・シートをみると、たとえばRCAヴィクター・スタジオでは、一九四四年五月二三日午後一時から、ジャナックとショールズの立ち合いのもと八枚のVディスクがレコーディングされている。

このレコーディングでは、ビング・クロスビーの「アモール」、「イット・クッド・ハプン・トゥ・ユー」の二曲が、五月一八日にハリウッドのNBCスタジオで放送されたラジオ番組「クラフト・ミュージック・ホール」から録られ、RCAヴィクター・スタジオで一枚のVディスクになった。フランク・シナトラの「サム・アザー・タイム」、「カム・アウト・ホエアエヴァー・ユー・アー」の二曲はニューヨークのCBS第三劇場における同局のラジオ番組「ヴィムズ・ヴィタミンズ・ショー」の放送本稽古(リハーサル)から録られ、一枚のVディスクに収められた。

ミルドレッド・ベイリーは同年五月一七日にRCAヴィクター・スタジオでレッド・ノーヴォのクインテットとのVディスク・オリジナル・レコーディング・セッションで「サムデイ・スウィートハート」、「レッド・ダスト」の二曲をレコーディングし、二三日にジャナックらのマスタリング作業が行われたが、残念なことにこのディスクは未発表に終わった。

グレン・ミラーは同年五月一三日、二〇日の両日、ニューヨークのヴァンダービルト劇場で、ホストと指揮を務めるNBCのラジオ・ショー番組「アイ・サステイン・ザ・ウィングス」を収録したが、ジャナックらはそこから「アイヴ・ガット・ア・ハート・フィルド・ウィズ・ラヴ」、「エヴリバディ・ラヴズ・マイ・ベイビー」、「サヴォイでストンプ」、「ポインシアーナ」の五曲を三枚のVディスクとしてマスタリングした。*28

べつのシートによれば、一九四四年一二月六日から七日の朝にかけて、ルイ・アームストロングとジャック・ティーガーデン率いる七管一一人編成の「Vディスク・オールスターズ」が、ジャナックらのプロデュースによりニューヨークのラジオ・シティにあるNBCスタジオでオリジナル・レコーディングを行っている。このセッションからは翌一二月八日、RCAヴィクター・スタジオで「ジャック＝アームストロング・ブルーズ」、「ロゼッタ」、「ミス・マーティンゲール」の三曲が三枚のVディスクとしてマスタリングされた。

「ミス・マーティンゲール」では、ホット・リップス・ペイジがヴォーカルとトランペットのソロをとっている。「ジャック＝アームストロング・ブルーズ」は「プレイ・ミー・ザ・ブルーズ」として知られる曲だが、このセッション独自のタイトルとしてそれが付された。ジャナックとともにこのオールスター・セッションをプロデュースしたVディスク・チームのジョージ・サイモンは、この曲が「おそらくあらゆるVディスクのなかで最もスリリングである」と記している。[*29]

本土からはるか遠く離れた戦地や進駐地で、戦闘に疲弊し、故国を思う兵員らがそんな夢のような音源やセッションを耳にすることを可能にしたVディスクとは、兵卒の心理的マネジメントに総力をあげて取り組んだ米軍が果たすことになった、音楽関係者からすれば奇跡とさえいえるプロジェクトであった。

＊

一九四六年、小田原にある父のホテルで進駐軍兵が蓄音機から流し、これを聴いて松岡直也がピアノをマスターしたというVディスクの「トミー・ドーシーズ・ブギ」(「ブギウギ」)は、「V-Disc18-B」、「Navy V-Disc 144-A」という二種類の異なったシリアル・ナンバーをもつ盤が出されている。前者は陸軍、後者は海軍のものである。太平洋を渡って小田原の十和ホテルに持ち込まれたのがどちらなのかはわからない。

トミー・ドーシーの「ブギウギ」は、RCAヴィクターからリリースされていたレコードをVディスク・チームが複製したものである。オリジナル盤は一九三八年九月一六日、同社のニューヨークのスタジオで録音された。もともとブギウギ・ピアニストであったパイントップ・クラレンス・スミスが一九二八年に出した「パイントップス・ブギウギ」を、トミー・ドーシーとテナー・サックスのディーン・キンケイドがドーシーのバンド向けにアレンジして吹き込んだ。トミー・ドーシーと、バンドの精鋭ピアニスト、ハワード・スミスがソロをとっている。*30 松岡は、ドーシーのVディスクを通じてブギウギ・ピアノをこの国に根づかせたひとりとなった。

一九四九年、松岡の父は経営不振のため十和ホテルを売却し、一家は横浜に戻った。

市内の多くの土地を接収されたこの大きな港湾都市は、苦難の復興の途についていた。松岡の生家のホテルがあった本牧には、進駐軍の大規模な家族用住宅「ディペンデント・ハウス」が建設されていた。そして、横浜の都心やディペンデント・ハウスの進駐軍クラブでは、仕事を求める日本人ミュージシャンらが全国各地の進駐軍クラブの巡回の一環としてあまたのステージをこなしていた。

中学二年の終わりを迎えたばかりの松岡直也は、ショーバンド「猪狩パンとマーキス・トリオ」のピアニストとして、その一員に加わった。六〇年以上に及ぶプロ・ミュージシャンとしての松岡の長いキャリアが、そこから始まった。

＊1　フェルナン・ブローデル（村上光彦訳）『物質文明・経済・資本主義　一五－一八世紀Ⅰ－1　日常性の構造1』みすず書房、三八七－三八八頁、一九八五年
＊2　ピーター・バーク（長谷川貴彦訳）『文化史とは何か』（増補改訂版）、法政大学出版局、一七二－一七四頁、二〇一〇年
＊3　「PROFILE」「BIOGRAPHY」『松岡直也オフィシャル・サイト』http://www.ant-inc.com
＊4　「PROFILE」「BIOGRAPHY」『松岡直也オフィシャル・サイト』http://www.ant-inc.com。横浜の「チャブ屋」については本書第3章を参照。
＊5　「松岡直也さんを偲ぶ」「佐藤由美のGO！アデントロ」二〇一四年五月二〇日『eLPop』http://elpop.jp 二〇一五年二月閲覧。現在は削除。
＊6　箱根温泉旅館協同組合編『箱根温泉史―七湯から十九湯へ』ぎょうせい、二三六－二三七頁、一九八六年における山口悦男の回想より
＊7　前掲「松岡直也さんを偲ぶ」
＊8　前掲「松岡直也さんを偲ぶ」
＊9　マイク・モラスキー「『プチ本物主義』のすすめ―米国内のジャズ史における『地域性の介在』と日本のジャズ受容について」『日本文化に何をみる？―ポピュラーカルチャーとの対話』共和国、六〇－六一頁、二〇一六年
＊10　前掲「松岡直也さんを偲ぶ」
＊11　Richard S. Sears, V-Discs: A History and Discography. Greenwood Press, xxiii, 1980.
＊12　前掲 Sears, V-Discs: A History and Discography. lxxxvi.
＊13　前掲 Sears, V-Discs: A History and Discography. xxv.

＊14　デーヴィッド・W・ストウ（湯川新訳）『スウィング―ビッグバンドのジャズとアメリカの文化』法政大学出版局、二一四頁、一九九九年

＊15　前掲ストウ『スウィング』二一五-二一六頁

＊16　前掲ストウ『スウィング』二一三頁

＊17　前掲ストウ『スウィング』二一七頁

＊18　前掲 Sears, V-Discs: A History and Discography. xxvi.

＊19　前掲 Sears, V-Discs: A History and Discography. xxviii.

＊22　前掲 Sears, V-Discs: A History and Discography. xxxiii.

＊21　前掲 Sears, V-Discs: A History and Discography. xxviii.

＊22　前掲 Sears, V-Discs: A History and Discography. xxxvii.

＊23　前掲 Sears, V-Discs: A History and Discography. xxviii-xxix.

＊24　前掲 Sears, V-Discs: A History and Discography. xxxii.

＊25　前掲 Sears, V-Discs: A History and Discography. xxxii.

＊26　前掲 Sears, V-Discs: A History and Discography. xliv.

＊27　前掲 Sears, V-Discs: A History and Discography. li.

＊28　前掲 Sears, V-Discs: A History and Discography. lxiii.

＊29　前掲 Sears, V-Discs: A History and Discography. lxvi, 903-905.

＊30　前掲 Sears, V-Discs: A History and Discography, 211。ただし、同書二三八頁にはシリアル・ナンバー「V-Disc 877-A」を付された「（ドーシーズ・）ブギウギ」のべつのディスクも記載されており、こちらはＲＣＡヴィクターのオリジナル盤とは異なり、ラジオ局向けに音楽やショー番組を録音して提供していたニューヨークの制作会社ラングワースの手になる盤を音源とするものではないかと記されている。ＲＣＡヴィクターとラングワースの二つの異なる音源の都合三つの盤のうち、松岡が小田原で耳にしたのがいずれだったかは判別しがたい。

第7章 ゴールデン・カップス

——米軍慰安政策の空隙に咲いたアジアのR&Bムーヴメント

R&Bのローカル・ナンバーワン・バンド

ある地に織りなされる「コンタクト・ゾーン」、そこで異《い》なる人が持ち込む何かに直接触れてのめり込み、それを自分たちの血肉としていくのは、進駐軍の大駐屯地であった横浜・本牧のハウス・バンドから出発したゴールデン・カップスの場合も同じだった。ジャンルこそ違え、自分たちを呑み込んだ同時代の洋楽と、兵員向けライヴで演奏する楽曲の受けのよさがバンドのレパートリーを確立していくのも、松岡直也の場合とほとんど変わらなかった。

ただ、ゴールデン・カップスが活動を始めた一九六〇年代半ばには、日本を占領していた進駐軍はヴェトナム派兵の恰好の兵站基地に降り立つ極東の在日米軍に姿を変え、やってくる兵員たちに受ける音楽も大きく様変わりを見せていた。

世界を瞠目させたアメリカの音楽は、ビッグバンド・ジャズからビバップに移行し、またゴスペル、ブルーズ、ジャズが出合い、相互に交流して生まれたR&Bと、それが孵化させたロックへと大きく変転をとげつつあった。そして、一九四〇年代に生まれたR&Bの影響を自分たちなりに昇華させ、アメリカを含む世界へと投げ返した六〇年代のあの「ブリティッシュ・インヴェージョン」が洋楽界を席巻していた。

リヴァプール発「マージー・ビート」最大の革命的グループ、ビートルズはもちろん、ローリング・ストーンズ、アニマルズ、キンクス、ジョン・メイオール&ブルーズ・ブレイカーズ、ヤードバーズ、ゼム、クリーム、ザ・フー、スペンサー・デイヴィス・グループといった数々の英国のバンドが、アメリカのヒットチャートに軒並みランクインを果たし、「インヴェージョン（侵攻）」と呼ばれた。彼らの多くが生まれ出た英国のインディーズ・シーンでは、ビート感をより強調してブルーズやロックンロールを演奏することが「ヒップ」だとされていたのである。[*1]

本牧のライヴハウス「ゴールデン・カップ」のハウス・バンド、ゴールデン・カップスの前身「平尾時宗とグループ・アイ」のオリジナル・メンバーであったエディ藩（藩広源）は台湾国籍の華僑である。横浜の中華街大通りにある彼の生家は、広東省出身の父・藩昌盛が姉とともに開いた中華料理店「鴻昌」であった。その隣地には、現在は中華料理店となっている「同發」があったが、当時この店は進駐軍相手のクラブであった。一九四七年生まれの藩は鴻昌の二階に住み、隣の同發から窓越しに鳴り響くビッグバンド・ジャズを聴いて育った。「毎晩、グレン・ミラーとか、物心ついた七、八歳くらいから耳慣れて。自然にそういうリズムを身に着けちゃう」と藩は語る。[*2]

当初通っていたインターナショナル・スクールで、藩は邦盤の出ていない洋楽レコードにふれ、その影響を受けたという。高校生となった藩は、ダンス・パーティーで中華学校の先輩が率いるバンドのエレクトリック・ギターの響きに取り憑かれ、当時まだ高価だったこの楽器を手にする。そして、のちに同じ中華街で聘珍樓社長となる林康弘らとアマチュア・バンド「ファナティクス」を結成した。

ギタリストとして腕を上げた藩は、一六歳にして毎週のように米軍キャンプのクラブに出演するようになる。一九六三年のことである。米軍キャンプの仕事は実入りがよく、一ドル＝三六〇円の時代に一回の出演料が五〇－一〇〇ドルにもなった。藩はその金を手に、本牧のイタリアン・ガーデンや伊勢佐木町のバーに出入りするませた高校生だった。*3

六六年夏、本場のR&Bを聴くために、藩はアメリカを訪れた。彼が目のあたりにしたのは、ヴァン・モリソン&ゼム、ヤードバーズなど、黒人音楽の影響を強く受けたホワイト・ブルーズ、ブルーズ・ロックのアーティストたちのステージだった。

フラワー・ムーヴメントの盛り上がるサンフランシスコで、藩は同じくR&Bを聴くためにアメリカを放浪していた平尾時宗に出会う。外国船専門のクリーニング店の八男として横浜に生まれた平尾は地元の人気バンド「スフィンクス」を率い、この訪米では藩の好みと同じような音楽的志向をもつバンドのライヴを回っていた。帰国後、平尾はヴェトナム従軍兵で賑わい始めた本牧のゴールデン・カップから専属バンドの話を受け、地元の複数のバンドから名うてのアマチュア・ミュージシャンを集めて「平尾時宗とグループ&アイ」を結成した。アメリカ放浪の縁で、そのリード・ギターに抜擢されたのがエディ藩であった。*4

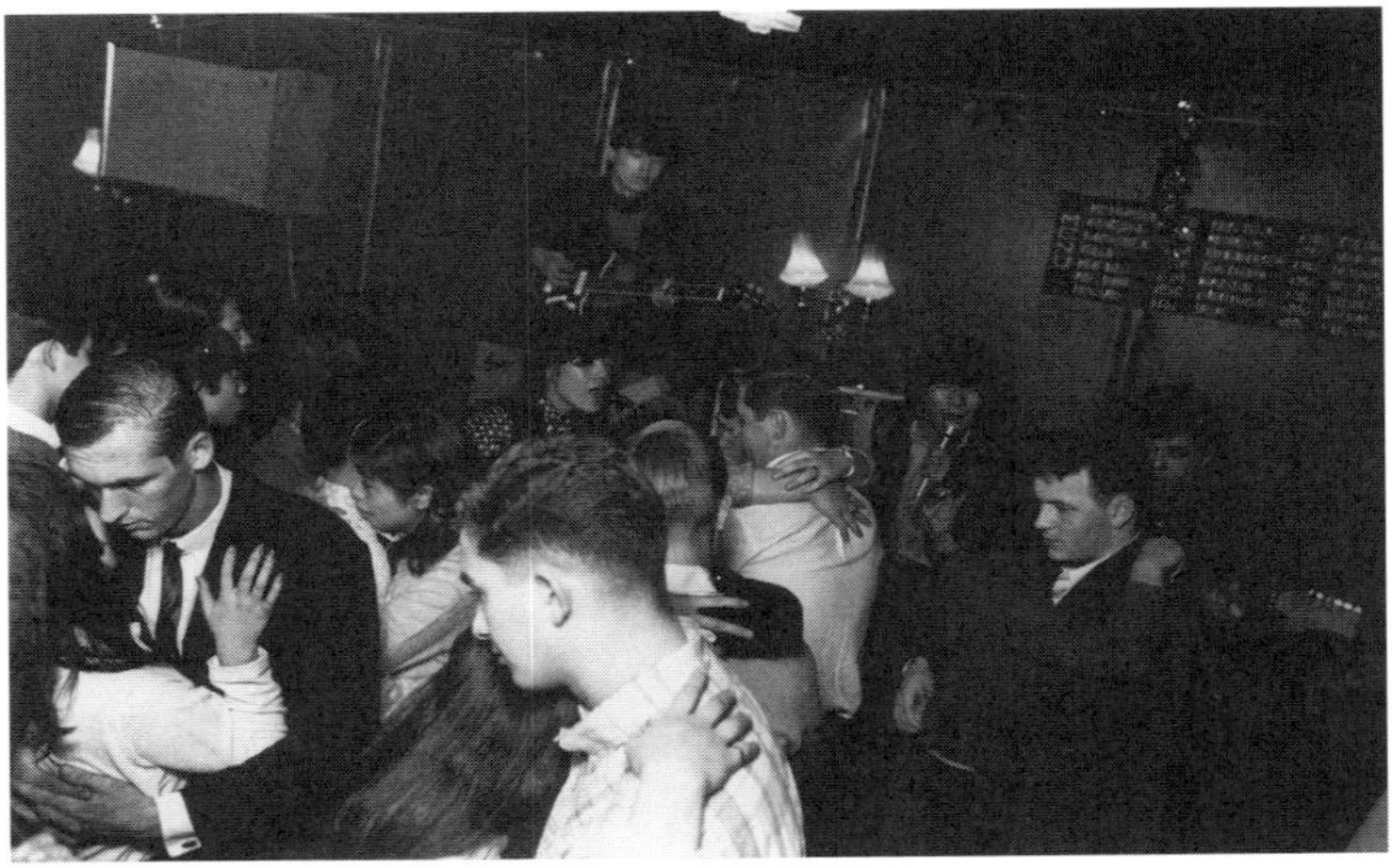

上｜米軍将兵と踊る日本人女性も多かったゴールデン・カップで演奏するゴールデン・カップス。アンプに座ってベース・ギターを弾くルイズルイス加部の手前がエディ藩（倉持承功撮影、アルタミラピクチャーズ提供）
下｜客とうちとけるデイヴ平尾らメンバー（倉持承功撮影、アルタミラピクチャーズ提供）

平尾時宗とグループ&アイはR&Bやブルーズ・ロックの本流を受け継ぐレパートリーと卓越した技量で、在日米兵や従軍兵、そして夜の本牧の危険な盛り上がりのなか「命がけで遊ぶ」地元のナイト・ピープルの話題をさらった。当時この国ではまだ、米英のR&Bを高度なテクニックで弾きこなせるヴォーカル・アンド・インストゥルメンタル・グループはそれほど多くなかった。

グループ&アイは米軍キャンプでも引っ張りだことなり、メンバーは楽器のうまい在日米兵から演奏テクニックの伝授も受け、東京のプロ・アーティストさえ振り向かせる横浜発のブルーズ・ロック・バンドとなる。そして、地元の取材に来たテレビ局の目にとまったことをきっかけに彼らはメジャー・デビューを果たし、店の名をグループ名に冠したあのゴールデン・カップスが誕生するのである。[*5]

ブルーズ・ロック、ガレージ・パンクから南部のソウル・ミュージックまで

デビュー・シングル「いとしのジザベル」、そして二枚目のシングル「長い髪の少女」。折しものブームのなか、横浜発のグループ・サウンズとしてリリースし二〇-三〇万枚を売ったそんな「売れ線」のシングル・ヒットを、ゴールデン・カップスがライヴで演奏しなかったことはよく知られている。彼らは「歌謡曲みたいな歌なんか唄いたくない、俺達はあくまでブルース・ロックをやりたいんだ」と公言し、デイヴ平尾も「日本語で唄うなんて、そんなダサいことできないって、あの頃は思ってたね」と語っている。[*6]

彼らが横浜の米軍キャンプやゴールデン・カップスで在日米兵やヴェトナム従軍兵を相手に演奏していた英米のR&Bやブルーズ・ロックのカヴァー曲は、六六年から七二年(実質七一年末)の活動期間に一五〇

曲以上に及んだ。[*7]

六八年からグループに参加した天才的キーボーディスト、ミッキー吉野によれば、ゴールデン・カップスの演奏面における基本ラインとなったのは、ジミ・ヘンドリックスのカヴァーで知られる「ヘイ・ジョー」や、ヴァン・モリソン率いるアイルランドのブルーズ・ロック・バンド、ゼムの「グロリア」に代表されるガレージ・パンク的サウンドであった。

また、ヴォーカル面における基本ラインは、アメリカ南部のソウル・グループ、ボビー・ムーア&ザ・リズム・エースの「サーチン・フォー・マイ・ラヴ」や、同じく南部のR&Bやソウルのヴォーカル・デュオ、ジェイムズ・アンド・ボビー・ピュリファイの「アイム・ユア・パペット」といったポップでソウルフルなブラック・ミュージックだという。[*8]

ジミ・ヘンドリックスは、ブルーズ・ロックのスタンダードとなった「ヘイ・ジョー」をスロー・テンポで弾いているが、ゴールデン・カップスはアップ・テンポで演奏し、エディ藩の深いエコーのかかったディストーション・ギターを強く打ち出して、彼らの持ち味のひとつであるサイケデリックでガレージ・パンク的なブリティッシュ・ブルーズ・ロックを聴かせている。

同じようにアップ・テンポで、ギター・リフが加速度的にリズムを走らせるゼムの「グロリア」は、当時米軍キャンプで最も受けのよい曲であった。ミッキー吉野によれば、この曲は「米軍基地内のクラブやダンス・パーティーで人気のあった六〇年代の定番。当時は、『グロリア』のイントロが流れ始めると、みんな興奮して踊り叫び狂」ったという。[*9]

シカゴでブルーズ・マン、マディ・ウォーターズらの薫陶を受け、サザン・ロックの源流をつくったといわれる白人ブルーズ・シンガー、ポール・バターフィールドが取り上げた曲も彼らの重要なレパートリーである。古典的ブルーズ・マン、ロバート・ジョンソンの「ウォーキン・ブルーズ」、ニュー・オーリンズのアラン・トゥーサンの手になる「ゲット・アウト・オブ・マイ・ライフ・ウーマン」といった曲である。音楽評論家の水上はるこは、ゴールデン・カップスの演奏で知ったポール・バターフィールド・ブルーズ・バンドのアルバム『イースト・ウェスト』(一九六六年)の日本盤のリリースをレコード会社に働きかけたという。*10

ライヴ・バンドとしてのゴールデン・カップスは、いくつかのオリジナル曲を除けば、受けのよいR&Bやブルーズ・ロックのヒット曲のカヴァーをほぼリアルタイムでこなす「コピー・バンド」であった。

彼らは英国発のブルーズ・ロックや、ジェームズ・ブラウン、オーディス・レディングをはじめ、ファンクや濃厚なブラック・ミュージックを得意とする一方、テンプテーションズ「マイ・ガール」、ピーター・ポール・アンド・マリー「五〇〇マイルズ」、ドリフターズ「アンダー・ザ・ボードウォーク」、ジーン・ヴィンセント「ビー・バップ・ア・ルーラ」、ベン・E・キング「スタンド・バイ・ミー」、レイ・チャールズ「ジョージア・オン・マイ・マインド」、プロコルハルム「青い影」、クリアデンス・クリア・ウォーター・リヴァイヴァル「コットン・フィールド」など、よりポピュラーでスタンダードなレパートリーも数多く演奏した。

しかし、高度な演奏力に裏打ちされたこのグループの高い解釈・消化能力とその編曲センスには群を抜くものがあり、アメリカのオーディエンスが大半を占めるフロアの気分を読み取った独自のパフォーマンスで、英米のルーツ・ミュージックの進化形を換骨奪胎するレヴェルに達していた。

ミッキー吉野は「グロリア」を彼らのレパートリーのなかで「究極の即興演奏曲」だと語っている。いつも同じなのは「最初のギター・リフと歌のパートだけ」で、演奏のたびに曲構成が変わった。例えば、エディ藩が「ギター・ソロを取っていく中でスケール音（音階）を、変化させてムードをセット」すると、メンバーの誰かが飽きるまでそれが続き、ムードに飽きたメンバーが「次のムードのセット・アッパーになって…」と延々演奏が続いて一〇分、二〇分が簡単にすぎてしまうという。[*11]

また、エリック・クラプトン、ジャック・ブルース、ジンジャー・ベイカーが結成したブルーズ・ロックのスーパー・トリオ、クリームの看板曲「アイム・ソー・グラッド」は、エディ潘が「ジャズ喫茶やTVのリハーサルなんかで弾き出すと他のメンバーもなんとなく曲は知っているからギターのリフに合わせてキッチリしたコピーじゃないけど適当に付いていく……。そのうちに演奏が出来上がってしまう。こんな感じでレパートリーに入った」曲だという。[*12]

兵員の不評を買う米軍放送とPXのレコード

一九六〇年代後半には、大なり小なりこのようなことが、横浜だけでなく、横須賀でも三沢でも岩国でも佐世保でも、米軍が作った沖縄の街コザでも起きていた。朝鮮戦争以降、米第八軍が韓国全土におく基地内外に設けられた二六四箇所に及ぶいわゆる「八軍ショー」のステージでも起きていた。[*13] フィリピンのルソン島、そして戦火のただなかにあった南ヴェトナムでも同じように起きていた。

アジアや太平洋の米軍基地の街やサイゴンなどヴェトナムの都市部では、ゴールデン・カップスのようなR&Bやブルーズ・ロックを得意とする現地のバンドが無数に結成されていた。そのようなバンドは、米兵や現地のオーディエンスをこの上なく惹きつけたが、それは当時の若年世代がR&Bやブリティッシュ・インヴェージョンが世界中にもたらした巨大なうねりにあまりにも激しく晒されていたからだった。

しかし、日本や韓国、ヴェトナムなどアジアの洋楽ファンが首っ引きでダイヤルを合わせ、コネクションを使って何とかレコードを入手しようとしていた米軍ラジオ放送の選曲や駐屯地のPXの品揃えは、われわれ「現地の」人間の大きな羨望と満足をよそに、実のところ、各地に配属された米兵らのそのような嗜好を十分にとらえていたとは到底言えるものではなかった。

『ローリング・ストーン』誌は一九六八年、米本土の基地、空軍基地、艦船、太平洋の諸島、サイゴン、そしてヴェトナムの膨大な軍事拠点、ジャングル・パトロール隊、海兵隊やグリーン・ベレーなど五〇近くの基地・部隊で軍務に就くさまざまな兵員を回答者として、軍における音楽聴取やドラッグ使用の実態について調査を行っている。[*14]

たとえば、当時横須賀に配属されたある三等下士官は言う。「米軍ラジオ放送は、おしなべてくだらないね。その『ロック・ショー』とやらで流される曲ときたら、本土で聴くクリスマスのチャート番組みたいだよ。どうしてそんなにひどくて外してるのかわからないけど、はじめてそいつを聴いてあまりにがっかりしたんで、テープ・レコーダーを手に入れた今じゃ、まるで耳にしていないよ。ここに配属されて最初の二ヶ月というもの、オレは毎日ラジオを聴いていたけど、聴く価値のあるものなんて、キャンド・ヒートの『ブギー』とクリームの『サンシャイン・オヴ・ユア・ラヴ』だけだったね」。[*15]

アラスカ配属のある兵士は言う。「AFRN(American Forces Radio Network)はまったくひどいよ。みんなが聴く時間帯は、『ハワイ・コールズ』(当時、ハワイで放送されていたハワイアン音楽を中心とした名番組)とかポルカのパーティの手拍子みたいなやつを流してる。唯一いい音楽をかけるのは真夜中から三時の間で、夜番のときに聴いてるよ。その時間はたいていトップ40的なものを流してて、サイケデリックな曲やプロテスト・ソングはかかってもごくわずかだけどね」[*16]。

また、フィリピンはルソン島に配属されたある兵卒は語る。「AFRTS(American Forces Radio and Television Service)はこの世で最悪のクソみたいな局だぜ。中西部の田舎町の婆さんみたいに右翼っぽい見かけ倒しの役に立たんことをプロパガンダするロクでもないヤツで、誰もスイッチを入れやしないし、低音質に制御されて、ステレオ放送でもないような——要するに、あんたもお見通しのとおりさ。

沖縄のアメリカ海兵隊、ヴェトナムへの途上、1969年
©Hiroji Kubota/Magnum Photos

じっさい、信じられないくらいひどいんだ。あんたはそいつをヤバイ(camp)って思うだろうけど、でも『ドン・マクニールの朝食クラブ』(一九三三―一九六八年までNBCとABCラジオで続いた朝のバラエティ・ショー)はそうじゃないだろ[*17]」。

AFRTSのラジオは一〇分から五五分までさまざまな長さの番組があるが、いずれもロス・アンジェルスであらかじめ録音され、クリス・ノエル、アイラ・クック、ジョン・ドレマス、ジョニー・グラントといった「一流の」パーソナリティが担当する。局は宗教音楽から「トップ・ポップ」までいくつかのジャンルの最新リリースの曲をアルバムに収め、LPレコードとしてプレスし、世界各地のAFRTSに発送する。番組や選局はかぎりなく「ミドル・オブ・ザ・ロード」向けとなる。

AFRTSのあるDJによれば、「われわれはプロテスト・ソングは一切かけないし、サイケデリック・ミュージックもごくわずかだ。ビートルズの『レディ・マドンナ』だって『赤ん坊があなたのお乳を飲んでいる』という歌詞のせいでまったくかけなかった。トップ20に入った曲だってどういうわけかからないのもあるし、『サージェント・ペパーズ』から何かがかかったのは発売から一年くらいあとになってからだ。今じゃ、カントリー・ジョー、クリーム、モビー・グレイプ、ジミ・ヘンドリックスなんかは少しかけるけどね[*18]」。

つまるところ、米本土や海外の米軍放送は将校以上の中年の「職業軍人」向けに編成されたものであり、二三歳以下が大半を占めたという下士官より下の若い徴募兵らにとって、AFRNやAFRTSは間違ってもアップトゥデートで「イケてる」選曲を流してくれる局ではなかった。それどころか、サイゴンのある米兵が語っているように、「米軍ヴェトナム放送(AFVN)を聴く者はごくわずかだった。軍の宣伝はとてもドライだったから、オレはそれを聴いて騒ぎを起こすどころじゃなかったよ。音楽が中断するたびに、アンクル・サムのビッグ・ブラザーが将校どものプロパガンダをあんたに語りかけてくるんだぜ」[*19]。

ある海軍兵はインタビューのなかで分析する。「平均的な海軍兵員は中西部の田舎町から軍にやってくるが、おおむね広い意味の中産階級の高卒や、大学に在学したことがある若者で、ちょっとした違反で地元の警察に捕まったことがあるような人たちだ。海軍兵員の一〇パーセントはあらゆる形のロックを知っていて、アーティストのマネジャーやバンド・メンバーの名前をぺらぺらしゃべることができる。約二〇パーセントはディープ・ロックと売れ線の音楽の双方に足を突っ込んでいる。三〇パーセントはR&Bの熱狂的愛好者である。一〇パーセントはカントリーを聴く。おそらく、五パーセントがクラシック・ファンで、一〇パーセントはフォークのファンである。残りは音楽に興味がない者たちだ[*20]」。

音楽の嗜好は、配属先ではなく、明らかに職業軍人を中心とした上級将校と下士官との間のはっきりとした分水嶺によって大きく分かたれていた。上級将校はおおむね好戦的で下士官とのつきあいを「許されておらず」、自由時間は上官用クラブで酒を飲んで過ごした。彼らはロックやR&Bを理解できず、「みんな同じように聞こえた」。基地や戦地の米軍ラジオ放送はそんな上官向けの番組や音楽を標準とし、下士官や兵員たちはラジオから流れてくる音楽を「バブルガム」（ローティーン向けの甘く耳あたりのよいポップス）と冷笑した[*21]。

軍における世代の断絶は徴兵で軍務に就いた若年兵の価値観やライフスタイルのさまざまな表出によって露呈し、軍のモラルはこれまでの戦争では考えられないほどゆゆしき事態に陥った。若年兵は世間知らずで、本国に帰還することで頭がいっぱいだった。彼らは髭やもみあげを伸ばし、ロックと反戦歌を聴き、ドラッグにふけって戦地での過酷な戦闘の現実をやりすごそうとした。知られているように、彼らは軍服にビーズやピース・サインのバッジをつけ、ブルーズ・ロックやサイケデリック・ロックとあわせ、ボブ・ディラン、ドアーズ、ピーター・ポール・アンド・マリー、クリアデンス・クリア・ウォーター・リヴァイヴァルらのプロテスト・ソングを聴いた。*22

若年兵は軍のラジオ放送に背を向け、音楽を聴くメディアはレコードやカセット・テープというパッケージ・ソフトが主流になった。レコードは基地や戦地の都市部のPXで手に入れることができたが、アジア・太平洋地域は、米本土にくらべPXの品揃えが貧弱で、戦闘地域である南ヴェトナム北部ではさすがの米軍もPXを持たなかった。

PXのレコードの品揃えの悪さは、本国や現地の兵士らが言葉を変えて非難するところである。米本土にある陸の孤島的な基地に配属されたある下士官は、その在庫は「カントリー&ウェスタンやトニー・ベネット、ボビー・ダーリンの類いのクズのようなレコードが基本だが、ときたまポール・バターフィールドとかローリング・ストーンズのようなものにありつける」と語っている。本土ですらそんな状態であり、海外や戦地においてはいうに及ばなかった。

ヴェトナムのある憲兵隊（MP）の伍長は言う。ヴェトナムの「PXのレコード・セレクションは貧弱だ。大半が前ロック時代の流行遅れの最低の代物だよ」。同じヴェトナムのある兵卒は言う。「PXはオレたちの店じゃないね。最新の香水やヘア・スプレー、一七種類ものヘア・カーラーがあるってのに、レコードの品揃えときたら、吐き気をもよおさせるぜ。ウェイン・ニュートン、クソったれのハーブ・アル

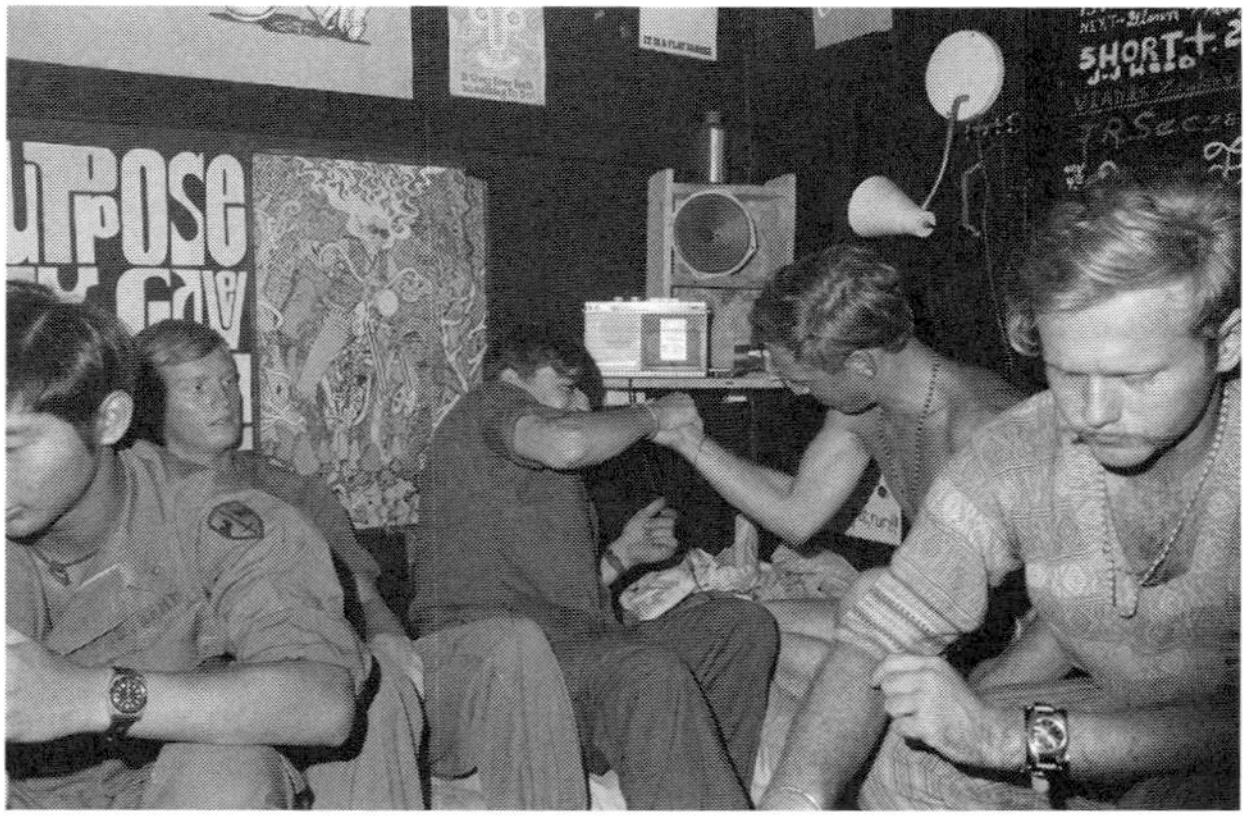

ヴェトナム南部コントゥム（Kontum）にあった最後の米軍基地内のナイト・クラブの米兵たち、1973年
©René Burri / Magnum Photos

パート、それに九九セント均一の傷ものレコードしかないんだから。たいていのヤツらはカセット・テープに行ってるから、レコードの品揃えは放ってあるし、時代遅れなんだね。オレの行ったPXの半分では、レコードさえおいてないし、あってもごくわずかで、一－二年遅れなんだ。大半のレコードは『レコード・クラブ』から送られてて、荷崩れしてた。カセット・テープはいいワインみたいにいい状態で届いたし、レコードよりちょっと安くて、出回ってる数もすごく多かったな」[*23]。

日本にやってくるこうした兵員を相手にしたゴールデン・カップの店主、上西四郎も当時、店に置いたジュークボックスに最新ヒット曲を入れるためには、至近距離にあった本牧エリア2のPXでは在庫が手薄で新譜も少ないため、アメリカ本国から定期的にレコードを直接買い付け、米軍兵らのリクエストに応えていたと述べている[*24]。

戦地でも持ち運びが容易なテープ・レコーダー

は、受信状態が安定せず選曲が不評のラジオや持ち運びしにくいレコード・プレーヤーに代わって、ヴェトナムにおける兵士らのステイタス・シンボルとなった。多くの兵士がテープ・レコーダーに移行すると、PXでもカセット・テープを扱うようになり、ヴェトナムでは本土の八ヶ月遅れで新譜が入手できた。サイゴンでは、AFRTSのラジオより、もっぱら売春宿のジュークボックスがもてはやされていたという。*25

戦地や基地では「全米奉仕機構（全米慰安機構）」（United Service Organizations/USO）と呼ばれる非営利団体が軍と連携し、民間の寄付と協力の下にさまざまなプログラムや物資の調達、ライヴ・エンタテインメントの提供を行っていた。ところがUSOが仕立てる慰安公演も若手兵員にはきわめて不評だった。ヴェトナム戦争では、レクリエーションのスペシャリストが兵士らのレジャー活動を指揮し、USOはプロの芸人やアーティストのツアーを組んで戦地や基地を巡業させた。保安上、商業的なショーを行うアーティストらが行けない戦地の周辺では、楽器演奏などの技能を持つ兵員を組織して軍のツアー・ショーを敢行した。*26 USOの通常の公演は、おおむね「ハリウッドはこうだった」風のショー、つまりコメディの演芸や女性シンガー、カントリー&ウェスタン、そして「ニュー・クリスティ・ミンストレルズのようだ」と形容されるさわやかな音楽といった演目が基本だった。*27

同時多発する戦地・帰休地のR&Bバンド

しかし、ヴェトナムの米軍のための公演はUSOがパッケージするツアーだけでなく、フィリピン人、韓国人、ヴェトナム人、日本人など数多くの東南アジア、東アジアの現地ロック・グループが英国や米国のヒット曲の「コピー（imitations）」を演奏し、公演ではしばしばミニスカートをはいたアジア人の「ゴーゴー・ガールズ」が踊りを披露した。*28

横浜で米軍基地専属バンド「ハイウェイ・メン」のメンバーを務め、二〇〇〇年代になってゴールデン・カップスの再結成にもかかわったギタリストでソングライターの中村裕介も語っている。ヴェトナム戦争末期の一九七〇年代初頭、ハイウェイ・メンに在籍していた彼は「いい仕事がある」と声をかけられ、「『どこの仕事？』って聞くとヴェトナムなんですよ。戦地に行ってひょっとしたら地雷に当たっちゃうかもしれないし、ベトコンの襲撃に遭うかもしれない。……実際に戦地に行ってきた先輩たちがまだいて、演奏していた場所のすぐ近くに砲弾が飛んできたなんて話を聞きましたね」。*29

当時のヴェトナムでは、もともとの宗主国フランスに加え、ヴェトナム戦争に派兵したアメリカ、オーストラリアなどがもたらした影響により、若年層に大きな文化革命が起こっていた。サイゴンでは、少女たちはくるぶしまでの長さのアオザイよりミニスカートを好み、若い男性や少年たちはレースの縁取りのついたハイ・カラーの伝統的な衣装ではなく、アーミー・グリーンの服やローライズのパンツに幅広のベルトをつけていたという。そして、サイゴンの米軍施設やクラブで演奏する日本人、フィリピン人、マレーシア人、ヴェトナム人のポピュラー・ミュージックのグループはひときわ奇抜なファッションに身を包んでいた。これらのグループは、「デュー・ドロップス」、「ブルー・スターズ」、「ザ・デュークス」といった英語のグループ名をつけ、基本的にはアメリカのヒット曲、たとえば現地で流行っていた「サイモン・セズ」のようなコマーシャルな曲やソウル・ミュージックを演奏していた。*30

たとえば、サイゴンのクラブ、ウィスキー・ア・ゴーゴーでは、「ブラック・イズ・ブラック」（ロス・ブラボス)、「アンチェインド・メロディ」(ライチャス・ブラザーズ)、「グロリア」(ゼム)、「花のサンフランシスコ」(スコット・マッケンジー)といったヒット曲を入念にリハーサルしたバンドが完璧なステージを披露した。こうしたアジア人のバンドは、香港で製造された海賊版レコードで英国や米国のヒット曲を仕込み、極東の多くの港のクラブでその演奏を聴くことができた。*31

英米のR&Bやロック・グループのヒット曲を「寸分違わぬ正確さでカヴァーすることのできた」無数のアジア人のバンドは、英語を話せないメンバーが大半であるにもかかわらず、米軍が赴く戦地や基地内外の軍専用ステージやクラブ、そして民間のクラブで若い兵員の人気を確実につかんだ。*32

そのように、一九六〇年代後半の横浜に花開いたゴールデン・カップスのようなアジアにおけるR&B、ブルーズ・ロック・バンドは、壮大でシステマティックだが不完全であった兵員に対する米軍のレスト&レクリエーション供給政策の空隙を埋めるべく、この時代の日本列島から朝鮮半島南部、インドシナ半島、フィリピン諸島に至る極東全域で同時多発的に生み出された現象のひとつであった。

この時代には、極東に徴募された米国のオーディエンスも、アジアでバンドを編成した現地のメンバーも、同じようにR&Bとブルーズ・ロック、サイケデリック・ロックの洗礼を意識の根底から受けていた。そして、こうした無数のバンドが大がかりに受け入れられる素地には、アジアの音楽ファンには羨望の的だった米軍のラジオ放送、レコード供給システムが、こと若い徴募兵の嗜好を十全に充足するほど適切には作動していなかったことで生まれた、ライヴ・ミュージックへの米兵たちのやむにやまれぬ「渇望」が横たわっていたのである。

言うまでもなく、そこにはこうした音楽の「本場」の側から「イミテーション」と一瞥されても仕方ないような、ステージ受けする曲の再現に汲々とする文字通りのコピー・バンドもあった。しかし、ゴールデン・カップスをはじめ、高度なテクニックと卓越したセンスで「本場」の音楽の再現以上のグルーヴを醸すことのできるクリエイティブなバンドもまぎれもなく存在していた。

六〇年代後半、「グループ・サウンズ」という日本の芸能界のビジネス・システムでの仕事に甘んじ、ビッグ・ネームとなったテンプターズの萩原健一は、異様にヒートアップするこの時代の本牧の台風の中心にいたゴールデン・カップスのステージを目の当たりにしてこのように語っている。「でも、いい曲やってましたね。うらやましかった。ぼくらはアイドルとして可愛らしく、可愛らしく、気持ち悪い衣装着せられて。ロック・バンドってのはヒット曲がなくたって、あそこに行くと乗るってのが……。そうでないとロックは面白くない。スリルがないと……」[*33]。かつて、ジミ・ヘンドリックスも語った。「ロックで一番大事なのはグルーヴ(乗り)だ。オリジナリティってのは四番目か五番目くらいのものだよ」。

ブリティッシュ・インヴェージョンを起こしたイギリスの数ある「白人」グループも、アメリカ発のブルーズやR&Bのビートを強調したカヴァーによって、本家本元も顔負けとなるほど深くのめり込み、新たなグルーヴを作り出したがゆえに、あのインヴェージョンを巻き起こしたのである。

*

二一世紀となったいま、ゴールデン・カップスは英語圏の愛好家たちからも、サイケデリック・ロック、ガレージ・ロックの「クラシック」としてリスペクトされる存在となっている。一九九〇年代から活動するシアトルのグランジ・バンド「ウェルウォーター・コンスピラシー」のメンバー、ジョン・マクベインは「ゴールデン・カップスは最も好きなグループ・サウンズ・バンド」であると語っている。

マクベインは言う。「今でもはっきり覚えてるけど、ペブルズのレコードで出た（ゴールデン・カップスによるカヴァーの）『ヘイ・ジョー』を見つけた時は、彼らのヴァージョンのあまりに凄まじさに身震いするほど興奮したし、慌てて友人のデイヴ・ウィンドーフスの家へ駆けつけて彼にも聴かせて、最後には、あらゆる楽器にかかってるファズとディストーションの嵐の前に大声で笑い出すしかなくて、落ち着かなくちゃあって思ったくらいだったんだよ。いまだにファズ・ベースのソロは聴くたびに新しい発見がある。個人的には、パンク・ロックとはグループ・サウンズで始まったものだと言えるね」*34。

ザ・スタンデルズ、ザ・モンキーズ、ザ・ボー・ブラメルズ、ザ・シーズなど、一九六〇年代後半に米国で活躍したバンドの手になるガレージ・ロック、サイケデリック・ロックの曲を収めた『ナゲッツ』というオムニバス・アルバム（一九八六年）をラジオのレギュラー番組のなかで紹介した山下達郎は、さりげなくコメントした。「この手のバンドなら、今の下北沢あたりにいくらでもいそうですね」。二〇一七年のことである。

六〇年代に一世を風靡した英米のR&B、そしてブルーズ・ロック、サイケデリック・ロックのシーンは、やってくる本家アメリカのオーディエンスを強く引きつけるほどに、極東のアーティストたちによってもつくられていたといえる。その水脈は二〇世紀を生き延び、さまざまなロック・クラシックスの奔流が流れ込んで渾然一体となり、いささか判別のつきにくくなった二一世紀のポピュラー・ミュージックの大海に確実に注ぎ続けているのである。

＊1 三井徹、北中正和、藤田正、脇谷浩昭編『クロニクル二〇世紀のポピュラー音楽』平凡社、一四〇-一四一頁、二〇〇〇年
＊2 「ミュージシャンエディ藩氏インタビュー」社団法人横浜中法人会、二〇〇九年 http://www.hohjinkai.or.jp/interview/0902.html。山崎洋子『天使はブルースを歌う―横浜アウトサイド・ストーリー』毎日新聞社、六五-六九頁、一九九九年
＊3 曽峰英「インタビュー エディ藩さん」『豆彩』七号、一九九八年、前掲「ミュージシャン エディ藩氏インタビュー」
＊4 『ザ・ゴールデン・カップス ワンモアタイム』DVDブックレット、ポニーキャニオン、二〇〇五年
＊5 前掲「ミュージシャン エディ藩氏インタビュー」、本書第3章を参照。
＊6 前掲山崎『天使はブルースを歌う』五七-五八頁
＊7 前掲『ザ・ゴールデン・カップス ワンモアタイム』DVDブックレット
＊8 前掲『ザ・ゴールデン・カップス ワンモアタイム』DVDブックレット
＊9 前掲『ザ・ゴールデン・カップス ワンモアタイム』DVDブックレット
＊10 前掲『ザ・ゴールデン・カップス ワンモアタイム』DVDブックレット
＊11 前掲『ザ・ゴールデン・カップス ワンモアタイム』DVDブックレット
＊12 前掲『ザ・ゴールデン・カップス ワンモアタイム』DVDブックレット
＊13 姜信子『日韓音楽ノート―「越境」する旅人の歌を追って』岩波新書、一五三頁、一九九八年。なお、韓国の米軍クラブについては、東谷護「ポピュラー音楽にみる『アメリカ』―日韓の米軍クラブにおける音楽実践の比較から考える」『グローカル研究』一号、四三-六〇頁、二〇一四年、フィリピンの米軍クラブについては、岩佐将志「米軍駐留がフィリピンにもたらしたジャズ」難波功士編『米軍基地文化』新曜社、一一一-一四九頁、二〇一四年などを参照。
＊14 Perry, C.: Is This Any Way to Run the Army?-Stoned? Rolling Stone, November 9, 1968.
＊15 前掲Perry, C.: Is This Any Way to Run the Army?-Stoned?
＊16 前掲Perry, C.: Is This Any Way to Run the Army?-Stoned?
＊17 前掲Perry, C.: Is This Any Way to Run the Army?-Stoned?
＊18 前掲Perry, C.: Is This Any Way to Run the Army?-Stoned?

＊19　前掲Perry, C.: Is This Any Way to Run the Army?-Stoned?

＊20　前掲Perry, C.: Is This Any Way to Run the Army?-Stoned?

＊21　前掲Perry, C.: Is This Any Way to Run the Army?-Stoned?

＊22　前掲Perry, C.: Is This Any Way to Run the Army?-Stoned?

＊23　前掲Perry, C.: Is This Any Way to Run the Army?-Stoned?

＊24　ゴールデン・カップ店主、上西四郎氏への筆者によるインタビューより。

＊25　前掲Perry, C.: Is This Any Way to Run the Army?-Stoned?

＊26　Tucker, S.C. (ed): The Encyclopedia of the Vietnam War: a political, social, and military history. Oxford University Press, 436, 1998.

＊27　前掲Perry, C.: Is This Any Way to Run the Army?-Stoned?。ニュー・クリスティ・ミンストレルズは一九六一年にアメリカで結成された男女一〇人組のフォーク・バンド。ヒット曲「グリーン・グリーン」など、コーラス・ハーモニーを主体とした明るくわかりやすいフォーク・ソングで知られる。

＊28　前掲Perry, C.: Is This Any Way to Run the Army?-Stoned?

＊29　エディ潘、中村裕介、福島俊彦「特集鼎談70's バイブレーションYOKOHAMA〝その時〟の横浜気分」『横浜ルネサンス』二四号、六頁、二〇一五年

＊30　前掲Perry, C.: Is This Any Way to Run the Army?-Stoned?

＊31　前掲Perry, C.: Is This Any Way to Run the Army?-Stoned?

＊32　前掲Tucker S.C. (ed): The Encyclopedia of the Vietnam War. 280.

＊33　『ザ・ゴールデン・カップス　ワンモアタイム』（映画）サン・マー・メン監督、アルタミラ・ピクチャーズ製作、二〇〇四年（DVD、二〇〇五年）

＊34　「Trans World 60s Punk-Cutie Morning Moon」におけるHitomi Iによるインタビューより http://60spunk.m78.com/wwcjp.htm

第8章 「音楽の美食家《レコード・イーター》」細野晴臣と消化されたアメリカ

西海岸でのレコーディングと音楽スタイルの模索

埼玉県の入間市と狭山市にまたがる旧陸軍航空士官学校の用地が進駐軍によって接収され、ジョンソン空軍基地として供用されたのは、終戦直後からヴェトナム戦争終結前までの二七年あまりのことである。周囲には進駐軍兵員の家族用住宅「ディペンデント・ハウス」が建設されたが、横田基地への空軍の段階的集約によって、ジョンソン基地には六〇年代より実質的にほぼ住宅機能のみが残されることになった。基地が返還される一九七三年以前から、それらの「米軍ハウス」は賃貸住宅や店舗として一般市民に貸し出され、この一帯は「アメリカ村」と呼ばれた。

七二年夏、日本のフォーク、ロックの礎をつくったグループ、はっぴいえんどの解散を控えた細野晴臣が狭山市鵜木にあるハウスのひとつに移り住んだことは、翌年、自身初のソロ・アルバム『HOSONO HOUSE』のレコーディングをこの木造の自宅で行う大きな契機となった。

七三年早々にリリースされたはっぴいえんどのラスト・アルバム『HAPPY END』のジャケット・デザインを手がけ、一足先にここに住んでいたデザイン集団WORKSHOP MU!のメンバーがハウスを紹介してくれた。一二畳の居間、八畳のふたつの寝室に庭までついた平屋の家賃は二万数千円と破格だった。隣のハウスには、はっぴいえんど結成の前年、細野がプロ・デビューを飾ったグループ、エイプリル・フールでヴォーカルを務めた小坂忠が住んでいた。

はっぴえんど結成前から、細野はバッファロー・スプリングフィールドやモビー・グレイプなど、カントリーやフォークの要素も交えて新たなロックの形を追究しヒッピー・カルチャーを支えたアメリカ西海岸のサイケデリック・サウンドに大きな影響を受けていた。そして、この転居には、はっぴいえんどの解散を機にそうした音楽から距離をとるようになった細野自身の変節もかかわっていた。

細野がこのソロ・アルバムの手がかりとしたのは、当時アメリカのシンガー・ソングライター・ムーヴメントを牽引していたジェームズ・テイラーや、はっぴいえんどのラスト・アルバムにも参加したリトル・フィートのローウェル・ジョージ、そしてカントリーやゴスペル、R&Bなど土着的なルーツ・ミュージックをロックに採り入れていたザ・バンドらのサウンドであった。

とりわけ、アルバムのライト・モチーフとなったのは、ボブ・ディランとともにウッドストックにあるピンク色のハウスの地下室でホーム・レコーディングを果したザ・バンドのデビュー・アルバム『ミュージック・フロム・ザ・ビッグ・ピンク』である。ジェームズ・テイラーもその頃、自宅録音にとりくみ、スタジオの電気的残響ではなく、木造住宅の部屋の響きを活かした音づくりを行っていたことに細野は共感を覚えた。テイラーの歌唱法は、はっぴいえんど時代に自身の低音の声質が甲高い声で歌うロ

上｜細野晴臣、米軍基地を一般市民に開放するイベント「カントリー・ナイト」にて、狭山・ジョンソン基地、1972年8月（野上眞宏撮影）
下｜細野晴臣『HOSONO HOUSE』レコーディング・メンバー、左から林立夫、細野晴臣、鈴木茂、松任谷正隆、1973年2月。4人はこの後、キャラメル・ママ、さらにティン・パン・アレーへと発展していく（野上眞宏撮影）

ックに合わず、あきらめかけていたリード・ヴォーカルにフォーク的なアプローチによってもう一度チャレンジするモデルともなっていた。

「音楽は景色や空気と密接に繋がっている」と細野は言う。ナチュラルで少し泥臭く、シンプルで静謐なサウンドをつくるには、自身が生まれ、はっぴいえんど時代までをずっと過ごしてきた東京都心を離れて、「アメリカのにおいのする田舎」であった狭山のような環境に身をおく必要があった。開発の進んだ東京からは細野が生まれ育った街の原風景が失われ、松本隆が日本語詞で描いたはっぴいえんどのレトロモダンな「風街」世界の幻想を抱くことも難しくなっていた。*1

『HOSONO HOUSE』のレコーディング・セッションは、はっぴいえんどのギタリストだった鈴木茂に、小坂忠とともにフォー・ジョー・ハーフで活動していたドラムスの林立夫、そしてキーボードの松任谷正隆を加えた三人が、エンジニアの吉野金次らとともに細野のハウスに泊まり込み、一九七三年二月十五日から三月一六日までの三〇日間にわたって続けられた。

はっぴいえんどの二作目『風街ろまん』でミキサーを務め、細野の意を汲んで自宅録音のアイディアを提案した吉野が、シグマ社製の一六チャンネル調整卓カーナビー・コンソレット・カスタムと一六チャンネルのテープ・レコーダーAMPEX MM-1100を持ち込んだ。メンバーは、午後一時から六時をレコーディングの時間と決め、空いた時間は細野の妻が炊き出しした食事を摂ったり、メンバー同士ブラックジャックに興じたり、密なコミュニケーションが行き交う合宿生活のような収録作業が始まった。

前年一〇月、ロス・アンジェルスのサンセット・サウンド・レコーダーズで録音したはっぴいえんどのラスト・アルバムで数曲のプロデューサー、アレンジャーを務めたヴァン・ダイク・パークスの音づくりを目の当たりにして、細野は新鮮な衝撃を受けた。パークスの仕事ぶりは、立体的・構築的な方法だった。パークスは調整卓の前に座り、あるいは自らピアノを弾きながら、豊かな音楽的イディオムの源泉からその場で浮かぶフレーズやアイディアを実験的にメンバーにぶつけ、たとえば最初に一六ビートのハイハットを叩かせ、次にバスドラムをカリプソのリズムで打たせ、といった積み上げを重ねて少しずつ全体をつくりあげていった。

はっぴいえんどのメンバーは、同じスタジオで行われていたリトル・フィートのアルバム『ディキシー・チキン』(一九七三年)のレコーディングも見学し、異様な興奮状態のなかで「力強いビートと音のクオリティ」、そして「圧倒的なサウンド」によって繰り広げられるセッションに息を呑んだ。[*2]

帰国後、ロス・アンジェルスでの衝撃をすぐには消化できぬまま、細野は「何かをやらなければ」という気持ちをソロ・アルバムの構想に振り向けていった。レコーディングのかたわら、彼はラグタイム、ニューオーリンズ・ジャズ、カリプソなど、はっぴいえんどの守備範囲になかったアメリカやラテン・アメリカの古きよき音楽を基調としたパークスのアルバム『ディスカヴァー・アメリカ』(一九七二年)を聴き込んでいく。これを機に、テレビの深夜映画をあまた見て、自身が子どもの頃聴いていたハリウッドの映画音楽やジョージ・ガーシュインなど、かの国のノスタルジックな音楽にのめり込んでいった。かたや、ビートのあるものではなく、その頃の気持ちの不安定さを拭い去ってくれるジェームズ・テイラーのようなシンガー・ソングライターやカントリーなど温もりのある音楽を聴き直している。

このソロ・アルバムを細野は「習作」と呼ぶ。やってみたい音楽の祖型はあったが、それはアルバムの音楽的「コンセプト」といえるほど確かな内実に充たされていたわけではなく、といって、松本隆のように歌詞の世界からコンセプトを組みあげていくことも、そのときの細野にはできないように思えた。とはいえ、アメリカの新しい音楽から雛形は得てはいたが、単なるそのひきうつしに終始するのでなく、はっぴいえんどのロス・アンジェルス録音を経て、細野は日本のアーティストとしてアメリカの音楽界とも比肩しつつやっていけるのではないか、という手応えを得ていた。

彼は語る。「これなら日本でもやれるって自信みたいなものはつけて来たつもり。別に録音するためにアメリカまで行かなくてもいいんじゃないかってね。向うでは、日本人だからどうこうってことは全くなくて、実力だけで評価してくれたからその意味でも自信がついたみたい」[*3]。

米軍ハウスの「カントリー・ライフ」とコミュニティ幻想の崩壊

結果としてソロ・アルバムは、R&B色の濃厚な新しいムーヴメントとして展開されていたリトル・フィートなどのサザン・ロックの影響も受けつつ、それをカントリー、フォーク的な世界観で表現しながらシンガー・ソングライターとして内省的な曲調にまとめあげた作品が大半を占めることになった。

細野が手持ちのオープン・リールを使って一人きりで録ったジェームズ・テイラーを彷彿とさせるアコースティック・ギターの弾き語り「ろっか・ばい・まい・べいびい」、狭山のアメリカ村の野球大会のために作られ、アメリカ名の彼女、スージーへの憧れをポップに歌う「パーティ」、ツアーに縛られ移動の車中カードに興じるミュージシャンのフラストレーションを歌った「CHOO CHOO ガタゴト」など、このアルバムは細野自身も語るとおり、『HOSONO HOUSE』というタイトルそのままに、自然豊かな郊外の「狭山での生活、ミュージシャンの生活ってものがそのまま出てきてるって感じだよね」

という仕上がりになった。[*4]

セッションの二日目に取材にやって来た音楽評論家、北中正和は細野がのちに「バーチャル・アメリカン・カントリー」と呼んだ彼のハウス周辺のようすをスケッチしている。

「アメリカ村の細野さんの家のあるあたりは小ざっぱりとした住宅街である。アスファルトの道が一本、低い山腹の脇を走っていて、その道と山腹との間に、同じ造りの白塗りの木造家屋が四列に並んでいる。どの家も白い柵がついていたり、古い芝生が植わっていたりする。細野さんの家は、山腹側にあり、一五メートルばかり離れたところまで、緑の崖が迫ってきている」。[*5]

アルバムに収められた作品の歌詞からは、「ここら辺りに住みつきませんか　あそこをひきはらって生で聞けるからカントリーミュージック　白い家でも見つけましょうか」(「ぼくはちょっと」)、「土の香りこのペンキのにおい　壁は象牙色　空は硝子の色」(「恋は桃色」)など、ハウス周辺の自然や郊外の暮らしの生活感、それを彩る音楽への思いがほのぼのとにじみ出す。

ただ、細野はこの「カントリー」が時代の幻想にすぎないことを悟っていた。むしろ、そうした幻想を積極的に共有しあおうとしていたのが一九七〇年代初頭のこの国の人びとの意識だったといえよう。彼は言う。「七〇年代のムードを……一番表している空気感が出ているアルバムだと思うんだ。……例えば、うーん、ある種の体制が崩壊したというか。そんな中から、アメリカではバッファロー(・スプリングフィールド)が生まれてきて、日本ではその三年おくれではっぴいえんどが始まった。それが終わって、先のことを考えられない状態で、ただただバック・トゥ・カントリーの時代。都会を捨て、田舎で新しい家庭を作ってという衝動だけで田舎に住んだわけ。幻想のカントリー、アメリカですら幻想なのに、ひとひねりした日本で作ったカントリー。新しく家庭を持って、子供ができてっていうパーソナルな状態から出てきたから、七〇年代的に思えるのかもしれない」[*6]。

狭山にとどまり続けるうちに、細野はこの幻想の暮らしが少しずつ解体しつつあることに気づいていた。彼は言う。「ヒッピー・ブームの中で、音楽的なブームとしてカントリーに移行していって、なんかわからないままコミューンみたいのを作ってね、現実にはあり得ないようなアメリカ村みたいなとこに住んで、まわりにはミュージシャンとかアーティストが住んで、ニュー・ファミリーみたいなのを結成したりしてね、ほんわかした中で生活していたのが、だんだん崩壊しつつあったんですね。……それ自体がひとつのフィクションだということも、どこか考えていたことは考えていたような気がする」[*7]。

この「幻想の崩壊」は、ひとつには、ヴェトナム戦争の終焉とともに米軍兵員と家族が総撤収していくことによって「アメリカ村」なるものが空洞化していく現象として、返還が進んだ「ディペンデント・ハウス」を擁する全国各地の米軍基地周辺で見られていたことである。

狭山のハウスに転居して間もない一九七二年のクリスマスのことだった。細野が隣家の小坂忠といっしょにいるところにキャンドルを持った五-六人のアメリカ人が訪れてきた。アメリカ人たちは細野らの家の玄関の前でアコーディオンを弾きながらクリスマス・ソングを歌ったという。「これはアメリカだなあ、夢のような世界だなあと思って。だけど、それ一回きりで(笑)。その後は普通の人がどんどん入ってきて、どんどん変わっていっちゃうんです。皆が蛍光灯を付けだしてね」[*8]。

「音楽の美食家《レコード・イーター》」細野晴臣——「コピー・バンド」から日本語ロックへ

こうして、狭山の地で米軍基地を核とする「アメリカ村」という異文化に擬似的に接触する時期を過ごしたものの、細野晴臣の音楽的遍歴は、進駐軍クラブや米人が持ち込んだレコードといったものとの直接的な遭遇を通じて形作られたものではなかった。

中学・高校時代に傾倒したヴェンチャーズやビーチ・ボーイズ、キングストン・トリオ、そしてはっぴいえんど結成前夜のモビー・グレイプやバッファロー・スプリングフィールドまで、自分自身がのめり込んだ楽曲を完璧に演奏する熟達したコピー・バンドから音楽の道を究めていくのは細野の場合も同じである。そして、彼の音楽的土壌は、基本的にはレコードやラジオというこの国で流通するメディア音源から自分自身が消化すべき作品を鋭敏に嗅ぎ分け、ひたすら聴き込んでその神髄に迫るたぐいまれな才覚によって形作られていく。

若い頃からベース、ピアノ、マンドリンなど複数の楽器を弾きこなした細野は、すでに中学時代からジャズ・ピアニスト、セロニアス・モンクの「ブルー・モンク」をカヴァーして録音するなど、何よりも「洋楽の卓越した目利き」として驚くべき頭角を現していた。

そんな細野の慧眼は、はっぴいえんど結成前夜からグループをともにすることになるメンバーからも注目されていた。何より彼らの間には、自身が注目するアーティストやレコードを知っているかどうかで相手の音楽的センスを試すマニアックな洋楽愛好家同士の連帯と緊張感があった。

はっぴいえんどのひとり、大瀧詠一と細野は、後にレコーディング・ディレクターとなる中田佳彦を通じて出会うことになった。小坂忠や松本隆と結成した細野のプロ・デビューとなるグループ、エイプリル・フールの解散後、中田が細野の家に連れて行って紹介したのが大瀧である。細野の部屋に入るやいなや、大瀧は「挨拶もしないで、ヤングブラッズのシングル盤を見て『おっ。ゲット・トゥゲザー!』って言うから、知ってるんだなあと」。細野はそうふりかえる。この出会いにより細野は大瀧、中田とランプ・ポストというソフト・ロック志向のグループを始めるが数ヶ月で解散、その後、細野・大瀧・松本の三人はバッファロー・スプリングフィールドのコピーを中心とした「ばれんたいん・ぶるぅ」というグループを組み、そこにリード・ギタリストとして鈴木茂が呼ばれて、はっぴいえんどが結成されるのである。

大瀧からはっぴいえんどの話を受けた細野は、かつてスージー・クリームチーズやドライアイス・センセーションというアマチュア・グループや数多のセッションで共演し、天才ギタリストと認めていた鈴木に電話をかける。このときも挨拶代わりはレコードだった。「(細野が)何やってるんだと言うから、たいしたことはやってないと言ったら、またレコードを聞きに来ないかと誘われた(笑)」。鈴木はそうふりかえる。

ほどなく松本隆の家に細野、大瀧、鈴木の三人が集まり、デビュー・アルバムに収められる「一二月の雨の日」のイントロのギター・フレーズを鈴木がその場で発案して、細野によれば「あれではっぴいえんどが確信をもってはじまったようなもの」となった。いずれも、一連のメンバーたちのめくるめく出会いと別れが続いた一九六八年から七〇年にかけてのことである。*9

メンバーと親交があり、はっぴいえんどや細野晴臣の音楽活動をカメラに収め続けた写真家・野上眞宏は、はっぴいえんど最後の年となる一九七二年の春、自身が働いていた原宿セントラル・アパートに

はっぴいえんど時代の細野晴臣、鋤田事務所でレコードを聞く。左は鈴木茂、1971年10月（野上眞宏撮影）

ある写真家・鋤田正義の事務所でメンバーたちと会ったときのことを記している。鋤田はデヴィッド・ボウイのジャケット写真やTレックスの写真などで注目を集める国際的な写真家だった。

表参道と明治通りの交差点にある原宿セントラル・アパートは、クリエイティブな職種の事務所が集まっていたことで知られる東京都心の集合住宅である。鋤田は海外での撮影で不在のことも多く、野上と親交のあったはっぴいえんどのメンバーはアパートに人の少なくなる深夜、大音量でレコードを聴き合うためによくそこを訪れた。その春の日、野上が事務所にやって来た細野に何気なく、最近は何を一番よく聞いているかと訊ねると、ほかのメンバーもいっせいに細野の方をふりかえって返事を待ったという。野上は書いている。

「やっぱり細野の興味の行方が気になるんだなと思った。細野がこれだよと手をかけたのがザ・バンドの『カフーツ』。一曲目の『ライフ・イズ・ア・

カーニヴァル』に針を落としてしばらく演奏を聞いたのち、細野はアラン・トゥーサンのクレジットを見せた。『ニューオーリンズね』と誰かが言った[*10]」。

彼らにとって、仲間たちも真価を見抜く音楽をめざとく聞き分け、自分たちが認める音楽をお互いに教え合える関係こそ、音楽的朋友であることの証だった。そして細野は、アーティストのなかにあっても、とりわけそんな音楽を掘り起こし、完膚なきまでに聞き込んで消化し、血肉とすることを身上とする極上の美食家＝レコード・イーターだった。

ばれんたいん・ぶるぅやはっぴいえんどはもちろん、いたずらにアメリカ西海岸のアーティストたちの音楽のひきうつしに終始したわけではない。細野は、その時代にのめり込んでいたバッファロー・スプリングフィールドらについて語っている。「彼らのファンでしたから、そういう人たちのやっていることを突き詰めていくと、自分たちの足もとを見てるわけですね。いわゆるルーツ……たとえばリズム・アンド・ブルーズとか。じゃあ自分たちの足もとを見なきゃ、と。そうしないと面白いロックもポップスも作れない……。そういうふうに学んできて、はじめて日本人だという意識が出てきたと思うんです[*11]」。

細野らが聞き込んだバッファロー・スプリングフィールドのアルバム『アゲイン』（一九六七年）のジャケット裏には、彼らが影響を受けインスピレーションを得てきた八〇人に及ぶアーティストの名前が記されている。オーディス・レディング、ハンク・ウィリアムズ、リッキー・ネルソン、ヴェンチャーズ、ロイ・オービソン、ジーン・ピットニー、エリック・クラプトン、フィル・スペクターからヴァニラ・ファッジまで、細野と松本はその名前を目にしつつ、では自分たち自身が影響を受けたアーティストはいったい誰なのかを自問し、名前を書き連ねていった。細野は言う。「そのとき、我々は単なるコピー・バンドから一歩進んだと思う。アプローチのコピーというのかな」。[*12]

そして、松本隆は谷川俊太郎や中原中也、山之口貘など「自分たちの足もと」に連なる詩人たちを正面から見つめ直し、それらの作品世界を都電の走るレトロ・モダンな東京の街に翻案したかのような日本語詞の確立をめざした。日本人なら誰もが知る英単語をあえてひらがな表記にした「はっぴいえんど」というグループ名もそんな発想でつけられた。

一九六〇年代末から七〇年代初頭に起こったよく知られる「日本語ロック論争」は、日本語はロックのリズムに乗りにくく、世界で成功するために英語でロックを歌うべきだと主張する内田裕也らが、そんな独自の日本語詞の世界を切り拓こうとしていたはっぴいえんどらへの批判をなげかけたところから生まれている。

「エキゾティズム」を通した自文化へのまなざしの転換

はっぴいえんどとは異なるアメリカのアーティストの作品世界をモデルとした「習作」のソロ第一作を経て、洋楽の旺盛なる美食を繰り返しながら、細野は意外にも過去に自らの中に深く取り込まれていた「内なるアメリカ」に辿り着き、それを梃子に自身のつくる音楽を大きく転回させていく。その媒介となったのは「エキゾティック・サウンド」で知られるアメリカ人アーティスト、マーティン・デニーであった。

マーティン・デニーは、一九五〇年代に活躍した東海岸出身のピアニスト・作曲家である。彼はヴィブラフォンやラテン・パーカッション、アジアやアフリカの打楽器などを駆使し、バンドのパーカッショニストに鳥や動物の鳴き声を真似させて、アメリカ人がイメージする「南国の楽園」を音楽で表現したエキゾティック・ミュージックを確立した。[*13]

七四年、狭山から東京の落合に移った細野は、ソロ二作目の『トロピカル・ダンディー』(一九七五年)に収録される「熱帯夜」を録音しながら、スタジオで突然、マーティン・デニーのことを思い出し、強い好奇心にかられて曲に採り入れる。

「熱帯夜」はエア・コンディショナーもない落合の六畳二間のアパートで汗だくになって書かれた、異国の都市の寝苦しい夜に想いを馳せるイマジネーションの曲である。そして細野は中学生だった一九五〇年代末から六〇年代初頭に、ラジオのBGMで「ジャングルみたいで鳥の鳴き声が入っている」マーティン・デニーの音楽を耳にしていた。「スタジオでなぜかそれを思い出して、あのサウンドを絶対やりたいなと思って。それで『熱帯夜』をそういうふうにしようと思って。鳥の声はあんまりなかったんだけど。とろけるような音楽というイメージがあってね[*14]」。

『HOSONO HOUSE』のあと、めざそうとしたサンフランシスコのファンク・ミュージックのような音楽に自身のヴォーカルがうまく乗らないことで悩んでいた彼に、「細野さんは『トロピカル』だよ」とアドヴァイスしたのは久保田真琴である。細野は後に久保田が率いる「久保田真琴と夕焼け楽団」に名を連ね、ふたりはハワイや琉球の音楽を共演する間柄となっている。

久保田の言葉をヒントに、細野は南国楽園をイメージさせる「トロピカル」と東洋趣味とをミックスさせ、「チャイニーズ・トロピカル・エレガンス」なる音楽世界のコンセプトを構想する。これは七〇年代中期から後期にかけてのソロ・アルバム三部作『トロピカル・ダンディー』、『泰安洋行』、『はらいそ』から、七八年に結成され世界的な成功を収めるイエロー・マジック・オーケストラ（YMO）にまで引き継がれ、細野の音楽を語るうえできわめて重要なコンセプトとなった。そしてその媒介役となったのは、レコード・イーターとしての細野がこの国で掘り起こしたマーティン・デニーのエキゾティズムの音楽なのであった。

マーティン・デニーの音楽を、欧米人の一方的な「オリエンタリズム」と批判する向きも少なくないかもしれない。しかし、細野はデニーの音楽によって、日本人でありながら日本やアジアを見る枠組みを「転換」させることができたと語る。

「マーティン・デニーは、自分の中の枠組みを変えてくれた音楽なんだ。東京にいても、日本人には絶対つくれないのんきな"SAKE ROCK"が流れると、クレイジーな気持ちになる。……ネガティヴに見えていた日本のあれこれが違った風景に見えてくる、おもしろくなってしまう。異邦人の目を初めて持てたんだ。あれ以来、僕は普通のポップ・ミュージックが聴けなくなってしまった。僕にとっては意識の拡大だったと思う。はっぴいえんどの頃から、居心地の悪い世の中だった。日本は好きだけど、音楽やってると、……いつも文化の摩擦を感じる。……あの頃、それを裏返してくれたのがエキゾティック・サウンドだった*15」。

マーティン・デニーは、自身のアルバム『EXOTICA 2』（一九五八年）で服部良一が作曲した「蘇州夜曲」をカヴァーしている。「蘇州夜曲」は日中戦争さなかの一九四〇年、東宝が長谷川一夫、李香蘭（山口淑子の中国での芸名）主演で製作し、ヒットさせた映画『支那の夜』の劇中歌である。それは、長谷川一夫扮する日本人の貨物船船員が上海で李香蘭扮する抗日組織の中国娘を救い、恋に落ちるという娯楽映画である。「蘇州夜曲」は、二人の思い出の地となった蘇州に想いを馳せる李香蘭自身が、劇中で歌うことを想定して作られたという。

『支那の夜』は日本国内のほか、中国、台湾、朝鮮、ヴェトナム、タイ、ビルマ、フィリピンなど当時の日本の占領地で上映された。「蘇州夜曲」は脱アジアをめざした当時の日本人が感じる中国へのエキゾティズムをしみじみとした哀愁あふれる曲調に乗せた歌である。マーティン・デニーは、アジア人でありながらアジアを脱し欧米化しようとしていた日本人が感じる東洋へのエキゾティズムに、アメリカ人としての東洋へのまなざしを重ね合わせてこの曲を歌ったのだろう[*16]。

細野晴臣はマーティン・デニーのそのようなまなざしを借り、東京の街や日本の文化を異《い》なるもの、エキゾティックなものとして異化して眺めることで、日本人でありながら、歌謡曲などこの国の風土に根ざす音楽が持っていた独特のローカルで折衷的な情緒性や、洋楽へのコンプレックスといったものから解放された独自のポピュラー音楽を創りあげようと試みたのだろう。

このコンセプトに辿り着いてからというもの、それまで次作の方向性をつかみかねていた細野の精神は高揚しはじめ、東京の街が「それまではただの灰色の街だったのが、……異邦人の目から見たような面白さに突然目が開いた」。そして、当時乗っていたホンダ・シビックの車で「落合あたりのなんの変哲もない路地裏をマーティン・デニーを聴きながら走ると、迷宮に入ったような不思議な感覚がする

（笑）。そんなこと楽しんでいたんです。ディスカバー・トーキョーみたいな、再発見というか」。彼はそのように語っている。[*17]

『泰安洋行』、『トロピカル・ダンディ』、『はらいそと続く』七〇年代中期からのソロ三部作には、「絹街道」、「北京ダック」、「SAYONARA The Japanese Farewell Song」をはじめ、こうしたコンセプトのもとにつくられた細野なりのエキゾティズムで東京や横浜、沖縄、中国をとらえ直したユーモラスで遊び心にあふれた佳曲が収められている。そして三部作の最後を飾るアルバム『はらいそ』は、知られているとおり、イエロー・マジック・オーケストラの揺籃期の作として、細野晴臣とイエロー・マジック・バンド名義で出されている。

モデルとしてのマッスル・ショールズ——音楽性を持つスタジオ・ミュージシャンへ

ソロ・アルバム『HOSONO HOUSE』のレコーディング・セッションは、新たなグループの結成の出発点ともなった。細野と鈴木茂（ギター）、林立夫（ドラムス）、松任谷正隆（キーボード）の四人は、このアルバム・セッションを機に、新たなグループとしてバンド活動を行うことに加え、プロデュース・チームとしてシンガーやアーティストのバックアップ・ミュージシャンをもこなす演奏家集団「キャラメル・ママ」を結成する。

キャラメル・ママには、アメリカの特定スタジオの専属ミュージシャン集団という明確なモデルがあった。細野らが意識したのは、深南部アラバマ州フローレンス市、テネシー川のほとりにあるマッスル・ショールズという森と綿花畑ばかりが続く片田舎の町のレコーディング・スタジオである。この

「フェイム・スタジオ（Florence Alabama Music Enterprise Studio）」は、ひとりの野心的な白人ミュージシャン、リック・ホールが一九五〇年代後半に建て、六〇年代にそこから数多くのカントリーやソウル・ミュージックのヒット曲が生まれた。

ウィルソン・ピケット「ダンス天国（Land of 1,000 Dances）」、パーシー・スレッジ「男が女を愛するとき（When A Man Loves A Woman）」、アレサ・フランクリン「貴方だけを愛して（I Never Loved A Man（The Way I Love You））」など、歴史に残るR&Bやソウル・ミュージックの名曲がここで録音された。*18

このスタジオが世界の音楽界を瞠目させたのは、これらのヒット曲が「スワンパーズ」と呼ばれる地元の白人ばかりのリズム・セクションによってレコーディングされていたことである。スワンパーズは「クイーン・オブ・ソウル」の名をほしいままにしたアレサ・フランクリンをして「最高にファンキーで泥臭いバンド」と言わしめた。

アレサは耳当たりのよいポピュラー・ソング路線で低迷を余儀なくされたコロンビア・レコードからアトランティック・レコードに移り、プロデューサー、ジェリー・ウェクスラーがこのフェイム・スタジオを使ってゴスペル色を強く打ち出した作品をリリースしてからというもの、名実ともに「R&Bの女王」と言われるまでの大成長を遂げた。地元のホテルのベル・ボーイをしていたパーシー・スレッジの才能を見抜き、ソウル・バラードの名曲「男が女を愛するとき」をゴールド・シングルにヒットさせたのもリック・ホールである。

ヒット曲をもつサザン・ソウル・シンガーとしてレコーディングに訪れたシャウター、ウィルソン・

ピケットは、空港で出迎えた初対面のホールに「こんな白人に任せていいのか。綿花畑から見えるスタジオなど時代錯誤じゃないか」と疑心暗鬼になる。ところが、譜面通りの演奏を録音するニューヨークのスタジオと異なり、バンドのメンバーが試行錯誤を再三繰り返し「最高のグルーヴを見つける」レコーディングで「ダンス天国」を彼ら独自のスタイルに作り上げていくと、初日を終える頃には、ピケットは早くも「俺のホームに決めた」と決心していた。

スワンパーズはその後、フェイム・スタジオを離れ、そのメンバーであったロジャー・ホーキンス、デヴィッド・フッドらは、一九六九年、近傍に「マッスル・ショールズ・サウンド・スタジオ」を設立する。そしてこの「マッスル・ショールズ・サウンド・スタジオ」からも、ローリング・ストーンズ「ブラウン・シュガー」、クラレンス・カーター「パッチズ」、ステイプル・シンガーズ「アイル・テイク・ユー・ゼア」、ポール・サイモン「僕のコダクローム」といった数々のヒット曲が出ている。

「フェイム・スタジオ」では一時期、サザン・ロックの雄、オールマン・ブラザーズ・バンドのデュアン・オールマンがセッション・マンを務めていた。「マッスル・ショールズ・サウンド・スタジオ」では、ボブ・マーレイより早くレゲエを広めていたジミー・クリフがスワンパーズとともに「アナザー・サイクル」を録音し、ゴスペル志向を強めていたボブ・ディランも七〇年代末にそこで「スロウ・トレイン・カミング」をものした。

ポール・サイモンの「僕のコダクローム」は、その頃スワンパーズが傾倒していた、レゲエの前身であるスカのリズムを採り入れた。「僕のコダクローム」どちらかといえばミドル・オブ・ザ・ロードとして聴かれた世界的なヒット曲であるが、そこにはカリブ海で再発見されたリズムの胎動が盛り込まれていたのである。そして、七〇年代の細野のソロやキャラメル・ママのサウンドにはスカが積極的に持ち込まれた。「でもあれはジャマイカのスカじゃなくて、南部……のマッスル・ショールズ経由のスカだったんです」と細野は語る。*19

そのように、幅広いジャンルのアーティストが、ほかでは醸し出せない濃厚なR&Bサウンドを求め、そのマジックにあやかろうとマッスル・ショールズのふたつのスタジオを行き交い、収録されたレコードを通じて、R&Bやサザン・ロック、カリブ海のリズムの新たなうねりが世界各地のリスナーの耳にまで届くことになった。

アメリカではすでに、オーティス・レディングをはじめ個性的なR&Bサウンドを醸すバンド、ブッカー・T&ザ・MG'sが所属するテネシー州メンフィスのスタックス・スタジオや、フィリー・ソウルの本場として知られるフィラデルフィアのシグマ・サウンド・スタジオのように、独自のスタイルをもち、そこでしか出せない音を出すスタジオの専属バンドやプロデュース・チームがあちこちで活躍し、マッスル・ショールズもそのひとつとして注目を浴びていた。

そして、スタジオの詳細なクレジットなど記されない時代に、「卓越した洋楽の目利き」である細野晴臣が太平洋の彼方から熱い目を注いだのは、そんなソウルフルなレコード・レーベルのようなスタジオ専属ミュージシャンたちだった。歌を中心にバンドがまとまったはっぴいえんどとは異なり、強烈なヴォーカリストが不在であったことも起因して、プレイヤー志向のきわめて強い、当時のこの国では類を見ないプロデュース・チーム、キャラメル・ママはそのようにして誕生することになった。

キャラメル・ママは細野のソロ・アルバム発表と前後して、七三年四月頃から活動を始める。彼らは当時売り出し中のシンガー・ソングライター荒井由実（『ひこうき雲』／七三年）、ソウルフルなシンガー吉田美奈子（『扉の冬』／七三年）らのプロデュースとバッキングを務めるかたわら、南沙織（『夏の感情』／七四年）、アグネス・チャン（「ポケットいっぱいの秘密」／七四年）、雪村いずみ（『スーパー・ジェネレーション』／七四年）など歌謡曲の歌手らのバックバンドを意図的・戦略的にこなしていった。

キャラメル・ママは、作詞家・作曲家が作品を作り、編曲家がアレンジした譜面を、レコード会社の雇われミュージシャンが忠実に演奏したものを録音していた当時の歌謡界のレコーディングのあり方に新風を吹き込んだ。彼ら独自の仕事の進め方となったのは、譜面ではなく、アーティストとバンドのメンバーとがスタジオでの試奏や話し合いをもとに曲のベスト・アレンジを決めていく「ヘッド・アレンジ」と呼ばれるやり方である。

細野も語るように、試行錯誤にもとづくこうしたレコーディングには通常の方法より時間がかかるが、「自分がミュージシャンで、仲間もミュージシャンで、その中でアレンジやリズム・セクションのよさで音楽制作するのがぼくにとってはプロデュースということだった」[*20]。そして、自分たちの明確な音楽的志向性をもってオリジナルの活動を行うフォーク・ロック系のミュージシャンが、別の歌手やアーティストが創り出すべき音楽性を自分たちの解釈やクリエイティヴィティにもとづくスタジオ・ワークによって作り上げていくのは、マッスル・ショールズを雛形とするプロデュース集団をめざしたキャラメル・ママが確立したスタイルであった。

キャラメル・ママによる荒井由実のアルバム・プロデュースは、自らもヒット曲の作曲家であり、荒井をプロ・デビューさせたアルファ・ミュージック社長の村井邦彦が、はっぴいえんど時代から細野らのマネジメントに携わるプロダクション「風都市」の石浦信三のオファーを受けて決めた。石浦は松本隆の小学校時代からの友人だった。村井は「自分のバンドでやりたい」という荒井由実の申し出を頑なに却下し、キャラメル・ママの音楽的志向性こそ、シンガー・ソングライター荒井由実がこれから創り上げていくべき音楽性にふさわしいと判断した。村井はその後、アルファ・レコードを設立するが、明確な音楽性をもったスタジオ・ミュージシャンとしての彼らの可能性を見出し、さまざまなアーティストのレコーディングに起用していく。

＊

キャラメル・ママは結成翌年の七四年七月、細野の発案で「ティン・パン・アレー」とグループ名を変え、軌道修正を試みる。グループは「流行りのロック・テイストを出せる新手のスタジオ・ミュージシャン」として結局は自分たちを利用するだけにも思えた歌謡界から距離を取り、より洗練された四人の演奏力を土台にさらに自由奔放なセッション・グループに変容していった。細野はこれについて語る。

「音楽というのはテクニックも大事だけれど、やはり演奏を包みこむ歌ごころと音楽性の裏付けがなければダメなものです。その意味で人それぞれの音楽の違いということは決定的だし、キャラメルとしての一貫した音と合わない場合も出てきます[*21]」。

ニューヨークの出版社が集まる一角を指す「ティン・パン・アレー」という言葉は、アメリカでは

「ヒット・チャート主義の時代の通俗音楽」を連発してビジネスに勤しむ音楽業界を揶揄する意味合いで使われる。この命名には、セッション・グループの側から明確な音楽性を打ち出しつつ、さまざまなアーティストの音づくりに斬り込んで行こうとする細野らのシニカルなまなざしが見てとれる。*22

そこには、マッスル・ショールズのような「ヘッド・アレンジ」を持ち味とした文字通りスタジオの俊英リズム・セクションとして、「演奏の快感に突っ走る」卓越したセンスと演奏技術によって自在に醸し出すグルーヴやリズム・パターンを、当時のこの国のシーンに欠けていた音楽の「土台」として作り上げていこうとする細野の意図が貫かれていたのである。*23

*1 細野晴臣、中矢俊一郎編『HOSONO百景──いつか夢に見た音の旅』河出書房新社、一三七頁、二〇一四年、細野晴臣『HOSONO BOX 1969-2000』CDブックレット、daisy world discs、一四頁、二〇〇〇年
*2 前掲細野、中矢編『HOSONO百景』一一〇頁
*3 細野晴臣インタビュー「はっぴいえんど いま必要なのは新たなる混沌かも知れない」『新譜ジャーナル』三月号、三九頁、一九七三年
*4 『季刊REMEMBER』一六号、一九八七年
*5 北中正和「『Hosono House』の自宅録音をルポする」『レコード・コレクターズ』八月増刊、六九頁、二〇〇〇年（『ニューミュージック・マガジン』一九七三年六月号再録）
*6 「細野晴臣インタビュー さよならアメリカ さよならニッポン」『モンド・ミュージック 二〇〇一』アスペクト、三八頁、一九九九年
*7 細野晴臣、北中正和編『細野晴臣インタビュー THE ENDLESS TALKING』平凡社、七八、八三頁、二〇〇五年

＊8　細野晴臣『HOSONO HOUSE』CDブックレット、キング・レコード、二〇〇五年
＊9　北中正和「細野晴臣、鈴木茂に聞く 出会い、録音、新バンド」『レコード・コレクターズ』八月増刊、七六-七八頁、二〇〇〇年
＊10　野上眞宏「ドキュメンタリー・フォト　はっぴいな日々」『レコード・コレクターズ』八月増刊、五三-五四頁、二〇〇〇年
＊11　「ファースト私の第一作細野晴臣」一九九七年三月二五日二二時四五分、NHK総合テレビ
＊12　前掲細野、中矢編『HOSONO百景』一〇九頁
＊13　https://ja.wikipedia.org/wiki/マーティン・デニー
＊14　細野晴臣、大里俊晴「音楽脳のなせる業」『ユリイカ』九月号、七九頁、二〇〇四年、前掲細野、北中編『細野晴臣インタビュー THE ENDLESS TALKING』一〇〇-一〇一頁
＊15　前掲細野、中矢編『HOSONO百景』一七六-一七七頁
＊16　https://ja.wikipedia.org/wiki/蘇州夜曲、https://ja.wikipedia.org/wiki/支那の夜
＊17　前掲細野、北中編『細野晴臣インタビュー THE ENDLESS TALKING』一〇二頁
＊18　マッスル・ショールズ・スタジオについては、すべて『黄金のメロディ マッスル・ショールズ』（映画）グレッグ・フレディ・キャマリア監督、二〇一三年（DVD、アンプラグド／メダリオンメディア／是空／ポニーキャニオン、二〇一四年）を参照した。
＊19　「SPECIAL INTERVIEW 細野晴臣 PART3」『Groovin'』三月二五日号、四月二五日号、二〇〇〇年
＊20　北中正和責任編集『風都市伝説―一九七〇年代の街とロックの記憶から』音楽出版社、二〇〇四年
＊21　細野晴臣「僕の履歴書・そして求人広告」『guts』一月号、一三一頁、一九七五年
＊22　「細野晴臣インタビュー 音楽的な土台、骨組み、そこを明確にしようと」『ロック画報』一四号、一八頁、二〇〇三年
＊23　前掲「細野晴臣インタビュー 音楽的な土台、骨組み、そこを明確にしようと」『ロック画報』一四号、一八頁

終章　「消化」と「発掘」のスパイラル

──文化を超えた「洋楽」への運動《ムーヴメント》

「ビートルズを食べる」

ふたたびカエターノ・ヴェローゾ、そして彼の祖国ブラジルのことに思いを馳せる。

長年ポルトガルをはじめ複数の列強の植民地支配を受け、プランテーションの労働力となる移民を積極的に受け入れてきたブラジルには、あまりにも多様な異文化が流れ込んだ。ブラジル社会は、異種交配《ハイブリッド》していく多種多様な文化の揺籃となると同時に、人々は自国に伝播した異文化を取り入れることによくも悪くも敏感となり、その導入の賛否をめぐって激しい批判や衝突が繰り広げられてきた。

一九世紀前半、ナポレオン・ボナパルトの侵攻を受けたポルトガル王室はリオ・デ・ジャネイロに移転し、ポルトガルの王族が愛好していたイギリスやフランスの文化がブラジルに広まる。リオの上流階級の男性たちの間では、羊毛産業とテイラー技術の発達により世界の男性服をリードしたイギリス仕立てのスーツを着ることが流行した。摂氏四〇度に及ぶ気温のなか、彼らはウールのスーツを着て汗をかくことが肉体労働をしなくてもよい有閑階級の洗練の証であることを誇示したのである。かの地のジャーナリストであり司祭でもあったミゲル・ロペス・ガマは、この流行を文化の「ロンドン化」として批判した。*1 そこには、植民地支配を行うポルトガル人が持ち込む「イギリスかぶれ《アングロメーニア》」の価値観に染まった上流階級に対する冷徹な批判精神がうかがえる。

一九六〇年代後半、ジルベルト・ジル、トン・ゼー、ガル・コスタらとトロピカリズモ(「熱帯主義」)運動を主導したカエターノ・ヴェローゾも、ビートルズの『サージェント・ペパーズ・ロンリー・ハーツ・クラブ・バンド』をはじめ、R&Bやサイケデリック・ロックの影響を受けたが、これまでのブラジルのポピュラー音楽を擁護する保守層から「イエ・イエ・イエかぶれ」であると手ひどく批判された。*2 ジャズをはじめアメリカのポピュラー音楽を愛好するミュージシャンたちが作り上げた一九五〇年代末からのボサノヴァの流れは閉塞しつつあった。

だが、トロピカリズモ運動は全世界に波及していたヒッピー・ムーヴメントの流れを汲み、既成のさまざまな価値観を否定するカウンター・カルチャーのひとつだった。カエターノらは、出身地である北東部バイーアの文化にブラジルの音楽の独自性や豊かな地方文化を再発見しようとしていた。アーティストらはサイケデリックなファッションに身を包み、バイーア訛りで歌を歌い、地方の料理を賞賛し、ビートルズらの影響により一時の流行としてもてはやされた国産ポップス(「イエ・イエ・イエ」)を批判した。*3

ジルベルト・ジルはトロピカリズモへの批判に反論している。「ビートルズは現在のポップスに、ブラジルで『イエ・イエ・イエ』と呼ばれているものには見られない、ありとあらゆる種類の音楽と優れたインスト効果を導入している。だからビートルズの音楽は常に向上していく。一方ブラジル音楽界では、若者の音楽でさえもひどく保守的だ。ブラジルのポピュラー音楽界は保守的で排他的すぎる。今後ずっとこの調子でいたら、そのうち我々は音楽を作るとき、ブラジルにもともと住んでいたインディオ達の楽器だけしか使わなくなるかもしれない」*4。

カエターノのトロピカリズモの代表的作品とされる「アレグリア、アレグリア」（一九六八年）は、彼自身が一九六四年に作った「クレヴァー・ボーイ・サンバ（Clever Boy Samba）」を原曲としたものである。「クレヴァー・ボーイ・サンバ」は、カエターノの故郷、バイーア州サルバドールの気取った田舎のプレイボーイと、彼がかぶれる国内外の新しい文化のことを謳った作品である。「……カム・トゥー・マイ・メランコリーだって／今どきのサンバって、こんなの／ボサ・ノヴァじゃないなら俺とは無関係／ジョアン・ジルベルトもオルラン・ヂーヴォも同じこと／俺にとってはね／……ネルソン・ゴンザルヴェスは過去の人／今はデザフィナードでなくっちゃね／それにしても髪の毛がうるさいな／レイ・チャールズ大好き／『ステラ・バイ・スターライト』大好き／けど、俺の英語は／相変わらず『グン・ナイト』だけ」*5。

一九六〇年代後半にこの曲をあるフェスティヴァルで歌ったときのことを、カエターノはインタビューで語っている。「『アレグリア、アレグリア』をエレキトリック・ギターで演奏した時、何人かの人たちはそのことに怒るあまりヒステリー状態に陥ってしまった。でもそういう人たちにはお生憎さまだが、僕はエレクトリック・ギターが好きなのだ。僕たちにフォルクローレを演奏しろという人たちもいるが……僕は何しろバイーア人で、バイーアにはフォルクローレしかないというわけではない。それにサルヴァドール［バイーアの州都］は大都市だ。みんながアカラジェ［バイーア独特のアフロ・ブラジル料理］だけを食べてるわけじゃなくて、ちゃんと西洋式の食堂だってあるしホット・ドッグだってあるのだ」[*6]。

一九六八年六月にサンパウロで開かれたトロピカリズモについてのパネル・ディスカッションで詩人のデシオ・ピギナタリは「我々のトロピカリズモは活力回復の運動だ」とこれを擁護したうえで、トロピカリズモ運動と、モダニズム作家オズワルド・ヂ・アンドラーヂの「アントロポファジー(人食い人種)宣言」におけるブラジル文化観との関連性を指摘し、こう述べた。「オズワルド・ヂ・アンドラーヂが言っていたように、我々は『ペドラの時代(「洞窟の原始時代」)……』を生きているのではなく、『ペドラーダの時代』(「批判の時代」……)を生きている……。重要なのは、カエターノやジルが音楽の面でやっているように、『食べて吸収することができる』という事で、それが、世の中を批判する行為として機能するのだ」[*7]。

オズワルド・ヂ・アンドラーヂは一九三〇年代のブラジル近代主義文化運動の旗手の一人であり、タルシラ・ド・アマラルの絵画にインスパイアされて「食人主義宣言」を発表し、そこで「ブラジルはヨーロッパ文化のもの真似をするのではなく、ヨーロッパ文化の良い点を『食べて吸収し』、真にブラジルのものとして消化した形で芸術・活動に還元することが重要だ」と提唱したという[*8]。

オズワルド・ヂ・アンドラーヂは、ブラジルの人たちには「海外の観念を消化し、自分たちのものにする力がある」と主張したのである。カエターノ・ヴェローゾはこのメタファーを援用し、トロピカリズモ批判にこう答えたという。「私たちはビートルズとジミ・ヘンドリクスを食べているんだ」[*9]。

そう、同じように私たちの国でも、戦後復興期には、松岡直也がトミー・ドーシーやノロ・モラレス、ティト・プエンテを「食べて」いた。ヴェトナム戦争期には、ゴールデン・カップスがヴァン・モリソンやジミ・ヘンドリックスを「食べて」いた。一九六〇‐七〇年代には細野晴臣がバッファロー・スプリングフィールドやマーティン・デニーを「食べて」いたのである。

二〇世紀初頭まで農耕社会であった北欧スウェーデンでは、放牧した牛を駆り集める呼びかけ歌と狩猟のさいに信号を送るホルン（角笛）を用いた民俗音楽が世俗歌謡の源流となった。一九世紀にフィドルの伴奏で歌われるようになった伝統的なダンス音楽・ポルスカに、ワルツ、マズルカ、ポルカなど他国のダンスが合流し、北欧風にアレンジされた。一九世紀末、舞台上演のために振り付け師がついた「民俗舞踊《フォーク・ダンス》」が生まれ、学生が農民の衣装を着て踊った。その楽曲は、フィドルの演奏形式にのっとって新たに作曲されたが、愛国主義のよすがとなって人気を博し「民俗舞踊ショー」に発展した。

二〇世紀になると、この国にも、影響力のある海外の音楽が次々に流入する。世紀初頭には、タンゴ、ワンステップ、フォックス・トロットなど南北のアメリカ大陸から入ったモダン・ダンスを、アコーディオン、ギター、コントラバスで編成された楽団が演奏した。一九二〇年代にはディキシーランド・ジャズとドイツの流行歌が演奏され、五〇年代にはロックン・ロールが流行し、六〇年代には若者たちがエレクトリック・ギターでバンドを組み、ブリティッシュ・ロックを英語の歌詞で歌った。*10

一九七〇年代、世界に吹き荒れたカウンター・カルチャーの嵐はスウェーデン全土にも及んだ。七〇年から三年続けて、ウッドストックのような巨大なフリー・フェスティヴァルが開催され、自国の文化のルーツへの関心を高めた若者のグループがスウェーデン語でロックやジャズを歌い、スウェーデンの民俗音楽を演奏し始めた。かの国を大きく揺るがしたこのできごとは「スウェーデン音楽運動」と呼ばれている。*11

ケニア、タンザニアなど東アフリカの部族社会では、もともと「音楽」を単独で意味する単語を持たず、スワヒリ語で音楽、舞踊、演劇、仮面劇などの芸能全般を表す言葉として「ンゴマ」（ngoma）が使われる。書き言葉を持たない部族社会では、部族の歴史、世界観、法律、治療法が収穫や冠婚葬祭の宗教祭事のンゴマにおいてドラムと語りによって口承された。ンゴマはそこで使われる太鼓を意味する言葉でもある。祭事はまた、複数の打楽器とリズミカルな歌詞によるダンスを重要な構成要素とする。

宣教師たちは賛美歌というヨーロッパの典礼音楽を持ち込み、キリスト教系の学校ではヨーロッパの言葉や習慣、価値観が教えられた。一九五〇年代には都市化が始まり、六〇年代にはダンスホールでツイストが流行し、欧米風のライフスタイルが持ち込まれた。六〇年代末には、ラテン・アメリカにルーツを持つルンバのリズムに影響を受けた隣国ザイール（現・コンゴ民主共和国）の音楽がザイール人の言葉で歌われ、七〇年代になると自国の戦乱を逃れてケニアやタンザニアに定住したザイール人のバンドが現地のポピュラー音楽の主流をつくった。タンザニア人のミュージシャンは、ザイール人との共演によってこのルンバ系音楽を習得して、エレクトリック・ギターを導入しスワヒリ語の歌詞で歌われる「タンザニアン・ジャズ・バンド」のスタイルが築かれた。*12 タンザニアでは「ジャズ」とは、ポピュラーなダンス・ミュージック全般を指す。

同じ東アフリカのエチオピアでは、ロンドンの大学とボストンのバークリー音楽大学に留学したムラトゥ・アスタトゥケがラテン・ジャズに出合い、一九七〇年代にジャズ、ラテン、ファンク、レゲエなどを融合した「エチオ・ジャズ」の礎を築いた。ホーン・セクションにヴィブラフォンやオルガン、カッティング・ギターなどの編成で演奏されるこの音楽は、ラテン音楽の強い影響を受けた戦後の日本のムード歌謡とも共通する哀愁のあるメロディが特徴的で、当時を知る日本人は懐かしさを感じるという。*13

一五歳の少年だった申重鉉《シンジュンヒョン》がソウルの南大門市場で買った通信用無線機でＡＦＫＮ（駐韓米軍放送。現在ＡＦＮに統合）を聴き、教則本を見ながら独学でギターを弾くようになったのは、朝鮮戦争の終わった一九五三年のことである。ＡＦＫＮでは五〇年代のアメリカ本国のヒット曲を中心に、エルヴィス・プレスリーをはじめとするロックンロールや、ナット・キング・コールなどのスタンダード・ナンバーが流れていた。

申はギターの腕を上げ、一九六〇年代には駐韓米軍基地内のクラブで行われていた慰安公演である「八軍ショー」のステージに立つようになる。申は白人の若年兵にはロックン・ロール、黒人兵にはＲ＆Ｂ、上官らにはカントリー・ミュージック、上級将校にはグレン・ミラーなどのスタンダード・ナンバーと、エレクトリック・ギターを手にあらゆる米兵たちの好みに合う演奏を行ったという。

六四年、八軍ショーの仕事を離れた申は、李美子《イミジャ》をはじめとする演歌風歌謡全盛のなか、ひとり韓国語ロックの創造にとりくみ、六八年の「美人」を皮切りにヒット曲を連発する。その年、駐韓米軍基地周辺では、アメリカ本国から訪れた若者たちがヴェトナム反戦デモを繰り広げ、申のやっていたロックに興味を持って彼を訪ねてきたという。申と若者らの交流は、当時注目を集めていたエリック・クラプトンやジミ・ヘンドリックスらのブルーズ・ロック、サイケデリック・ロックという同時代の音楽を共有していたからこそのできごとだった。のちに申は「韓国ロック界のゴッド・ファーザー」、あるいは「韓国ソウル・ミュージックの創始者」と呼ばれるようになる。*14

一九六八年、尹亨柱《ユンヒョンジュ》とともに、若者たちが集うソウルの音楽鑑賞室（音楽喫茶）からフォーク・デュオ「トゥイン・フォリオ」としてデビューした宋昌植《ソンチャンシク》の場合、当初カヴァーしていたのはキングストン・トリオやピーター・ポール＆マリー、サイモンとガーファンクル、エヴァリー・ブラザーズをはじめとするアメリカのフォーク・ソングやポップスだった。宋にサイモンとガーファンクルのレコードを贈ったのは、反戦デモのために韓国に来ていたアメリカの若者たちだった。軍事政権下の韓国では英語の歌の放送は禁止され、ソロになった宋はこれらの曲を韓国語に翻訳して歌ったことで、どうすればフォーク・ソングに韓国語を乗せられるかというその試みが、一九七〇年代にオリジナルの韓国語フォークを生んでいくことになる。*15

二一世紀の商業空間に響く一九世紀来の「雰囲気の音楽」

二〇〇〇年代前半に東京の街に訪れたといわれるＢＧＭの劇的な変化のあと、この国では、多くの音楽家や選曲家がさまざまな都市施設のＢＧＭの選曲に積極的にかかわるようになっている。

ジャズ・ユニット「京都JAZZ MASSIVE」を率い、渋谷のクラブ「The Room」を主宰する沖野修也は世界三〇ヶ国のクラブで活躍を続けるＤＪであり、成田空港第二旅客ターミナルや東京・汐留のホテルCONRAD、サントリーが京都・三条に出店する「伊右衛門サロン京都」など、数多くの施設のＢＧＭを手がける。

細野晴臣はサックス奏者・菊地成孔らの後を受け、二〇〇九年から一年間、コシミハルらとともに六本木にある東京ミッドタウン・ガレリア棟のＢＧＭ選曲を担当した。[16] 百貨店や大型商業施設では、近年、店内ＢＧＭを計画的・系統的に導入する流れが目立つ。阪急うめだ本店では二〇一二年の建て替えを機に、新たな音響システムを導入し、同じフロアでも売り場によって八パターンの音楽を使い分けられるようにしている。二〇一七年、東京・銀座にオープンした大型商業施設、ギンザ・シックスでは、ジャズやヒップホップ、エレクトロニカを手がけるミュージシャン、選曲家の西原健一郎とＵＳＥＮとのコラボレーションによりフロア別にＢＧＭを配信し、ゴージャスで気品ある演出をめざしている。椎名林檎が作り、トータス松本とデュエットしたそのＣＭソングは、オープニングの期間に館内で流された。[17]

細野晴臣が東京ミッドタウンの選曲を引き受けたのは、東京の街の多くの施設や店舗が深い意図もなく音楽を垂れ流し、そんな音の無秩序な氾濫に対して音楽家として感じるある種の不快感を快感に変えられないか、と考えたからだという。

この国では、配慮の行き届かない施設のＢＧＭに不快を表明したり、批判を行う人はさほど多くはない。だが、たとえばイギリスでは、PIPE DOWN（直訳は「静かに！」。「ＢＧＭ（piped music＝背景音楽）を撲滅する」の意）という名称の圧力団体が国際的な活動を行う。PIPE DOWNのメンバーは、ＢＧＭを流す施設や店舗を運営する組織に手紙を送り、またＢＧＭを放送しているがゆえに自分たちはその店舗や施設を利用することはない、というメッセージを書いた名刺を渡す。[18] かたやこの国では、われわれはいたるところでさまざまな音楽をなりゆきまかせに耳にしている。細野は、そんな国の都市の空間だからこそ、東京ミッドタウンには「どんな音楽が合うのか、すごく真剣に考えて選曲した」と語る。[19]

東京ミッドタウンのガレリア棟は、天井の高い吹き抜け空間の中央にエスカレーターが配置され、巨大な長方形をした四層のフロアの三辺に洗練された店舗が建ち並ぶ。多くの人々が行き交うパブリックなスペースに流されるその音楽を、細野は「プロムナード・ミュージック（遊歩道の音楽）」と名づけた。
細野は言う。「プロムナードのような人々の行き交う場では、音楽は聴くものではなく空間のオブジェに変貌するものであり、それ故に際だった個性は場のバランスを壊すことになってしまう。幸い、多くの『良き』音楽はある法則を伝統的に継承することで、社会との融和性を保ち続けることを可能にしている。その法則とは快感原則とでも言える、人の気持ちを良くさせようとする洗練された技法のことだ」[20]。「快感原則に沿った洗練された技法」をもち、大都市・東京の昼のプロムナードを演出するのにふさわしいのは、細野自身が幼少期から親しんできた一九四〇－六〇年代のアメリカやヨーロッパで作られたイージー・リスニングや映画音楽などの楽曲群だったという。
知られているように、五〇年代の欧米では、長時間録音が可能なLPレコードの登場によって、ある場に一定の雰囲気を醸し出す「ムード音楽」（イギリスでは「ライト・ミュージック（軽音楽）」と呼ばれた）の概念が生まれ、ストリングスを多用し、オリジナルの編曲でオーケストラに演奏させ、格調あるホテルやレストランで使われた。アメリカの指揮者、ポール・ウェストンやイギリスのマントヴァーニ、カナダのパーシー・フェイスらが楽団を率いて活躍した。[21]
細野が選曲したのは、作曲家ルロイ・アンダーソンの宮廷舞踏会を思わせるワルツ「Bell of the Ball（舞踏会の美女）」、ローレンス・ウェルク「Bubbles in the Wine」、倦怠を誘うほど優雅でメランコリックなデイヴィッド・ローズ＆ヒズ・オーケストラ「Nostalgia」、ジャック・タチ監督の映画『ぼくの伯父さん』の主題歌、往年のラウンジ・グループ、スリー・サンズ「To Think You've Chosen Me」、ムード・ミュージックの「巨匠」、パーシー・フェイス「Delicado」、ドイツのイージー・リスニングの「帝王」、ベルト・ケンプフェルト「Three O'clock in the Morning」などをはじめとする膨大な楽曲群である。

いずれも伸びやかで気品があり、都市の優雅な洗練を感じさせる音楽である。細野がこれらの曲を選んだのは、世の人々を心の底から寿ぐ明るさと軽快さ、そしてこの世のものとは思えないほどの官能と気高さを湛えた二〇世紀中葉の良質な音楽が二一世紀へと継承されないのではないか、という危機感からである。彼は言う。「ぼく自身のことじゃなくて、ぼくの好きな音楽なんかは伝えていきたいよ。ぼくは、一九三〇～一九六〇年代の音楽を受け継いでる自覚があるけどそんな音楽を絶滅種にはしたくない。ＤＮＡがひとつでも残ってればなんとかなると思ってる」[*22]。

細野晴臣『PROMENADE FANTASY at the midtown』、2010年、daisyworld discs。東京ミッドタウン・ガレリア棟のために選曲した50年代のムード音楽を細野らがカヴァーした

細野は、世界の多くの地域と大なり小なりの差はあれ、この国のポピュラー音楽もまた、さまざまな「洋楽」から影響を受けつつ独自の発展を遂げてきたことが、今のアーティストやリスナーに受け継がれていないのでは、と危惧する。

「日本の歌謡曲は、かつてこういった音楽と濃密な関係があったんだよ。戦後、アメリカに占領されて、ジャズがどっと入ってきた流れから、国内の音楽家は外国文化であるカントリーやロカビリーやジャズに取り組んだわけだ。現在の芸能界のルーツも全部そこにある。それが時が経つにつれて、良く言えば日本のミュージシャンは国民性を取り戻したというか……。悪く言えば、ルーツの意識が薄らいでいる。無意識的に外国の音楽を受け取って、自分のものと錯覚しつつ活動しているだけでしょう。意識的に外国文化を研究して取り入れる時代は終わっちゃったんだよね[*23]」。

音楽の世界を飽くことなく探究し続けるなかで、細野はひとつの発見に辿り着いた。「最近では子ども頃に聴いていたポップ・ソングが、実はその元が一九世紀の舞踏音楽であり、時とともに曲名が変化してきたにもかかわらず、その主旋律は変化していない、という発見があった」という[*24]。

たとえば、細野が選んだ東京ミッドタウンのBGMを代表する「Bell of the Ball（舞踏会の美女）」を作ったルロイ・アンダーソンは一九三〇年代後半‐六〇年代にかけて活躍し、アーサー・フィードラーのボストン・ポップス・オーケストラやブロードウェイ・ミュージカルに曲を書いて、自身のスタジオ・オーケストラも商業的な成功を収めた。「ブルー・タンゴ」や「シンコペイテッド・クロック」をはじめ、彼の放ったあまたのヒット曲はイージー・リスニングの古典となり、ジョン・ウィリアムズは彼を「アメリカ軽音楽の巨匠」と呼んだ。

アンダーソンは若い頃、ダンス・バンドのピアノやダブル・ベースの奏者を務め、リズム面ではタンゴ、サンバ、ラグタイム、ジャズなどのダンス・ミュージックの影響を受けた。そして、「フランスのヨハン・シュトラウス」と呼ばれたエミール・ワルトトイフェルや、エリック・サティらの「エール・ド・ヴァルス」（ワルツ形式の歌謡曲）など、細野の言う「一九世紀の舞踏音楽」の影響も強いとされる。*25

エリック・サティは、ドビュッシー、ラヴェルらフランス印象主義音楽の作曲家に大きな影響を与えたことで知られる。二〇世紀初頭に始まるフランス印象主義音楽は、ロマン派音楽のような主観的表現を排し、激情や物語性の描写より「気分や雰囲気の表現」に重きをおいた様式である。そして、ドビュッシーの印象主義音楽は、モネ、ルノワール、セザンヌ、ドガらフランス印象派の画家たちが用いた「光と影の常に移り変わる効果」を表現する技法を音楽において試みたものだといわれる。*26

カフェのBGMの定番としてよく使われるボサノヴァは、知られているように、一九五〇年代後半、リオ・デ・ジャネイロで生まれ、サンバ・カンスォンのリズムを軽やかなアコースティック・ギターのつま弾き（バチーダ）で奏で、つぶやくように歌う歌唱法を独自のスタイルとするジョアン・ジルベルトらによって始まった。

一九五八年、最初のボサノヴァ曲といわれ、ジョアン・ジルベルトの代表作となる「Chega de Saudade（思いあふれて）」を当初シンガー、エリゼッチ・カルドーゾに提供した作編曲家・ピアニスト、アントニオ・カルロス・ジョビンは、ドビュッシー、ラヴェルらフランス印象主義の作曲家やショパン、フォーレらの影響を受け、さらに二〇世紀中葉以降のムード音楽や映画音楽の要素も取り入れていたといわれる。アントニオ・カルロス・ジョビンが作曲し、もう一人のボサノヴァ創始者といわれる詩人、ヴィニシウス・ヂ・モラエスが作詞した「イパネマの娘」は世界で最も数多くカヴァーされた曲のひとつといわれ、長年ラウンジ・ミュージックの定番となっている。

アントニオ・カルロス・ジョビンが作曲した作品は数百曲に及び、今日のボサノヴァのレパートリーの圧倒的多数を占めている。そして、こうした一九世紀から二〇世紀にかけての舞踏音楽、また「気分や雰囲気の表現」に重きをおくエリック・サティや印象主義音楽の流れを汲むイージー・リスニングやボサノヴァという音楽が、この国で二〇〇〇年代前半から始まった都市の施設・店舗ＢＧＭの劇的変化を支えるひとつの基盤となっているのは、ある意味できわめて自然ななりゆきといえるかもしれない。

そんな都市空間では、より多くのオーディエンスが、その空間や時間に適合するよう念入りに調整されたさらに多様な音楽を聴くようになっていくのだろう。ただ、それを聴く者の多くは、アーティストや曲名を知らず、いわんやその系譜など気にとめることもなく、なめらかにつなぎ合わされたＢＧＭの連なりを施設や店舗の空間の雰囲気の一部として半覚醒のうちに受け止め、同伴者との語らいの合間にふと耳に留める、そんな「聴き方」を自然なものとするようになるのだろう。その中のある者は耳にした楽曲に興味を覚え、スマートフォンの楽曲検索アプリShazamをスピーカーに向けてかざすかもしれない。

そのような都市にあって、細野のようなアーティストやＤＪ、職業選曲家など一部の音楽家たちはルーツを遡る容易ならざる旅に漕ぎ出し、ある時代の音を共有する別の楽曲を掘り起こし、ある種のかぎられた語り部として民衆の音楽の「記憶」を担いつつそれらを継承していくのだろう。

「管理」と「快楽」の狭間で

施設や店舗に流れる音楽がそこを訪れる消費者にどのような影響を与え、そこにどんなメカニズムが働くかを知ることで、顧客の購買行動を制御しようとする研究がアメリカなどを中心に盛んに行われている。

いまや古典的とされる研究は、R・E・ミリマンが一九八二年に発表した、スーパーマーケットで流れる音楽のテンポと店の売上げ、そこでの消費行動についての実験にもとづくものである。おしなべて、人はテンポの速い音楽を流すと買い物のスピードは上がるが、その結果、滞在時間が短くなり、テンポの遅い音楽を流したときより支出額は減る、という知見が得られている。*27

飲食行動の場合も同じである。C・コールドウェルとS・A・ヒバートによれば、あるレストランでは、実験に使用した遅いテンポの音楽を聴いた客は速いテンポの音楽を聴いた客より一三分五六秒長く店に滞在したが、食事の支出額自体は影響を受けなかった。ただ、遅いテンポの音楽を聴いた客の方が飲酒の支出額が多くなった。*28

また、まったく同じ商品でも、BGMをつけた場合とつけない場合では、音楽をつけたときの方が消費者はより高い支出をすることが多い。そして、音楽の内容も支出額の大小に関係する。ワイン・ショップでクラシック音楽を流した場合とポピュラー音楽のトップ四〇を流した場合とを比べると、売上本数には差はないが、クラシック音楽を流したときの方がより高いワインを買うよう誘導される効果がみられた。値段が高めのワインにはクラシック音楽の優雅で洗練されたイメージがより「適合」するという。*29

店内で流す音楽の種類と買う商品とのこうした「適合」については、A・C・ノースらが行った実験も知られている。価格と甘味・酸味が同程度のドイツ産ワインとフランス産ワインを産地別に置き、ドイツをイメージさせる音楽（ドイツ風パブの音楽）を流すと本数比二対一でドイツ・ワインが、フランスをイメージさせる音楽（アコーディオン演奏のフランス国歌）を流すと五対一でフランス・ワインがよく売れたという。[*30]

そんなふうに、音楽をコントロールすることによって消費者の店内行動をある程度制御することも可能だ。たとえばスーパーマーケットでは、昼間の空いている時間には遅いテンポの音楽を流し、買い物客で混雑する夕方にはアップ・テンポの音楽を流せばよい。レストランでは、混み合うランチタイムにはテンポの速い音楽を流して回転率を上げ、午前中など客の少ない時間帯にはテンポの遅い音楽を流して客の滞在時間を延ばし、支出額を上げるよう工夫することが考えられる。[*31]

ただ、店舗にはありとあらゆる業種・業態がありうるし、選曲家の背後には、今や数千万曲に及ぶといわれる膨大でさまざまなタイプの音源が控えている。それゆえ、BGMの選曲の現場では、実験や研究で得られた知見だけではなく、むしろ選曲家の「経験的知見」の方がものを言うことも多い。

店舗のBGM、サウンド・ロゴ、テレビ番組のテーマ曲など数多くの「サウンド・マーケティング」に携わってきた作曲家、テレビ・プロデューサーのジョエル・ベッカーマンは語る。「音や音楽がいかに感情を高揚させ、楽しい記憶を呼び起こすかという点に関しては、最新の科学的研究よりも音の訴求力を知りつくした哲学者、アーチスト、クリエーターから学ぶことのほうがずっと多い」。ベッカーマンは映画音楽の巨匠、ジョン・ウィリアムズとも共作を手がけるクリエイターである。[*32]

USENでは、主にアパレル・ショップを対象として「Colorful Pop Styling」、「EDM（エレクトリック・ダンス・ミュージック）」、「ラウンジ・ミュージック」といったチャンネルを開発している。「Colorful Pop Styling」は「アコースティックやエレクトロ・ポップな音色」のミドル・テンポからアップ・テンポの、アメリカのポップスとも異なる「楽しいポップ・ソング」を流す。ドイツや北欧からの選曲も多く、アコースティックな音にキーボードやリズム楽器の電子音を乗せたフォークの香りのするエレクトロニカなどをその典型とする。

「ＥＤＭ」は、欧米から波及した「ULTRA JAPAN」などの大規模レイヴ（ダンスを主目的とした音楽フェスティヴァル）の盛り上がりを受け、ハウスやトランスなど、ＤＪやアーティストがシンセサイザーやシークエンサーを使ってオーディエンスを盛り上げるダンス・ミュージックの総称をそのままチャンネル名にしている。「Colorful Pop Styling」はもともと、女性向けアパレル・ショップ向けに開発されたが、主に男性向けアパレル店で人気があることがわかり、「ＥＤＭ」は女性向けブランドの店舗で人気が出ているという。*33

東京のアパレル店舗が流すＢＧＭの傾向を調査した近年の研究では、ＢＧＭとして流されている多様な音楽をそのジャンルやテイストによって「トレンド―ルーツ」、「カジュアル―エレガント」の二軸図にマッピングしている。そこでは、調査したそれぞれの店舗で流されている音楽は、女性向けブランドではおおむね「トレンド」象限に偏るが、男性向けでは「トレンド」象限を中心に「ルーツ」象限にも広がることが示されている。「トレンド」側の二つの象限にはヒット曲やＥＤＭ、クラブ・ミュージック、エレクトロニカなどのジャンルが、「ルーツ」側の二つの象限にはＲ＆Ｂやジャズ、ワールド・ミュージックなどがプロットされた。*34

そして、女性らしいしなやかさを演出するブランドでは、エレクトロニカやクラシックに近いジャズなど、エレガントなBGMをセンスよく選んでいたりするが、「自立した強い女性」を演出するブランドでは、EDMをはじめ、先端のクラブ・ミュージックやグルーヴの効いたBGMを流す傾向にあるという。

人間のさまざまな活動にどんな音楽が効果的かという研究は、店舗のBGMのほかにも、作業効率を高めるオフィスや生産現場のBGM、アート・セラピーの一つとして行われ、多くの人の心身を癒すともてはやされる「モーツァルト療法」を含む音楽療法、レトロなBGMを取り入れ高齢者を活性化する「回想法」など、「ミューザック」以来の長い歴史の果てに大きな広がりを見せている。

経営学やマーケティング、人間工学、教育学、精神医学、臨床心理学など多くの研究者がこれらに手を染める一方、社会・経済システムによる音楽を使った人間の心身や活動の「管理」に対してある種の後ろめたさを感じ、批判精神を示す研究者も少なくない。音楽社会学の研究では、フランクフルト学派のマルクス主義者、テオドール・アドルノがいまだに参照される。一九三〇年代、アドルノは、ジャズをはじめアメリカのポピュラー音楽がレコード会社という文化産業に占有された結果、一般市民は、クラシック音楽に比して単純な構成に還元され感覚的刺激をちりばめた「軽音楽」ばかりを「消費」しているにすぎない、と批判した。

世界に悲惨な爪痕を残した戦争のプロパガンダ研究が盛んになった二〇世紀を経て、フランスのコミュニケーション研究者、ダニエル・ブーニューは投げかける。「感化や暗示は、一般には否定的に解釈され、疎外を意味するものとされますが、一方で生の不可欠な要素でもあります。生きていく上で、あらゆる感化から離れて成長し、学び、方向を定めることは、どうすればありうるでしょうか？」[*35]。これは純粋な疑問であり、あるいは反語でもあるのかもしれない。

そんな懸念をよそに、実務家や選曲家たちはＢＧＭという音楽の新しい活用や、クリエイティヴィティとシステマティックなマーケティングとのせめぎあいに身をやつしている。

アメリカとカナダの多くのスーパーマーケットには、野菜売り場にコリガン社製の自動霧吹き装置が設置されている。この霧吹き装置の拡張機能であるＱｕｅオーディオ・システムは、装置が突然霧を吹いて買い物客が濡れるのを防ぐため、噴霧の直前に、映画『明日に向って撃て！』の挿入歌、バート・バカラックのメジャー・セヴンス・コードが心地よい「雨にぬれても」などの名曲を再生する機能を備えている。この拡張システムは期待されたほど売れてはいないという。だが、マイク・コリガン社長は言う。「あの曲がかかると、野菜売り場の買い物客がお互い顔を見合わせてニコッとするのです[*36]」。

「レコード番長」の異名をとり、渋谷のクラブ「オルガン・バー」のイベントで知られるＤＪ、須永辰緒は二〇一六年、六本木の日本酒と和食の高級居酒屋「ぬる燗佐藤」の店内ＢＧＭを手がけた。この仕事を受けるにあたって須永は、「マニュアル化」した世の店舗オペレーションとそのＢＧＭのありようを批判的にとらえなおす。

「たとえば、ちょいと照度を落とした今どきの洒落た居酒屋。品書きは手書きによるもので、若いスタッフは揃いの作務衣。品のよい個室に通され、さらに照度も落ちる。そこには小さな音でジャズが流れている。もしくは、カクテルやクラフトビールも揃う無国籍料理店。デートにちょうどよさそうな距離感で相席でき」、BGMにはお馴染みの音楽配信事業者のチャンネルが流される。「駅前のチェーン店には、J-POPや八〇年代の歌謡曲が大音量で」流れている。

だが、須永が「今どきの居酒屋で経験したBGMのつまらなさ」を削ぎ落とし、店舗の雰囲気と店のブランディングを重視しつつ、「聴く」のではなく「聞き流せる」ことで日本酒が進むように、と提案したプログラムは店側からあっけなく却下された。「日本酒をもっと若い世代に広げたい」という店の切実な要請を受け、須永は改めて名門レーベル、ブルー・ノートの音源からハード・バップやファンク系ジャズなど「名盤でありながら評価の分かれる」独自の作品を中心に選曲をやりなおすことになる。

そして、アート・ブレイキー、ホレス・シルヴァー、リー・モーガン、ジミー・スミスといった往年のハード・バップやファンキーなジャズにフリー・ソウルやアフロ・キューバンを交えた、グルーヴの強いスリリングなラインアップを中心とする新たな提案は店に受け入れられた。「『酒場のジャズ』はこういうものであるという権威主義的概念が一気に覆された瞬間」だった、と須永は振り返る。*37

「劇的に変わった」この国の店舗のBGMが「あたりまえ」になるとき、選曲家の仕事にも更なる解体と再構築をもたらすイノヴェーションが求められていく。レコード会社の片隅に埋もれていたいにしえの、あるいは未知の国々のカタログは、選曲家たちの次なる渉猟のおかげで、それとは知らぬ都市のオーディエンスにさらされ、都市空間をつくる「雰囲気」の基調として改めて日の目を見ることになる。

＊1　ピーター・バーク（河野真太郎訳）『文化のハイブリディティ』法政大学出版局、八八-八九頁、二〇一二年
＊2　カエターノらの音楽は、「Yeah, yeah, yeah」とシャウトする初期ビートルズに傾倒したブラジル国内のポップス、ロックのひとつと見なされていた。いうまでもなく『リヴォルヴァー』『サージェント・ペパーズ～』以降のビートルズはカウンター・カルチャーやヒッピー・ムーヴメントと響き合いつつ、次々にロックを脱構築していく。
＊3　佐藤由美「一九六八年［ブラジル］バイーア出身の若手がトロピカリズモ運動を宣言、一大文化現象に」三井徹、北中正和、藤田正、脇谷浩昭編『クロニクル二〇世紀のポピュラー音楽』平凡社、一五九頁、二〇〇〇年
＊4　カルロス・カラード（前田和子訳）『トロピカリア』プチグラパブリッシング、一二五頁、二〇〇六年
＊5　前掲カラード『トロピカリア』一一四頁。ジョアン・ジルベルトは一九五〇年代後半に誕生したボサノヴァの始祖のひとり。オルラン・ヂーヴォは同じ頃、サンバのリズムにアメリカのジャズを融合させたダンス・ミュージック、サンバランソの誕生にかかわったシンガー・ソングライター。ネルソン・ゴンザルヴェスはカエターノの幼少期である一九五〇年代にとても人気のあったラジオ歌手のひとり。「デザフィナード」はボサノヴァの始祖の一人、アントニオ・カルロス・ジョビンが作曲した曲。なお、幼いカエターノはネルソン・ゴンザルヴェスに傾倒し、妹のシンガー、マリア・ベターニアの名前を彼の曲の詞からとったという。
＊6　エルマノ・ヴィアナ（武者小路実昭訳、水野一監修）『ミステリー・オブ・サンバ』ブルース・インターアクションズ、一三七-一三八頁、二〇〇〇年（Caetano Veloso: Alegria, Alegria: Rio de Janeiro: Pedra Q Ronca, n.d. 3）
＊7　前掲カラード『トロピカリア』一九五頁。「アントロポファジー（人食い人種）宣言」の原訳は「人食い人種白書」だが、ここでは後述のピーター・バークにならい「宣言」の訳語に替えている。
＊8　前掲カラード『トロピカリア』一九五頁
＊9　前掲バーク『文化のハイブリディティ』四四-四五頁
＊10　ロジャー・ウォリス、クリステル・マルム（岩村沢也、大西貢司、保坂幸正、石川洋明、由谷裕哉訳）『小さな人々の大きな音楽―小国の音楽文化と音楽産業』現代企画室、二九-三一頁、一九九六年
＊11　前掲ウォリス、マルム『小さな国の大きな音楽』一三一-一三三頁

*12 前掲ウォリス、マルム『小さな国の大きな音楽』三三一-三四頁、鶴田格「タンザニアの商業的バンド活動—激変する政治経済状況の中での史的展開」『アフリカレポート』二九号、二〇-二三頁、一九九九年

*13 「Mulatu Astatke／MULATU OF ETHIOPIA」「ソウル＆ファンク大辞典」http://www.mossfad.jp/soul/Alb_MulatuAstatke_Ehiopia.html

*14 姜信子『日韓音楽ノート—越境する旅人の歌を追って』岩波新書、一四九-一六一頁、一九九八年

*15 前掲姜『日韓音楽ノート』一六二-一六七頁、「宋昌植」『韓国歌謡.net』http://kankokukayo.net/宋昌植ソン・チャンシク/

*16 「空間彩るＢＧＭ ＤＪら選曲、心地よさを追及」『朝日新聞』二〇〇九年四月二四日付

*17 「客呼ぶ売るメロ」『日経ＭＪ（流通新聞）』二〇一六年九月三〇日付

*18 「Pipe down: The campaign for freedom from piped music.」http://pipedown.org.uk

*19 細野晴臣、中矢俊一郎編『ＨＯＳＯＮＯ百景—いつか夢に見た音の旅』河出書房新社、二〇頁、二〇一四年

*20 細野晴臣『PROMENADE FANTASY at the midtown』ＣＤブックレット、daisyworld discs、二〇一〇年

*21 三井徹「[アメリカ合衆国]ＬＰ普及とともにムード音楽の概念が一般化」三井徹、北中正和、藤田正、脇谷浩昭編『クロニクル二〇世紀のポピュラー音楽』平凡社、一〇五-一〇六頁、二〇〇〇年

*22 細野晴臣『細野晴臣とまっていた時計がまたうごきはじめた』平凡社、二〇五頁、二〇一四年

*23 前掲細野、中矢編『ＨＯＳＯＮＯ百景』二〇-二一頁

*24 前掲細野、中矢編『ＨＯＳＯＮＯ百景』一八七頁

*25 「ルロイ・アンダーソン」、Wikipedia、https://ja.wikipedia.org/wiki/ルロイ・アンダーソン。Leroy Anderson、https://web.archive.org/web/20111005151538/http://leroyanderson.com/index.php

*26 「印象主義音楽」https://ja.wikipedia.org/wiki/印象主義音楽、「近代・現代の音楽」『MUSIC PAL』https://jp.yamaha.com/services/music_pal/study/history/modern/p5/index.html

*27 Milliman, R.E.: Using Background music to affect the behaviour of supermarket shoppers. Journal of Marketing, 46: 86-91, 1982.

*28 Caldwell, C., Hibbert, S.A.: Play That One Again: The Effect of Music Tempo on Consumer Behavior in a Restaurant. European Advances in Consumer Research, 4: 58-62, 1999.

*29 Areni ,C.S., Kim, D.: The Influence of Background Music on Shopping Behavior: Classical Versus Top-Forty Music in a Wine Store. Advances in Consumer Research, 20: 336-340, 1993.

*30 North, A.C., Hargreaves, D.J. and Mckendrick, J.: The effect of music on in-store wine selections. Journal of Applied Psychology, 84: 271-276, 1999.

*31 D・ミール、R・マクドナルド、D・J・ハーグリヴズ編（星野悦子監訳）『音楽的コミュニケーション—心理・教育・文化・脳と臨床からのアプローチ』誠信書房、四一一頁、二〇一二年

*32 ジョエル・ベッカーマン（福山良広訳）『なぜ、あの「音」を聞くと買いたくなるのか—サウンド・マーケティング戦略』東洋経済新報社、二七頁、二〇一六年

*33 music usen.com のチャンネル・ガイドより、「Colorful Pop Styling」http://music.usen.com/channel/c06/、「EDM」http://music.usen.com/channel/b25/。「第五〇回 株式会社USEN 放送番組審議会 議事録」二〇一六年七月二一日、http://www.usen.com/company/pdf/council/shingikai050.pdf

*34 「BGMから読み解く『ショップと音楽』の関係性⑴ウィメンズショップ編」https://www.fashionsnap.com/article/storebgm01-2016/、「同⑵メンズ・複合ショップ編」https://www.fashionsnap.com/article/storebgm02-2016/

*35 ダニエル・ブーニュー（水島久光監訳、西兼志訳）『コミュニケーション学講義—メディオロジーから情報社会へ』書籍工房早山、二二七頁、二〇一〇年

*36 前掲ジョエル・ベッカーマン『なぜ、あの「音」を聞くと買いたくなるのか』一二九-一三一頁

*37 須永辰緒「すべての『酒〈呑〉み』のために（音楽編）」『ヒトトヒトサラ』二〇一六年一一月二日 http://www.hitosara-shikouhin.jp/sideorders/sideorders29.html、『酒ジャズ—ぬる燗 佐藤×ブルー・ノート』（CD）、ユニバーサル・ミュージック、二〇一六年

エピローグ

「洋楽」となった「邦楽」

ほぼ半世紀前、カナダはヒューロン湖のほとりのサマー・キャンプで七〇年代の米英のロックやポップスにのめり込んでいた兄弟の一人、ドン・ブライトハウプトは、ボストンのバークリー音楽大学を卒業し、トロントを本拠とするスタジオ・ミュージシャン、シンガー・ソングライターとなった。彼はカナダのテレビ・映画業界では名の知られた作編曲家である（第4章参照）。

ブライトハウプトはカナダにいながら、ジャズとR&Bを脱構築し精緻で洗練されたAORとして築き上げたあのスティーリー・ダン、そしてその司令塔であるドナルド・フェイゲンの「後継者」を自認する。彼は、自らフェイゲンのインタビューを敢行して、スティーリー・ダンの最高傑作、「録音芸術」とまでいわれた一九七七年のアルバム『aja（彩）』の作曲術・作詞法を徹底して分析した一冊の研究書を上梓した。[*1]

ブライトハウプトは、二〇一二年にソロ・プロジェクト、MONKEY HOUSEとして、スティーリー・

ダンのサポート・メンバーであるマイケル・レオンハート（トランペット）、ドリュー・ジング（ギター）を迎え、三枚目のオリジナル・アルバム『HEADQUARTERS』をリリースし、スティーリー・ダンならびにドナルド・フェイゲンに強いリスペクトを表明しつつ、そのマナーを継承し続ける。

スティーリー・ダンとドナルド・フェイゲンの熱狂的な「信者」はブラジルにもいる。一九七一年、リオ・デジャネイロに生まれ、七〇年代のAORや八〇年代の「ブラック・コンテンポラリー」と呼ばれる洗練されたソウル・ミュージックを愛してやまないDJ、シンガー・ソングライター、エヂ・モッタである。モッタはかつてレッド・ツェッペリンを愛し、一一歳のときにアントニオ・カルロス・ジョビンを自ら聴くようになるまで、ブラジル音楽など聴いたことのない早熟な少年だった。

七歳であった一九七八年、モッタはアメリカ西海岸のロックに目覚め、クリストファー・クロス、ジャーニー、フォリナー、REOスピードワゴン、スリー・ドッグ・ナイト、アトランタ・リズム・セクションなど、メロデュアスなロックを中心にレコード・コレクションを始める。八〇年代半ば、スティーリー・ダンに出会ったことでAORを究め、ジャズにも目覚める。八八年、自身のファースト・アルバムを

ドン・ブライトハウプトのソロ・プロジェクトMONKEY HOUSEのアルバム『HEADQUARTERS』2012年

発表、九二年にリリースした三作目のソロ・アルバムでは、スティーリー・ダンのスタジオ・サウンドを深く研究し、そのスネア・ドラムの「完璧な」リム・ショットの響きを作り出そうと奮闘したという。

ブラジルにはAORに影響を受けたアーティストが多く、ヒタ・リー、クラウヂア・テリス、マルコス・サビーノら多数がいる。AORのベスト・アルバムとして、モッタもスティーリー・ダンの『Aja（彩）』を挙げ、二〇一三年の自身のソロ・アルバム『AOR』でもこうした音楽に取り組み続ける。その収録曲「1978（Leave the Radio On）」では、彼自身がアメリカのロックやポップスに目覚めた七歳のときの体験をスティーリー・ダン調のサウンドで謳った。

一九七〇-八〇年代にかけてAORは世界中を風靡し、日本のアーティストの音づくりにもその影響は深く及んだ。レコード・コレクターでもあるエヂ・モッタは、そのAORの影響を受けた同時期の日本の「シティ・ポップ」が大のお気に入りである。インターネットを通じて、吉田美奈子の『Flapper』（一九七六年）を手に入れて以来、彼は山下達郎、大貫妙子、角松敏生、小坂忠、ブレッド&バター、チャー、ラジ、松下誠、吉野藤丸といったアーティストのアナログ盤を大量に収集している。二〇〇三年にライヴのため初来日した際、そんな日本のシティ・ポップやジャズを中心に三〇〇〇枚に及ぶ中古盤を買い集めて帰ったという。とりわけモッタは、山下達郎を「神」と崇める。*2

初来日の際、モッタは語っている。「今のブラジルの若者にとって、ブラジル音楽はイケてる。でも……80's世代にとって、いちばんイケてる音楽はブラジルになかったんだ、残念ながら。八〇年代の後半までは英語をシャベり、輸入盤を聴くことがイケてたんだよ。……今では世界中の人々が、ブラジル音楽は世界で最も洗練された音楽であることを知ってる。でもここで重要なことは、俺は最終的にブラジリアニスタ（ブラジル至上主義者）でもアメリカノイチ（アメリカかぶれ）でもイングレゾフロ（イギリス中毒）でもなく、地球人なんだ。俺はエチオピアの音楽も聴き、日本やスイスやポーランドやフランスのジャズも聴き、レゲエもボリビアのソウルも聴き、トッド・ラングレンの狂信的ファンでもある」。*3

二〇一〇年代になって、七〇-八〇年代の日本のシティ・ポップは、海外のリスナーを熱狂させている。世界中のDJが使うアメリカ西海岸オレゴン州ポートランドの中古盤通販サイト「Discog」でもこうしたレコードがよく扱われ、旧譜のアナログ盤を直接日本に買い付けに来る愛好家も後を絶たない。

とりわけ垂涎の的となっているのは、たとえば大貫妙子の二作目のソロ・アルバム『Sunshower』（一九七七年）のようなアナログ盤である。山下達郎らと結成したシュガー・ベイブを七六年に解散させ、その延長線上に制作された第一作『Grey Sky』のあと、シンガー・ソングライターとしての大貫が本格的にソロのキャリアを歩み始めた作品である。

このアルバムは、YMO結成前夜の坂本龍一がキーボードと編曲を担当し、渡辺香津美（ギター）、大村憲司（ギター）、鈴木茂（ギター）、松木恒秀（ギター）、細野晴臣（ベース）、後藤次利（ベース）、松任谷正隆（キーボード）、村上秀一（ドラムス）、林立夫（ドラムス）、清水靖晃（サキソフォン）、向井滋春（トロンボーン）、斎藤ノブ（パーカッション）、山下達郎（コーラス）など、この国最高峰のミュージシャンが結集し、世界的なフュージョン・ミュージックの影響のなか、アメリカ・フュージョン界の大御所、STUFFのドラマー、クリス・パーカーを迎えて制作された。なかでも、スティーヴィー・ワンダーの影響を受け、大貫自身も気に入っているという「都会」は「東京メロウ・グルーヴ」の最高傑作といわれ、国内外のDJやりスナーの絶賛を受けて、二〇一五年、アナログのシングル盤がリイシューされた。アルバムも二〇一七年、アナログ盤で再発売されている。

過熱気味の旧作の人気に、大貫自身も少し戸惑いを見せる。海外の記者の取材を受け、『Sunshower』の異常な人気について聞かれた大貫は「私にとっては幸せなことです。でも、海外の人々がなぜこういうアルバムを好きなのだと思いますか」とインタビュアーに問い返している。[*4]

そんな日本のシティ・ポップや近年のJ-POPの影響を受けた海外のアーティストも少なくない。ポップなメロディにハードなギターを響かせるパワー・ポップで世界に知られ、グラミー賞も受賞したアメリカのオルタナティブ・ロック・バンド、ウィーザー（Weezer）のヴォーカリスト、リバース・クオモと、ポップ・パンク・バンド、アリスター（ALLiSTER）のスコット・マーフィーは二〇一二年、日本語で歌うためのユニット、スコット&リバースを結成した。

スコット&リバースは、日本人女性と結婚したクオモが夫人の見る日本のテレビ番組からJ-POPに興味を惹かれ、マーフィーもアリスターでJ-POPのカヴァー・アルバム『Guilty Pleasures』、『Guilty Pleasures II』をリリースしていたことから結成に至った。バンドはアルバム『スコット&リバース』、シングル「カリフォルニア」など全編日本語で歌うオリジナル作品をリリースし、日本国内でライヴを行ったり、MONGOL 800やリップ・スライムのメンバーなど日本人アーティストとの共作も手がけている。[*5]

マキシマム・ザ・ホルモンなどヘヴィーな日本のパンク・バンドを聴きつつ、J-POPの切ないメロディに惹かれるというリバースは語る。「日本の音楽はアメリカの音楽より、もっとすごくコンプレックス（複雑）です。インプレッシブ（印象的）なメロディと、コード・チェンジ、キー・チェンジ、たくさんアイデアがある。アメリカの音楽は少しシンプル、繰り返す、ちょっとつまらない。日本の音楽が、私に自由をくれます」。そして彼は「（CDショップでは、韓国の）BoAは邦楽、日本のバンドが英語で歌っても邦楽、ちょっとずるい。邦楽になりたいです。……頑張って日本語の歌詞を書いて、日本語で歌っているのに……洋楽のセクションで、ちょっとがっかりするよね」とも語っている。*6

スコット・マーフィーと同じように、アメリカのシンガー・ソングライター、プリシラ・アーンもスタジオジブリの熱心なファンである。ジブリのアニメーションの主題歌を歌いたいと、二〇一二年のアルバム『Natural Colors』では「風の谷のナウシカ」のほか、「やさしさに包まれたなら」（松任谷由実）、「風を集めて」（はっぴいえんど）などのカヴァーを発表し、日本でもライヴを行う。*7「風を集めて」は、東京を舞台にしたソフィア・コッポラ監督の映画『ロスト・イン・トランスレーション』（二〇〇三年）の挿入歌として使われ、アメリカで注目を集めた。

＊

二〇一一年一二月、インドネシアのバンドンで、インドネシア人の四ピース・バンド、ikkubaruが結成された。彼らに多大な影響を与えたのもまた、七〇–八〇年代の日本のシティ・ポップであった。その音楽には、とりわけ山下達郎と角松敏生のふたりの音楽性が深く刻み込まれている。作詞作曲をすべて手がけるヴォーカル、ギターのムハンマド・イックバルは、自らの姓を日本語に合わせローマ字表記してグループ名とした。

ikkubaruは、山下達郎（「高気圧ガール」）、吉田美奈子（「恋の手ほどき」）、松任谷由実（「影になって」）をはじめとする日本の往年のシティ・ポップや、電気グルーヴ、キリンジなどの曲を多数カヴァーしてきた。そして、日本のヒップホップ系シンガー、DJであるtofubeatsの「水星」のカヴァー、「Hope You Smile」が日本で話題となり、二〇一四年、オリジナル・アルバム『Amusement Park』を発表した。日本での知名度はインドネシア本国より高い。*8

二〇一五年六月、彼らの初来日ツアーには多くの日本のファンが詰めかけ、大阪・心斎橋のライヴハウスは満員となった。CDデビューしているとはいえ、若いファンたちはインターネットを通じて彼らの曲やカヴァーを聴いているし、明らかに往年のシティ・ポップの影響を受けたとわかるそのメロウなサウンドをあてにして来ている。フェンダー系のギター二台とベース、ドラムスとプログラミングされたシンセサイザーが、ほぼ英語で歌う彼らの作品を都会的でダイナミックなフュージョン・サウンドで支える。

セット・リストの何曲目か、イックバルのファルセットのヴォーカルを、ギターのコード・カッティングがミディアム・アップ・テンポでリードするケミカル・ブラザーズのカヴァー曲は、山下達郎の名曲「Sparkle」（一九八二年）のサビ抜きヴァージョンのようにも聞こえる。ファンたちは、片言で話すイックバルの日本語のトークを温かく応援し、アンコールでは「山下達郎の音楽活動四〇周年」を祝い、会場は四〇年前のシュガー・ベイブの名曲「ダウンタウン」の大合唱で一色に染まった。

山下達郎がシュガー・ベイブ時代に作曲し、その第二期メンバーであった伊藤銀次が作詞した「ダウンタウン」は当初、ドゥワップの影響を受けた歌謡界の人気グループ「キングトーンズ」のために書かれた。しかし、キングトーンズには採用されず、シュガー・ベイブがシングルとして発表し、アルバム『SUGAR BABE』に収められることになる。

一九七三年夏、伊藤は大瀧詠一のプロデュースを受けるココナツ・バンクのメンバーとして「はっぴいえんど解散コンサート」に出演するため、自らもステージに立つ大瀧の指導のもと、福生で猛練習に明け暮れていた。たった一日の休みに、メンバーの駒沢裕城に誘われ、たまたま行った高円寺のロック喫茶「ムーヴィン」で伊藤は、山下が大学卒業記念に自主制作したビーチ・ボーイズのカヴァー・アルバム『Add Some Music To Your Day』を偶然耳にし（最初に聴いたのは「Wendy」だったという）、伝手を辿ってこのアルバムを手に入れ、大瀧に聴かせる。

ハード・ロック、ブルーズ・ロック全盛の当時、敬愛するビーチ・ボーイズへの深い傾倒をあらわにしたこのアルバムを、大瀧は「いまどき珍しいよ。いるもんだねぇ」と喜んだ。その大瀧の発案で、シュガー・ベイブのデビュー直後の山下、大貫妙子、村松邦男にマネジャー・長門芳郎を通じて声をかけ、同年九月二一日、山下ら三人は「大瀧詠一とココナツ・バンク」のコーラス・メンバーとして歴史的な「はっぴいえんど解散コンサート」のステージに立つことになる。*9

これを縁にグループにわずか三ヶ月間在籍する伊藤は山下と共作を果たし、その彼がとりもった大瀧と山下との出会いによって、日本のシティ・ポップの金字塔と評されるあのシュガー・ベイブ唯一のアルバムは、一九七五年、大瀧の主宰するナイアガラ・レコードから世に送り出されたのである。

ジャズのサックス奏者で音楽評論も手がける菊地成孔は、山下達郎の音楽性について語っている。山下は、アメリカのオールディーズ・ポップスや、カーティス・メイフィールドをはじめ「ニュー・ソウル」と呼ばれた七〇年代ソウル・ミュージックの影響などを色濃く受けつつ、「『ヤマタツ・サウンド』としかいいようのない、非常に魅力的でオリジナリティのある、ある意味で異形の音楽を作り続けている。世界中のどこにもない独特なリズムとコード・カッティング、いわゆる『達郎節』というやつで。つまりオールディーズを原体験に持つ神々の中にあって、最も異形で、しかも強烈なブランドを作った人」である。そのオリジナリティは曲づくり、そしてそれ以上にそのアレンジから来るものであり、「それは遠くオールディーズの原体験と、当時エッジだったフュージョンやAORのミクスチャーであり、高い完成度……厳密に言うと『アベレージの異様な高さ』を持つ……類例のないものです……」[*10]。

そこにはもはや、「洋楽」から「邦楽」へと、絶対的な高みから低きへと伝わり落ちる一方的な文化の「落差」はない。この二一世紀にあって「邦楽」は、ブラジルやアメリカ、インドネシア、あるいはそれが伝わるそのほかの国々においても、憧れ、消化し、自らの内に取り込むべきひとつの「洋楽」として、ある存在感を放ち始めているようにみえる。

二〇一四年一〇月、東京・恵比寿の音楽フェスティヴァルで細野晴臣のセットを聴く。「Tutti Frutti」、「29 Ways」、「Ain't Nobody Here But Us Chickens」。R&B、そしてルーツ・ミュージックをこよなく愛する主催者、ピーター・バラカンの開催趣旨を汲んで、アップ・テンポで渋いブギウギの曲が続く。「アメリカのルーツ・ミュージックを日本人がカヴァーしているにすぎない」。これまでなら、どこかそんな後ろめたさがつきまとった。だが、今は違う。

かつて忌野清志郎が、ブッカー・T＆ザ・MG'sのメンバーだったスティーヴ・クロッパーをプロデューサーに迎え『メンフィス』と、遺作となる『夢助』の二作のアルバムをつくった。ブッカー・T＆ザ・MG'sはいうまでもなく、メンフィスのスタックス・レコードの専属として、オーティス・レディングやウィルソン・ピケットらのバックを務めた伝説的なスタジオ・バンドである。細野は『夢助』の最後に収録されることになる「あいつの口笛」を作曲し、デモテープに自らの仮歌を吹き込んでクロッパーに送った。すると、クロッパーはその仮歌にOKを出し、そのまま採用してしまった。「こいつは誰だ、何者なんだ？ ナニ人なんだ？」。彼はそう問いかけたという。ディープなR＆Bのレコーディングを膨大にこなしてきた、かのプロデューサーに出してもらいたいと思う曲のグルーヴを、細野が自らきちんと掌握して歌っていることが、クロッパー本人にも十分に理解できたのである。*11

「本場」ではないアーティストも、「本場」の誰よりもその音楽を深く理解し、自分たち自身に十二分に引き寄せ、消化しきったうえで演奏する。そして、そのような音楽に影響を受けながら、他方で、自分たちならではの新たな音楽を生み出していく。それこそが「ルーツをきわめ、かつオリジナルをやること」にほかならない――洋楽があの高みから流れ込んできてゆうに一世紀半を経た今なら、確信を持ってそう言えるように思える。

*1 ドン・ブライトハウプト（奥田祐士訳）『スティーリー・ダン Aja 作曲術と作詞法』DU BOOKS、二〇一二年（原著は二〇〇七年刊）。なお、日本におけるドナルド・フェイゲンの音楽研究書として、冨田恵一『ナイトフライ 録音芸術の作法と鑑賞法』、DU BOOKS、二〇一四年がある。

*2 渡辺亨「Ed Mottaインタビュー」『intoxicate』一〇七号、二〇一三年 http://tower.jp/article/interview/2013/12/23/motta、エヂ・モッタ『AOR』（CD）、P-VINE RECORDS、二〇一三年、インタビュー

*3 中原仁「エヂ・モッタ来日と10／15のプレ・イヴェント」『中原仁のCOTIDIANO』二〇一三年九月一二日 http://blog.livedoor.jp/artenia/archives/52228979.html。中原仁によるこのインタビューは月刊『ラティーナ』五月号、二〇〇三年の記事を再録したものである。

*4 Taeko Onuki of Sugar Babe on Her Journey in Japanese Music. Red Bull Music Academy Daily, December 22, 2017. http://daily.redbullmusicacademy.com/2017/12/taeko-onuki-interview。シティ・ポップについては、「特集 ceroと新しいシティ・ポップ」『ミュージック・マガジン』六月号、二〇一五年、「特集 シティ・ポップ 一九七三－一九七九」『レコード・コレクターズ』三月号、二〇一八年などを参照。

*5 「スコット&リバース」https://ja.wikipedia.org/wiki/スコット%26リバース

*6 金子厚武「日本の音楽が、自由をくれた スコット&リバース・インタビュー」『CINRA.net』二〇一三年三月一九日 https://www.cinra.net/interview/2013/03/19/000001?page=2&genre=music

*7 「プリシラ・アーン」『ユニバーサル ミュージック ジャパン公式サイト』http://www.universal-music.co.jp/priscilla-ahn/

*8 「ikkubaru」『HOPE YOU SMILE RECORDS公式サイト』http://hopeyousmile.net/ikkubaru

*9 伊藤銀次「Add Some Music To Your Day」『伊藤銀次オフィシャル・ブログ SUNDAY GINJI』一〇月二九日、二〇一一年 http://ameblo.jp/ginji-ito/entry-11060698785.html

*10 「菊地成孔、山下達郎を語る」『音楽ナタリー』二〇一一年八月九日 https://natalie.mu/music/pp/tatsuro/page/5

*11 細野晴臣『細野晴臣 とまっていた時計がまたうごきはじめた』平凡社、三五二、三六八－三六九頁、二〇一四年

あとがき

この本の最初の章の取材を始めたのは二〇一三年の夏だから、本書を書き上げるのに五年ちかくを要したことになる。一介のリスナーにすぎない身で、音楽にかかわる社会史といった壮大なテーマに手を染めるのは、ある意味でむこうみずのことかもしれない。

「戦後」、そしてあの「ローリング・シックスティーズ」が終わり、よくも悪くもメルクマールとすべき社会の律動が見えにくくなって、生きるよすがを得るにはひたすら「何もない日常を掘ってみるしかない」（高橋和巳）と思われた一九七〇‐八〇年代、それでも、そこで遭遇したり目撃したりしたことや、自分自身をつくったとさえ思えるできごとをさかのぼって書き記しておかずにはいられない、そう感じた個人的な衝動が本書の出発点となっている。

東京の文化界にちかい立場で仕事をしていた前職でのさまざまな出会いや、師匠筋でもあり、リスナーの音楽の嗜好を計量化して浮き彫りにするリサーチ・ディレクターらとの「勉強会」という名の飲み会、そして、自称「アームチェアＤＪ」の私製コンピレーションを懲りずに聴いてくれるリスナー仲間との談義の数々が、そんな衝動を孵化させてくれた。

生活のなかに鳴り響く音楽と人とのかかわりは、二〇世紀末にジョゼフ・ランザが大著『エレベーター・ミュージック――ＢＧＭの歴史』で示したような世界が、さらに高度に現実化していくさまを見せている。

この国だけでも数千万曲に及ぶといわれる膨大な楽曲がクラウド・システムから「降りてくる」時代には、個々の楽曲を生んだ人やいきさつはたやすく捨象され、人手であれ、プログラムであれ、それらを等しなみに、そして人の嗜好に添うように並べ返す営みをますます必要とするようになるし、そうした音楽を原体験とする新しい聴き手や作り手が生まれていることもあきらかである。

洋楽や、洋楽の影響を受けた邦楽、あるいは邦楽の影響を受けた「洋楽」がどこからやってきたかということにさして頓着なく音楽を楽しむ昨今のリスナーの姿勢にも、そのなによりの兆候をみてとれるかもしれない。

かつて、雪崩を打ってすすむアメリカ社会の都市化に背を向けるように、アンドリュー・ワイエスはメイン州の片田舎にたたずむ農家の姉弟を素描と水彩に描き続け、ジョーン・ディディオンは「中心が保てない」社会の到来を告げるような、カウンター・カルチャーの嵐吹き荒れる一九六〇年代のサンフランシスコ、ヘイト・アシュベリ地区で起こりつつあったことを凝視していた。自分自身をつくった社会秩序の崩壊や変転にたいする複雑な心境を、いつの時代にも人は感じてきたし、そのことが過去と現在を何らかのかたちでとどめておこうとする衝動を生むのも、もちろんどんな世紀にもみられることだろう。

おこがましいかもしれないが、本書を書きながら私自身が感じていたことは、もうひとり、かの国の作家をあげれば、アラム・サローヤンが書き記してくれている。

「この時代(一九六〇年代)には、過ぎゆく場面の任意の詳細な事実のなかに歴史のどよめきをとらえたと思われた瞬間があった、貝殻に耳をあてると海の轟音をとらえられるように。そのような瞬間にふくまれるうきうきした気分——それも、いわば、時代の潮流とともに変化する——があり、そして六十年代以降の年月がそのような瞬間はいかに稀であるかと明らかにした。生涯にそれが起こったとすれば、よきにつけ悪しきにつけ、それは私的な面と公的な面が溶け合っているその出来事を通過したという特別な記憶をその人に印する」（中上哲夫訳『ニューヨーク育ち―わが心の六〇年代』）

六〇年代から遠くへだたりつつあるこの半世紀に感じとられたそれらが、はたしてどよめきであったのか、そして本書の筆者にそれをとらえる力があったのかは読者の判断に委ねるほかはない。音楽を愛する方、それを深くきわめる方々のご指摘をお待ちしたいと思う。

本書の刊行にいたるまでに、さまざまな方のお世話になった。

ＪＵＮのラジオ番組プロデューサーを務めたジェー・プラネット会長・浮田周男氏、同社の社長・多喜井徹氏、クリエイティブディレクター森田充浩氏、ＭＡＲＥＩ代表・岩立マーシャ氏、ＤＪ富久慧氏、古賀明暢氏。横浜・本牧のＩＧ店主・八木弘之氏、ゴールデン・カップ店主・上西四郎氏、本牧リボンファンストリート商店会会長・羽生田靖博氏、大谷不動産社長・大谷卓雄氏。ＵＳＥＮコンテンツプロデュース統括部編成部部長・松本茂雄氏、同社の制作部制作一課・小島万奈氏、サウンドマーケティング課・森角香奈子氏、法人営業統括部営業開発部部長・石田房雄氏、広報部マネジャー清水さやか氏、そしてカフェ・アプレミディ橋本徹氏。これらの方々のご協力がなければこの本をまとめあげることはできなかった。

本書に作品を掲載することを快諾いただいたマグナム・フォトの写真家ルネ・ブリ氏、ピーター・マーロウ氏、久保田博二氏、マグナム・フォト東京支社ディレクター小川潤子氏。細野晴臣氏、ゴールデン・カップスをはじめ、とりあげさせていただいたアーティストの方々、その貴重な写真を提供くださった写真家・野上眞宏氏、ならびにアルタミラピクチャーズの山川雅彦氏、そして本牧の地図を根気強くつくりあげてくれた武蔵野美術大学助手・角田彰利くん。みなさんにお礼を申し上げたい。

シンガー・ソングライターであり、京都のアメリカーナ・ミュージック・バンドPirates Canoeのプロデューサーでもある中井大介氏、同じくシンガー・ソングライターのガンジー石原氏らとの対話からも多くを得ている。

最後に、図版掲載をはじめ筆者の要望に柔軟に応えてくださり、手のかかる短期間の編集を見事な手際で乗り切ってくださった日本評論社の小川敏明氏、もともとこの案件をうけとめてくださった同社の高橋耕氏に大きな感謝を表したい。

本書は、筆者の勤務先である京都学園大学の平成二九年度出版助成を受けて刊行された。大学の助成を受けるにあたり、研究・連携支援センター長・高瀬尚文教授、推薦の辞を書いてくださった人文学部・岡本裕介教授、研究・連携支援センターの野浪成介室長、前川珠実さんのご支援をいただいた。心よりお礼申し上げます。

二〇一八年三月

君塚洋一

君塚洋一 きみづか よういち

京都学園大学人文学部教授(2019年4月、京都先端科学大学に校名変更)。文学修士。1960年、横浜生。成城大学大学院文学研究科コミュニケーション学専攻博士課程後期修了。ぴあ総合研究所研究プロデューサー、文化科学研究所取締役、国際日本文化研究センター客員研究員等を経て、現職。メディア論、表現文化論、広告広報論。著書に山田奨治編『文化としてのテレビ・コマーシャル』(世界思想社)、若林直樹・白尾隆太郎編著『イメージ編集』(武蔵野美術大学出版局)。カルチャー・マガジン『URBAN NATURE』主宰。ブランドづくり、メディアを活用した産学・地域の連携にも携わる。

第1章は「ターンテーブリストーラジオ・プログラム「FM transmission/barricade」の軌跡」『URBAN NATURE』1巻、10-19頁、2014年、第3章は「横浜・本牧——あるコンタクト・ゾーンの肖像」『URBAN NATURE』2巻、16-45頁、2017年を加筆修正。他は書き下ろし。

選曲《せんきょく》の社会史《しゃかいし》——「洋楽《ようがく》かぶれ」の系譜《けいふ》

2018年3月31日　第1版第1刷発行
2018年8月10日　第1版第2刷発行

著者
君塚洋一《きみづか よういち》

発行者
串崎 浩

発行所
株式会社 日本評論社
〒170-8474 東京都豊島区南大塚3-12-4
電話：03-3987-8621［販売］ 03-3987-8601［編集］
振替 00100-3-16

印刷所
三美印刷株式会社

製本所
株式会社 難波製本

地図制作
角田彰利

カバー＋本文デザイン
粕谷浩義（StruColor）

検印省略
 ISBN978-4-535-58727-4